本书配套资源

📚 读者学习资源

1. 书中历年真题的参考答案。
2. 各章真题拓展练习题及参考答案。
3. 国家教师资格考试历年真题试卷及答案解析。
4. 国家教师资格考试全真模拟题试卷及答案解析。
5. 与国家教师资格考试相关的法律、法规、纲要等。

读者扫描右侧二维码，即可获取上述资源。
一书一码，相关资源仅供一人使用。

📚 教师教学资源

本书配有教学课件，如任课老师需要，可扫描右边二维码，关注北京大学出版社微信公众号"未名创新大学堂"（zyjy-pku）索取。

- 课件申请
- 样书申请
- 教学服务
- 编读往来

"十四五"职业教育国家规划教材

21世纪职业教育规划教材·教育系列

教师教育"课证融合"系列教材

PRESCHOOL EDUCATION

学前教育学

（第二版）

主　编　董吉贺
副主编　王录平　吴　扬　杨　斐
参　编　（按姓名拼音排序）
　　　　陈鹏飞　杜艳玲　高　明
　　　　李会玲　刘　倩　王海霞
　　　　王元凯　于冬冬

北京大学出版社
PEKING UNIVERSITY PRESS

图书在版编目(CIP)数据

学前教育学 / 董吉贺主编. —2 版. —北京：北京大学出版社，2023.9
21 世纪职业教育规划教材. 教育系列
ISBN 978-7-301-34272-5

Ⅰ.①学… Ⅱ.①董… Ⅲ.①学前教育—教育理论—高等职业教育—教材 Ⅳ.①G610

中国国家版本馆 CIP 数据核字（2023）第 138251 号

书　　　　名	学前教育学（第二版） XUEQIAN JIAOYUXUE（DI-ER BAN）
著作责任者	董吉贺　主　编
策 划 编 辑	周　丹
责 任 编 辑	周　丹
标 准 书 号	ISBN 978-7-301-34272-5
出 版 发 行	北京大学出版社
地　　　　址	北京市海淀区成府路 205 号　100871
网　　　　址	http://www.pup.cn　　新浪微博：@北京大学出版社
电 子 邮 箱	编辑部 zyjy@pup.cn　总编室 zpup@pup.cn
电　　　　话	邮购部 010-62752015　发行部 010-62750672　编辑部 010-62704142
印　刷　者	北京溢漾印刷有限公司
经　销　者	新华书店
	787 毫米×1092 毫米　16 开本　17 印张　446 千字 2020 年 4 月第 1 版 2023 年 9 月第 2 版　2023 年 9 月第 1 次印刷（总第 5 次印刷）
定　　　　价	58.00 元

未经许可，不得以任何方式复制或抄袭本书之部分或全部内容。
版权所有，侵权必究
举报电话：010-62752024　电子邮箱：fd@pup.cn
图书如有印装质量问题，请与出版部联系，电话：010-62756370

教师教育"课证融合"系列教材

编 委 会

主　　任　蒋　凯

副 主 任　陈建华　傅建明

编　　委（按姓名拼音排序）

　　　　　陈春莲　程晓亮　寸晓红　董吉贺

　　　　　范丹红　胡家会　李妹芳　李　琦

　　　　　刘恩允　罗兴根　皮翠萍　漆　凡

　　　　　孙　锋　王俏华　肖大兴　谢先国

　　　　　叶亚玲　虞伟庚

教师教育"课证融合"系列教材

第二版总序

教师教育"课证融合"系列教材牢牢把握教材建设的政治方向和价值导向,将党的教育方针全面体现到教材中,注重思想性与专业性的结合,强化教师教育"课证融合",及时、准确反映学科发展最新成果,引导学生在掌握教育教学知识与技能的同时,提高思想政治素养,自觉践行社会主义核心价值观,实现知识掌握、能力培养与价值塑造的协同发展。

教师教育"课证融合"系列教材第一版出版后,受到了相关院校师生的充分肯定和欢迎,我们为之感到欣慰和鼓舞。本次修订深入贯彻落实党的二十大精神,坚持以习近平新时代中国特色社会主义思想为指导,在教材编写思路和理念上保持了原有特点,增加了学科理论与实践改革的最新成果和课程思政等内容,充分吸纳广大师生在教学中的意见和建议。

一、编写背景与意图

党的二十大报告指出,"教育、科技、人才是全面建设社会主义现代化国家的基础性、战略性支撑。必须坚持科技是第一生产力、人才是第一资源、创新是第一动力",我们要"完善人才战略布局,坚持各方面人才一起抓,建设规模宏大、结构合理、素质优良的人才队伍"。培养造就大批德才兼备的高素质人才,是国家和民族长远发展大计,也是我国当前重要且迫切的任务。提升教育质量,培养优秀教师,又是培养人才的前提和基础。

2000年9月23日教育部颁布《〈教师资格条例〉实施办法》,标志着教师资格制度在全国正式实施。该实施办法规定:"国务院教育行政部门负责全国教师资格制度的组织实施和协调监督工作"(第四条),"依法受理教师资格认定申请的县级以上地方人民政府教育行政部门,为教师资格认定机构"(第五条)。这个阶段教师资格认定的具体工作由地方政府教育行政部门负责。

2011年我国开始在浙江和湖北试行教师资格国家统一考试制度,并于2013年8月15日发布《中小学教师资格考试暂行办法》《中小学教师资格定期注册暂行办法》,明确规定,"教师资格考试实行全国统一考试"。

如此,师范生的培养将面临专业养成与资格证书获得的双重任务。师范院校就不得不思考一系列问题:职前教师教育与教师资格考试如何有机融合?教师教育的课程设置与教学方式应该如何适应国家教师资格考试?现有的教学大纲和内容如何与国家教师资格考试大纲相融合？职前教师教育的评估与考试如何进行？……为了应对上述问题，北京大学出版社经过多年的实地调查与理性论证，继编写出了一套面向普通师范院校的"教师教育'课证融合'系列教材"并受到广泛欢迎与好评之后，决定再编写一套面向职业院校的"教师教育'课证融合'系列教材"，力图保证教师教育专业的学术品位，同时又能兼容国家教师资格考试的考试大纲内容。

出于这样一种思路，这套面向职业院校的"教师教育'课证融合'系列教材"在深入地分析了职业院校教师教育课程相关标准及教师资格考试相关标准等文件的基础上，结合现有的职业院校所开设的相关教师教育类必修课程的知识结构梳理出编写框架，希望其既能具有学科的逻辑体系，又能覆盖教师资格考试大纲的知识要点，让相关专业学生在获得毕业证的同时又能够获得教师资格证书；既能符合职业院校各专业人才的培养目标，适应当前我国对教师教育领域的人才需求，又能满足国家教师资格考试的要求，帮助相关专业的学生在获得教师教育专业知识与技能的同时获得从事教师职业的资格。

二、编写原则与体例

（一）编写原则

"教师教育'课证融合'系列教材"在编写过程中，遵循以下三个原则：

1. 专业知识与应试技能相结合

尽管通过国家教师资格考试是本套教材所追求的目标之一，但通过考试并不是最重要的目标。更重要、根本性的目的是通过本套教材的学习能够让学生系统地掌握教育的基本原理，理解并能运用教育的基本规律与原则，获得从事基础教育工作的基本技能与技巧，为成为一名优秀的人民教师奠定坚实的理论与技能基础。因此，我们在编写时既注意学科知识与原理的系统介绍，也重视资格考试知识点的梳理与解释，更加关注教育教学能力的培养与解决问题能力的形成，使本套教材既能用于正规的课堂教学，又适用于学生应对国家教师资格考试。

2. 理论思维与实战模拟相结合

一名优秀的人民教师需要有深厚的教育理论修养，必须具备教育学的思维，因此我们在编写时特别注意对学生进行教育学思维的培养，强调教育基本逻辑与基本范式的学习，使学生能够运用教育学的思维阐释教育现实问题，进而形成自己的教育思想。但"有知识的人不实践，等于一只蜜蜂不酿蜜"（古波斯诗人萨迪语），因此，我们在编写时特别注意理论知识与实践操作之间的联结，每节都有原理与知识点的概括，并有针对性的案例分析、试题举例和学习方法导引等。概括地说，本套教材既强调教育原理运用于解释现实问题的方法论引导，又注重教师资格考试的针对性训练。

3. 课堂讲授与课外练习相结合

教材是教师和学生用于教与学的材料，是师生双方共同使用的材料，只有师生配合才能获得最大的效益。任何优秀的教材都有两个特点：内容安排科学，符合教学规律，教师使用方便，即"能教"；学科知识逻辑清晰，练习形式多样，即时练习资源丰富，即"能学"。因此，本套教材在编写时既强调要方便教师的教（配套的教学课件、重点知识提示等提供了这个方便），又强调要方便学生的实践运用和复习巩固（配套的同步练习与模拟考试卷提供了这个保障），保证教师指导作用和学生主观能动性的充分发挥，有助于避免"教师只讲不听，学生只听不练"的弊端。

（二）编写体例

在编写体例上，"教师教育'课证融合'系列教材"由学习目标、学习重点、学习导引、正文、知识结构等部分组成。学习目标，让师生明确教学的方向与标准；学习重点，明确知识的逻辑结构与核心知识点；学习导引，指明学习路径与学习方法；正文，系统地呈现相关知识；知识结构，简明地呈现本章的知识要点。正文部分，首先由一个简短的案例导入，引出本章的学习主题，激发学习者思考的兴趣。每小节在介绍相应的知识体系外，都有相关的试题样例供学生思考与练习。每节最后都有本节重要知识点的概括，并有相关的学习方法提示。

三、教材特色与使用建议

（一）教材特色

"教师教育'课证融合'系列教材"具有以下四个特色：

1. 内容体系完整

本套教材依据学科的逻辑结构，结合教师教育课程标准、教师专业标准、国家教师资格考试标准、教师资格考试大纲等进行编写，内容体系既保证有严密的学科逻辑，又保证国家政策文件规定的知识点的落实，力图将它们科学地加以融合，既保证学科内容体系的完整性，又兼具资格证考试的针对性。

2. 备考实用性强

本套教材在原有教材"学术性"的基础上增加"备考性"，即为通过国家教师资格考试做准备。教材通过真题的诠释，详尽细实地介绍各学科考试的基本内容、命题特点、考试题型、答题技巧、高分策略等，让考生对国家教师资格考试有一个具体而接地气的了解；书中罗列的真题与解析、练习题、模拟试题、知识结构图等，为考生提供模拟的考试环境，帮助考生在实战演练中提升自己的能力。

3. 考点全面覆盖

本套教材中知识点的选择基于两种路径：一是依据学科知识结构和教师资格考试大纲选择，二是根据对历年国家教师资格考试真题的考点梳理。据此梳理和确定每章每节的知识点，而后再根据学科的逻辑结构进行组织与编写。因此，本套教材几乎涵盖了国家教师资格考试的所有考试内容。

4. 线上线下融合

本套教材是一套创新型"互联网+"教材。教材在内容上力图融合学科内容与考试大纲规定的知识点；在体例上，坚持以学生为本，为学生掌握学科知识和应对教师资格考试提供支持；在呈现方式上，应用现代网络技术，教学资源立体配套，使教师和学生能够运用手机、计算机等电子设备随时随地学习。除了线下教学之外，手机二维码、微视频、在线咨询等拓宽了学生的学习时空。

（二）使用建议

"教师教育'课证融合'系列教材"是团队合作的产物，由北京大学出版社组织全国数十所高等学校联合编写，由于各校情况迥异，因而在使用时学校可以因校制宜，选择适合自己的方案。下面的使用建议仅供使用者参考。

1. 课时安排

课程	周课时	总课时	备注
教育学基础（小学）	3	54	不包括实践类课时
心理学（小学）	3	54	不包括实验课时
学前教育学	3	54	不包括实践类课时
学前儿童心理学	3	54	不包括实验课时

2. 教学方式

建议以讲授与讨论为主。讲授时注意：① 讲清学科逻辑结构，给学生一个完整的理论框架；② 梳理每章的知识逻辑，特别注意根据知识的内在逻辑讲授各知识点，教给学生特定的教育学思维；③ 讲授过程中注意方法论的引导，讲清各种题型的答题技巧；④ 每次课后灵活运用国家教师资格考试历年真题进行同步练习，并即时分析与评价，让学生在实战中理解与运用解决问题的技巧。

3. 考核评价

课程考核由三大类组成：平时成绩（主要是课堂表现、练习册完成的数量与质量）、课程论文与社会实践或实验、期末闭卷考试。

计分采用百分制。平时各类成绩占 60%，期末成绩占 40%。

希望本套教材的出版，能够帮助考生顺利通过国家教师资格考试，并为国家培养教师教育领域的优秀人才做出我们应有的贡献。

教师教育"课证融合"系列教材编委会
2023 年 7 月

本书课程思政元素

章	节	课程内容	融入方式	思政元素
第一章	第一节	① 中国古代学前教育思想的发展； ② 近代中国学前教育思想的发展	① 启发式讲授； ② 探究式学习； ③ 专题讨论	① 文化自信、理论自信、政治认同； ② 家国情怀、社会责任感
	第二节	学习和研究学前教育学的意义	专题讨论	职业理想与职业道德
第二章	第一节	① 儿童观的发展与演变； ② 科学儿童观的内涵	① 启发式讲授； ② 专题讨论； ③ 合作学习与交流	① 专业理念； ② 科学史观
	第二节	① 学前儿童发展的特征； ② 学前儿童的全面发展与教育	① 启发式讲授； ② 案例解析； ③ 合作学习	① 专业理念； ② 人文精神与科学精神； ③ 责任意识
第三章	第一节	幼儿园教师的历史演变	① 启发式讲授； ② 专题讨论； ③ 案例解析	① 职业精神； ② 责任意识
	第二节	① 幼儿园教师的政治地位； ② 幼儿园教师应遵守相关法律法规，具有教师职业道德，为人师表； ③ 幼儿园教师有贯彻国家教育方针等义务	① 启发式讲授； ② 专题讨论； ③ 案例解析	① 国家意识； ② 民族复兴信念； ③ 职业道德
	第三节	① 幼儿园教师劳动的主体性和示范性； ② 幼儿园教师的专业理念和师德	① 启发式讲授； ② 专题讨论； ③ 案例解析	① 国家意识； ② 责任意识； ③ 职业道德
第四章	第一节	中国学前教育课程理论与思想	① 启发式讲授； ② 案例解析； ③ 合作学习与交流	① 理论自信； ② 民族自豪感； ③ 职业道德； ④ 探索精神
	第二节	① 制定学前教育课程目标的原则； ② 选择学前教育课程内容的原则	① 启发式讲授； ② 专题讨论； ③ 案例解析	① 专业理念； ② 职业责任感； ③ 科学精神

(续表)

章	节	课程内容	融入方式	思政元素
第四章	第三节	① 学前教育课程实施的实质； ② 学前教育课程评价应注意的问题	① 案例解析； ② 启发式讲授； ③ 合作学习； ④ 实操实练	① 教育理念； ② 合作探究能力； ③ 人文精神与科学精神
	第四节	① 主题课程的设计流程； ② 领域课程活动设计与指导； ③ 幼儿园五大领域解读	① 实操实练； ② 案例解析； ③ 合作学习； ④ 课后作业	① 责任意识； ② 专业素养； ③ 职业精神
第五章	第一节	幼儿园教学活动的原则	启发式讲授	① 文化自信； ② 理论自信
	第二节	学前儿童游戏的含义	合作学习与交流	合作探究能力
第六章	第一节	① 幼儿园一日生活特点； ② 幼儿园一日生活的意义	① 启发式讲授； ② 专题讨论	① 专业素养； ② 职业精神； ③ 责任感
	第二节	① 幼儿园一日生活主要环节的基本原则； ② 幼儿园一日生活主要环节具体内容	① 案例解析； ② 启发式讲授； ③ 合作学习与交流	① 专业素养； ② 职业精神； ③ 专业理念
第七章	第一节	学前儿童区域活动的功能和意义	① 启发式讲授； ② 讨论分析	① 职业精神； ② 合作探究能力； ③ 实事求是
	第二节	① 学前儿童区域活动的设计原则； ② 学前儿童区域活动的分类设计	① 启发式讲授； ② 课堂实践演练	① 秉持公平诚信； ② 规范教育行为； ③ 职业精神
	第三节	① 学前儿童区域活动的组织； ② 学前儿童区域活动的指导	① 小组讨论； ② 课堂实践演练	① 落实立德树人任务； ② 寓教于乐精神； ③ 有教无类
第八章	第一节	① 幼儿园环境及分类； ② 幼儿园环境的重要性	① 启发式讲授； ② 专题讨论	职业责任感
	第二节	① 幼儿园环境创设的必要性； ② 幼儿园环境创设的原则	① 专题讨论； ② 合作学习	① 合作探究能力； ② 专业理念
第九章	第一节	① 幼儿园与家庭合作的原则； ② 幼儿园与家庭合作的内容与方式	① 启发式讲授； ② 合作学习	① 职业道德； ② 合作探究能力； ③ 探索精神
	第二节	① 幼儿园与社区合作的内容与方式； ② 幼儿园与社区合作的注意事项	① 启发式讲授； ② 合作学习	① 职业道德； ② 合作探究能力

本书课程思政元素

(续表)

章	节	课程内容	融入方式	思政元素
第十章	第一节	① 学前教育与小学教育衔接概念； ② 学前教育与小学教育衔接意义	启发式讲授	职业道德
第十章	第二节	① 学前教育与小学教育衔接工作内容； ② 学前教育与小学教育衔接存在的主要问题； ③ 学前教育与小学教育衔接的策略	启发式讲授	① 专业理念； ② 责任意识； ③ 职业精神
第十一章	第一节	① 教育评价的概念界定； ② 教育评价的功能（鉴定、导向、激励）	① 资料拓展； ② 反思讨论； ③ 案例解析	① 文化自信； ② 教育理念/时代精神； ③ 公平正义价值追求； ④ 职业精神
第十一章	第二节	① 幼儿园发展评价的内容； ② 幼儿社会性与情感发展； ③ 幼儿园教师发展评价	① 专题讨论； ② 反思讨论； ③ 案例解析； ④ 合作学习； ⑤ 实操实练	① 教育理念； ② 文化自信； ③ 爱国主义； ④ 职业道德与操守
第十一章	第三节	教育评价指标体系建设	① 案例解析； ② 实操实练	① 教育理念； ② 公平正义价值追求； ③ 科学精神

目 录

第一章 学前教育与学前教育学
    第一节 学前教育 ……………………………………………………… 3
    第二节 学前教育学 …………………………………………………… 22

第二章 学前教育与儿童
    第一节 儿童观 ………………………………………………………… 29
    第二节 学前儿童发展与教育 ………………………………………… 41

第三章 学前教育与教师
    第一节 幼儿园教师概述 ……………………………………………… 55
    第二节 幼儿园教师的角色与地位 …………………………………… 57
    第三节 幼儿园教师专业发展与教育 ………………………………… 66

第四章 学前教育课程
    第一节 学前教育课程概述 …………………………………………… 83
    第二节 学前教育课程的设计 ………………………………………… 97
    第三节 学前教育课程的实施与评价 ………………………………… 102
    第四节 主题与领域课程 ……………………………………………… 109

第五章 幼儿园教学活动与学前儿童游戏
    第一节 幼儿园教学活动 ……………………………………………… 121
    第二节 学前儿童游戏 ………………………………………………… 126

第六章 幼儿园一日生活
    第一节 幼儿园一日生活主要环节 …………………………………… 146
    第二节 幼儿园一日生活主要环节组织与指导 ……………………… 150

第七章 学前儿童区域活动
    第一节 学前儿童区域活动的概述 …………………………………… 166

第二节　学前儿童区域活动的设计 ·················· 169
　　第三节　学前儿童区域活动的组织与指导 ·············· 175

第八章　幼儿园环境

　　第一节　幼儿园环境概述 ······················ 181
　　第二节　幼儿园环境创设 ······················ 184

第九章　幼儿园与家庭、社区的合作

　　第一节　幼儿园与家庭的合作 ···················· 195
　　第二节　幼儿园与社区的合作 ···················· 205

第十章　学前教育与小学教育的衔接

　　第一节　学前教育与小学教育衔接概述 ················ 215
　　第二节　学前教育与小学教育衔接工作的问题和策略 ········· 217

第十一章　幼儿园教育评价

　　第一节　幼儿园教育评价概述 ···················· 231
　　第二节　幼儿园教育评价的内容 ··················· 236
　　第三节　幼儿园教育评价的建设 ··················· 249

第一章

学前教育与学前教育学

学习目标

- 识记学前教育的概念、类型，理解学前教育的特点。
- 熟悉学前教育的发展历程，识记不同时期的儿童教育家及学前教育思想。
- 识记学前教育学的概念、研究对象，理解学前教育学的意义、任务。

学习重点

- 准确识记学前教育的概念，侧重识记不同层次概念所指向的年龄范围及实施主体。
- 理解并识记不同时期学前教育发展的主要特点，特别是中西方的儿童教育家及学前教育思想。
- 识记学前教育学的概念及研究对象。

知识要点与学习方法

本章主要对学前教育和学前教育学进行概述，主要讲了学前教育的类型及特点、学前教育发展的历史、学前教育学的概念、学前教育学的研究对象以及学前教育学的意义和任务等内容。

在学习过程中，学生应理解学前教育的概念、类型、特点及发展历程，重点梳理中西方的儿童教育家及学前教育思想，理清学前教育学这门学科的性质、研究对象、研究任务及意义。

【案例导入】

学前教育价值的相关研究[①]

对学前教育价值的研究，较具代表性的为美国的两项追踪调查项目：美国密歇根州的"佩里学前教育计划"和"芝加哥亲子中心计划"，追踪调查参与项目的儿童直至其成年，发现学前教育具有两大方面的效益：个人效益与社会效益。这两种效益会随着儿童年龄的增长持续存在并不断累积，即学前教育的价值效应辐射范围广、影响程度深。基于这些研究发现，近年来以美国经济学家詹姆斯·赫克曼（James Heckman）为代表的学者进一步对学前教育的价值进行了更为深入和严格的分析。他们发现，学前教育具有较高的投资效益，其投入和产出的比率约为1∶17，远高于其他阶段的教育投资回报率。同时，他们进一步探讨学前教育价值的持续性和累积性，发现学前教育价值在个人成长过程中持续、不间断地存在，在儿童时期可以促进个人各类技能的发展，使儿童保持健康体魄；在青少年时期有助于提高个人的学习成绩，提高

---

① 涂荣珍，张雯闻，黄大乾. 学前教育的价值与不平等现状：基于 CEPS 的实证研究[J]. 学前教育研究，2017（10）：15-16.

他们的毕业率，降低辍学率；而在成年阶段，则可以减少个人犯罪率，提高纳税率；等等。在学前教育持续、不间断地对个人产生影响的同时，其诸种不同的效应也会逐步累积，表现为上一阶段的教育带来的效益会对下一阶段产生影响，比如参与学前教育的儿童，其学业成就相对较高，而学业成就的增加又会进一步影响他的地位获得、收入甚至纳税状况。

第一节　学前教育

教育是人类为培养自己的新生一代适应社会生活而开展的一种基本的社会实践活动。从个体的身心发展来看，6岁前的发展是最为快速的，具有奠基性，其发展状况影响个体的一生。因此，合理的、良好的学前教育对个体未来发展具有重要的意义。

▶ 学前教育的意义

一、学前教育概述

何谓"学前教育"？从字面意思理解，"学前"可理解为"学龄前"，那么"学前教育"即针对入小学之前的儿童的教育。但这并不是一个清晰的概念，还有诸多问题没有交代清楚，例如，学前教育的起点在哪里？学前教育是否包括胎教？学前教育的实施主体或实施空间包括哪些？

（一）学前教育的时间跨度

我们先分析学前教育的时间跨度。"学龄前"本身是一个不甚清晰的时间概念，有"出生至入学前""受精卵形成至入学前"等多种理解，而且各国对儿童的入学年龄要求不尽相同，进而导致学前教育时间跨度的不确定性。关于"学前教育"的时间跨度，主要有以下三种观点。

一是将"学前教育"的时间跨度，理解为3—6、7岁。例如，苏联在20世纪60年代以前，以3岁为分界年龄，将儿童的年龄分为先学前期（0—3岁）和学前期（3—7岁）；受苏联教育制度影响，中华人民共和国成立后，我国分别建立了托儿所（0—3岁）和幼儿园（3—6、7岁）。学前教育主要是指幼儿园年龄阶段（3—6、7岁）的儿童教育。

二是将"学前教育"的时间跨度，理解为从出生到入学前。例如，1981年，联合国教科文组织在巴黎举行的国际学前教育协商会议上，将学前教育的概念解释为"能够激起从出生到入学前儿童（小学入学年龄因国家不同而有5—7岁不同）的学习愿望，给他们学习体验，且有助于他们整体发展的活动的总和"[①]。1959年，为使学前教育制度统一，苏联将原为两个机构的托儿所和幼儿园，合并成托儿所-幼儿园，成为一个统一的机构；1978年，苏联新版的《学前教育学》将学前教育论述为从出生到入学前的教育。

三是将"学前教育"的时间跨度，理解为从胎儿形成到入学前。1978年在泰国曼

---

① 顾明远．教育大辞典：增订合编本（下）[M]．上海：上海教育出版社，1998：1620．

谷召开的"学前教育新态度"区域性专家会议上，专家们建议从胎儿至正式受教育时期应称为幼年照管和教育阶段，受教育是每个儿童的权利；我国学者李生兰、杨晓萍等，都提出应将胎儿阶段视为学前教育的一部分的观点。

前两种观点认为学前教育的对象不包括胎儿，而现代遗传学、优生学的研究表明，胎教与儿童教育密切相连，实施胎教有助于提高胎儿出生以后的教育质量。从世界范围来看，学前教育时间跨度向前延伸至胎儿期，是教育发展的必然趋势。因此，从广义上讲，可以把从受精卵形成到正式进入小学前的儿童都视为学前教育的对象。

▶ 学前教育的实施形式

（二）学前教育的实施空间

再来分析学前教育的实施空间。由我国著名教育家顾明远主编的《教育大辞典》、我国学前教育学者梁志燊主编的《学前教育学》以及学前教育学者黄人颂主编的《学前教育学》，都提出学前教育既包括幼儿园教育也包括家庭教育。随着社区教育的发展，越来越多的学者形成共识，认为学前教育的实施空间既包括学前教育机构（主要指幼儿园），也包括家庭和社区。当然也有学者认为，学前教育的实施空间仅指学前教育机构（主要指幼儿园）。

▶ 学前教育的概念

（三）学前教育的概念

从时间维度看，学前教育的教育对象包括胎儿、婴儿（出生后至3岁）和幼儿（3—6、7岁）；从空间维度看，学前教育包括学前机构教育（主要指幼儿园教育）、学前家庭教育、学前社区教育。

1. 广义的学前教育

从广义上说，凡是能够影响和促进学龄前儿童（胎儿至6、7岁）身心成长和发展的活动都属于学前教育，包括学前机构教育、学前家庭教育和学前社区教育。

2. 狭义的学前教育

从狭义上说，学前教育是指目的地对从出生至6、7岁的儿童施加教育影响的活动。

3. 最狭义的学前教育

最狭义的学前教育是指有目的、有组织、有计划地对3—6、7岁儿童施加教育影响的活动，即幼儿园教育。

需要注意的是，因对学前儿童年龄范围的不同理解，学前教育与"幼儿教育""早期教育"等概念在一定程度上通用，但必须注意特定语境下各概念的特殊含义及区别。因胎儿教育还涉及系统的优生学、遗传学知识，目前尚未形成系统的、完整的教育理论，本书的研究重点主要集中于出生后至6、7岁的婴幼儿教育。

历年真题

【1.1】关于学前教育任务最准确的表述是（　　）。
A. 促进幼儿智力发展　　　　　　　　B. 促进幼儿身心快速发展
C. 促进幼儿社会性发展　　　　　　　D. 促进幼儿身心全面和谐发展

> **重点提示**
>
> 学前教育包括广义、狭义、最狭义三个层次的定义，学生学习时要注意不同层次定义所指向的年龄范围及实施主体。从广义上说，凡是能够影响和促进学龄前儿童（胎儿至6、7岁）身心成长和发展的活动都属于学前教育，包括学前机构教育、学前家庭教育和学前社区教育；从狭义上说，学前教育是指有目的地对出生至6、7岁的儿童施加教育影响的活动；最狭义的学前教育是指有目的、有组织、有计划地对3—6、7岁儿童施加教育影响的活动，即幼儿园教育。

二、学前教育的类型及特点

（一）学前教育的类型

从不同的维度划分，学前教育可分为多种类型。

① 从时间维度来分，学前教育可分为胎儿教育、婴儿教育（0—3岁）和幼儿教育（3—6岁）。

② 从实施途径来分，学前教育可分为学前家庭教育和学前社会教育。广义的学前家庭教育，主要是指家庭成员之间的相互影响和教育。狭义的学前家庭教育，则是指家庭生活中，由家长（主要是父母或其他长辈）对学前儿童进行的教育和施加的影响。学前社会教育是指在家庭以外，由社会（包括政府、社区、团体、企事业单位、个人等）承担的、以学龄前儿童为对象的教育实践活动，包括学前机构教育、学前社区教育等。故而，也有学者直接将学前教育分为学前机构教育（托儿所和幼儿园教育）、学前家庭教育、学前社区教育。胎儿学校、托儿所、幼儿园、托幼园一体化、学前班、福利院、SOS国际儿童村等学前教育机构，都是学前社会教育的具体形式。

③ 从制度化维度来分，学前教育可分为正规学前教育和非正规学前教育。正规学前教育，是指由教育部门认可的教育机构所提供的有目的、有计划、有组织的，由专职人员（幼儿教师）承担的，以影响学龄前儿童身心发展为直接目标的全面系统的教育活动。当前在我国主要是指幼儿园教育。非正规学前教育，是指由政府、非政府或个人发起的，针对无法接受正规学前教育的学龄前儿童，特别是处境不利的儿童，依托社区资源因地制宜开展的学前教育活动。它是正规学前教育的重要补充，目前也是世界学前教育发展的一大潮流。

（二）学前教育的特点

1. 基础性

学前教育的基础性是指学前教育所具有的奠基性特征，学前教育不仅是个体终身教育的开端，也是现代国民教育体系的起点。

学前教育的基础性首先体现为它是终身教育的开端。"终身教育"概念最早是由联合国教科文组织成人教育局局长保罗·朗格朗（Paul Lengrand）在1965年召开的第三届成人教育促进国际委员会全体会议期间正式提出的。它是指人的一生各个阶段所受教育的总和,既有学校教育也有社会教育,既包括正规教育也包括非正规教育,主张在每一个人需要的时候以最好的方式提供必要的知识和技能。它是贯穿个体一生、面向全体社会成员的教育,学前教育因其特殊的教育对象决定了它是终身教育的开端。有研究表明,学前期既是个体的社会性行为、情绪情感、性格和认知等方面发展的关键期,也是人的一生中身心发展速度最快、可塑性最强的时期。因此,良好的学前教育为个体后续教育及一生发展培土奠基。联合国教科文组织1996年在《教育——财富蕴藏其中》的报告中指出"受过幼儿教育的孩子与没有受过这一教育的孩子相比,往往更能顺利入学,过早辍学的可能性也少得多""学前教育的不足或缺乏这种教育,均可严重地影响终身教育的顺利进行"①。

学前教育的基础性还体现在它是整个国民教育体系的起点。国民教育体系是主权国家通过制度或法律形式,对本国享有公民权利的人所提供的一种不同层次、不同形态和不同类型的教育服务系统。它的主要组成部分是学校教育系统,包括学前教育、九年义务教育、高中教育和大学教育。学前教育是终身教育的奠基阶段,其主要任务是在健康、语言、社会、科学、艺术等诸多方面,为儿童顺利进入小学及后续教育做好身体与心理的充分准备,为一代新人做好破蒙启智、培土奠基的工作。在世界各国的国民教育体系中,学前教育均位于整个体系的起点,充当国民教育体系的基石。

2. 启蒙性

学前教育的启蒙性是指学前教育应从学前儿童身心发展的特点及现实发展需要出发,循序渐进地对儿童进行最基本的、入门式教育,开导蒙昧、启于未发,发掘儿童的潜能,引导儿童自然发展。

学前期儿童神经系统的兴奋过程占优势,表现为活泼好动、注意力不集中,相对来说,神经系统的抑制过程不完善,表现为自我控制能力差,再加上思维以直观动作思维和具体形象思维为主,抽象逻辑思维不足,难以理解系统的、抽象的知识。因此,学前教育的内容应以"博、浅"为基本原则,教育目标、教育方法都应以启蒙性为主要衡量标准。考虑到学前儿童经验匮乏、心智幼稚,但却精力旺盛、富有好奇心与探索冲动,学前教育的任务就是对学前儿童健身启智,将其偶发的、不稳定的好奇心与兴趣转化为强烈的求知欲,并让其在求知欲的驱使下去开展各项活动,对学习产生积极态度,使学前儿童在体力、智力、品德情感及审美等方面都得到发展,为他们升入小学后较快地适应正式学习生活打好基础。因此,在学前教育阶段,教育不以传授系统知识为主要目标,而在于启蒙。

3. 保教结合性

保,即保育,是指保护学前儿童的身心健康,关注儿童身心的养护与照顾;教,即教育,是指按照德、智、体、美、劳的要求,有目的、有计划地对学前儿童进行全面发展的教育。学前教育的保教结合性是由学前儿童特殊的身心发展特点决定的。

学前期是儿童生长发育十分迅速且旺盛的阶段,也是学前儿童身体各个器官及生理机能尚未发育成熟或完善的阶段。从生理上看,学前期儿童的骨骼正处于生长发育阶段,软骨成分较多,骨骼弹性大而硬度小,易弯曲变形;关节固定性较差,在外力作

---

① 联合国教科文组织总部. 教育:财富蕴藏其中[M].联合国教科文组织总部中文科,译. 北京:教育科学出版社,1996:78.

用下易脱位；肌肉细嫩，收缩能力弱，耐力差，易疲劳。从心理上看，学前期存在个体心理发展的多个敏感期，在敏感期内儿童接受某种刺激的能力异乎寻常，是儿童学习的关键期。多项研究表明，学前儿童具有巨大的发展潜力，而这种潜力只有通过适当的教育才能挖掘出来。从法律上看，学前儿童受《中华人民共和国宪法》《中华人民共和国未成年人保护法》《中华人民共和国母婴保健法》等法律的保护，属于完全无民事行为能力的公民，不对自己的行为承担相应的法律责任。综上，学前儿童年龄较小，身心发展不成熟，生活自理能力差，缺乏生活经验，对成人依赖性强，保育是必不可少的；学前儿童又存在巨大的发展潜能，为激发其潜能，提高其生活自理能力，促进其认知及社会性发展，为后续教育打好基础，学前教育更是必须的。因此，学前教育具有保教结合的特点，保中有教，教中有保，教养并重。

4. 活动性

根据瑞士著名儿童心理学家让·皮亚杰（Jean Piaget）的认知发展阶段理论，心理既不起源于先天的成熟也不起源于后天的经验，而是起源于动作，因此动作是认知的源泉。个体自出生起，认知发展历经感知运动阶段（出生至2岁）、前运算阶段（2—7岁）、具体运算阶段（7—11、12岁）、形式运算阶段（11、12—14、15岁）。学前教育的对象正是处于感知运动阶段和前运算阶段的儿童，该阶段的儿童是典型的直观动作思维，其基本特点是思维与动作不可分，离开动作就不能思维，具体表现为儿童认识事物主要是通过感官、动作，与周围生活中的事物直接接触，进行感知和操作，进而获取直接经验。正如意大利著名教育家玛利亚·蒙台梭利（Maria Montessori）说的："一个正在成长中的孩子，如果不经常使用他的运动器官，他的发展就会受阻，与那些被剥夺了视觉或听力的人相比，他将更远离发展的目标。"① 因此，学前教育具有活动性特征，它以活动为主导，以活动贯穿整个教育过程，以活动促进儿童身心健康发展，以活动作为学前教育的主要内容和形式，帮助儿童在"做中学"。

历年真题

【1.2】按照皮亚杰的观点，2—7岁儿童的思维处于（　　）。
A. 具体运算阶段　　B. 形式运算阶段　　C. 感知运算阶段　　D. 前运算阶段

【1.3】下列哪一种不属于《3—6岁儿童学习与发展指南》倡导的幼儿学习方式？（　　）
A. 强化学习　　　　B. 直接感知　　　　C. 实际操作　　　　D. 亲身体验

重点提示

掌握从不同维度划分的学前教育的类型。按时间维度，学前教育可分为胎儿教育、婴儿教育（0—3岁）和幼儿教育（3—6岁）；按实施途径，学前教育可分为学前家庭教育、学前机构教育、学前社区教育；按制度化维度，学前教育可分为正规学前教育和非正规学前教育。掌握学前教育的特点：基础性、启蒙性、保教结合性、活动性。此部分内容大多以选择题的形式进行考核，请注意理解与掌握。

---

① 蒙台梭利. 童年的秘密［M］. 爱立方，编译. 北京：北京理工大学出版社，2015：112.

▶ 国外学前教育理论的产生与发展

▶ 国内学前教育理论的产生与发展

三、学前教育的历史沿革

人类教育自古有之，随着人类社会的产生而产生，伴随着人类文明的进步而不断发展。在原始社会，学校尚未产生，教育与生产劳动、社会生活融合在一起，对儿童实行公养公育，也就是人类最初的儿童教育。进入奴隶社会后，学校教育产生，儿童教育由家庭承担，也就产生了名副其实的针对"学龄前"儿童的学前教育。本部分对学前教育历史沿革的叙述，按照时间顺序，分别介绍了古代社会、近代社会、现代社会中国和西方学前教育实践及学前教育思想的发展历程。

（一）古代的学前教育

1. 古代学前教育实践的发展

（1）原始社会的儿童公育

原始社会是人类从猿类分化出来之后所建立的第一个共同体，也就是人类历史的第一阶段。原始社会生产力水平很低，没有阶级，生产资料都是公有制，人们共同劳动，共同享受劳动成果。根据马克思的劳动起源说，人类在劳动中产生了教育的客观需要，同时也为教育的产生提供了可能性条件。人类最初的教育正是产生于原始社会生产劳动及社会生活的需要，这是人类教育发展的第一个时期。原始社会的儿童教育，呈现出以下特点：

① 教育权利平等，无阶级性。原始社会没有阶级的划分，生产资料公有，人们共同劳动、共同享受劳动的成果；没有现代意义上的小家庭，只有以血缘纽带建立的大家庭，儿童教育采取公养公育的方式；教育的目的是为了整个氏族的生存和繁衍，因而教育权利平等、无阶级性。

② 教育具有非独立性，与生产生活相结合。受生产力条件限制，原始社会尚未产生专门的教育机构——学校，也没有专门的教育场所和专职的教育人员，因此教育并没有从生产劳动和社会生活中分离出来，而是与生产生活相结合。由于群婚制的婚姻制度，孩子知母不知父，再加上社会劳动分工，妇女和老人成为儿童教育的主要承担者。鉴于学校教育尚未产生，这一时期的教育也就没有家庭教育与学校教育的区别，统称为儿童教育。

③ 教育的原始简单性。受生产力条件限制，原始社会儿童教育的内容、方法及手段原始而简单，完全是自然状态下的教育。原始社会儿童教育的内容基本局限于原始的生产劳动、社会生活和原始宗教等方面，教育主要是通过长者的口耳相传和年幼者的观察模仿来实现。

（2）奴隶社会的学前家庭教育

随着生产力的发展，剩余产品的出现，私有制的产生，社会上出现了剥削阶级和被剥削阶级，原始社会瓦解；以奴隶主占有奴隶的人身、实行超经济奴役为主要特征的奴隶社会产生。随着奴隶社会的到来，人类开始走出野蛮时代，进入文明社会，一夫一妻的婚姻家庭形式取得最终的胜利，真正意义上的个体家庭产生，原始社会的儿童公养公育制度走向消亡，家庭承担起儿童教育的任务。

进入奴隶社会，学校产生并发展。首先，随着生产力水平的提高，剩余产品出现,社会足以供养一部分人脱离直接的生产劳动,专门从事教育与学习,这为学校的产生提供了必要的物质基础;其次,随着私有制的产生与发展,国家机器运行,统治阶级为强化统治,迫切需要专门的机构培养接班人、官吏及知识分子;再次,文字产生以及知识的积累已达到一定程度,为间接经验的传递提供了可能性;最后,伴随着脑力劳动与体力劳动的分离,出现了专门从事教育活动的知识分子——教师,这些都为学校的产生提供了可能性。随着学校教育的产生,也就出现了名副其实的"学前教育"。由于学前公共教育机构尚未产生,奴隶社会的学前教育主要是在家庭里进行,即学前家庭教育。

奴隶社会的教育具有明显的阶级性。作为人类的第一个阶级社会,奴隶社会分为奴隶主贵族、平民(自由民)、奴隶三个阶级。奴隶主贵族作为统治阶级,垄断教育和文化,如我国西周时期,奴隶主贵族垄断教育和学术,实行"学在官府",平民百姓没有机会进入学校,奴隶则根本就没有受教育权。奴隶主贵族为维持其特权及统治地位,高度重视对子女的培养,有目的、有计划地对奴隶主贵族儿童开展学前教育。反映我国西周时期政治文化生活的文献《礼记》中就记载,从儿童"能食""能言"起就开始教育,并注意根据儿童年龄特点和性别特点进行有计划、有区别的教育。此外,教育的对象并不局限于婴幼儿,还包括胎儿,西汉刘向所著的《列女传·周氏三母》中就记载了周文王母亲太任实施胎教的情形。

从学前教育的实施途径来看,奴隶社会的学前教育主要是在家庭中进行的,由奴隶主贵族亲自承担或者聘请家庭教师对子女进行教育。此外,随着文字的出现及文化知识的积累,奴隶社会的教育内容较之原始社会也大大丰富、充实,包括身体保育教育、道德习俗教育、宗教教育、初步的文化艺术教育等。公元前2500年左右的古埃及统治者就建立了宫廷学校,邀请有经验的僧侣、官吏、学者担任教师,对奴隶主贵族子弟进行教育,这种宫廷教育是家庭教育的特殊形式,其中就包括学前教育。我国西周时期建立了专门辅导和教育王室继承人太子、世子的"保傅制度",设置"三公"(太师、太傅、太保)及其副职"三少"(少师、少傅、少保),使太子、世子自出生起就接受"礼"的教育和培养。古印度的奴隶主贵族则非常重视宗教教育,高种姓的婆罗门家庭,父亲会用口耳相传的方式教导孩子学习婆罗门教的重要经典——《吠陀经》。

(3)封建社会的学前教育

随着生产力的发展,奴隶制逐渐瓦解,人类进入又一个阶级社会——封建社会。封建社会形成了以土地为基础、以家庭为单位、农业与手工业相结合的自然经济,这是一种自给自足的、具有自我封闭特点的经济结构。在这种经济结构中,关键的生产资料——土地,大多掌握在地主(或封建主)手中,农民被束缚在土地上,制约了生产力的发展。在封建社会,由于生产力水平不高,妇女尚未走出家庭参与社会劳动,因而社会并未产生对学前公共教育的广泛需求,也没有相应的物质基础。在这一阶段,学前教育仍由家庭承担,以学前家庭教育的形式存在。

① 中国封建社会的学前教育。中国是世界上较早进入封建社会的国家,也是封建社会持续时间最长的国家。春秋末年,中国开始进入封建社会,新兴地主阶级登上历史舞台,士阶层产生并发展,打破了奴隶主贵族垄断文化教育的格局;随着私学兴起,文化下移,"有教无类"思想的盛行,教育对象逐渐扩大,从奴隶主贵族扩展到普

通民众。受儒家思想的影响,全社会都对教育极为重视,统治者更是将学前教育视为封建教育的重要组成部分及新生代官僚教育的开端,这都促进了封建社会学前教育的发展。例如,在西周奴隶社会,胎教被帝王之家垄断,对下层百姓"秘而不宣";但是到了春秋战国时期,随着文化教育的下移,胎教走出宫廷,逐渐在民间得到广泛实施。需要注意的是,虽然教育对象扩大,但封建社会的学前教育依然存在森严的阶级性和等级性。

从教育内容来看,较之奴隶社会,封建社会的学前教育内容无论是广度还是深度都大大增加。封建社会学前教育的内容涵盖了思想品德教育、生活常规教育、文化知识教育、身体保健教育等方面的知识,尤为重视德育与智育,但繁杂的教育内容过于成人化和教条化,使儿童难以承受,很大程度上扼杀了儿童的天性。此外,儒家思想作为中国封建社会的统治思想,深刻影响着我国封建社会学前教育的内容。长辈们以"孝"和"悌"作为伦理道德的出发点,以"学而优则仕"的思想激励儿童,向儿童灌输"忠君爱国""万般皆下品,唯有读书高"的封建思想。在儒家思想的指导下,我国封建社会的学前教育带有明显的功利主义色彩。

封建社会的胎教思想与实践有了进一步发展,特别是隋唐以后,我国医学迅速发展,大批中医学家介入胎教研究,中医学理论的介入,使人们对胎教的认识及实施更加科学化,"外象内感"的胎教理论盛行。在"外象内感"理论的指导下,古人强调要为怀孕的母亲创造尽可能良好的环境,避免不良事物对胎儿的影响;高度重视母亲精神因素对胎儿的影响;重视母亲良好生活习惯对胎儿的影响。

② 西方封建社会的学前教育。公元 5 世纪到 14 世纪上半叶,是欧洲的封建社会时期,也称为中世纪。恩格斯曾就欧洲中世纪历史做出如下分析:"中世纪是从粗野的原始状态发展而来的。它把古代文明、古代哲学、政治和法律一扫而光,以便一切从头做起。它从没落的古代世界承受下来的唯一事物就是基督教和一些残缺不全而失掉文明的城市。"① 恩格斯的论述正是中世纪欧洲社会政治、经济、文化生活的真实写照,盛行基督教的中世纪十分黑暗,国王、贵族和骑士等大大小小的封建主构成金字塔般的等级制度,教会内部也建立了教阶结构,教育带有浓厚的宗教色彩和等级性,教育的目的就是培养僧侣、封建官吏和骑士。

欧洲中世纪的学前教育包括基督教会的学前教育和世俗封建主的学前教育两种类型。基督教会的学前教育的目的是把儿童培养成为笃信上帝、服从教会的"圣童",为培养一个真正的基督教徒奠定基础;教育内容是《圣经》和基督教知识,主要是通过基督教徒对子女进行宗教意识的熏陶以及儿童跟随家长参加众多的圣事礼仪和节日活动来完成。世俗封建主的学前教育按照等级可分为宫廷学校的学前教育和骑士的学前教育。宫廷学校是中世纪欧洲为王室子弟开设的学校,教导从儿童到青年的王室成员。骑士教育则是为培养低级封建贵族而开设的,集封建思想意识熏陶和军事体育训练为一体的教育,其目的是培养英勇善战、忠君敬主的骑士精英。骑士教育分为三个阶段,其中第一阶段是从出生到 7、8 岁,在家庭中进行,父母(特别是母亲)是承担者,主要进行宗教熏陶、道德教育以及身体养护与锻炼。

---

① 马啸原. 西方政治制度史[M]. 北京:高等教育出版社,2000:55.

2. 古代学前教育思想的发展

古代学前教育实践的发展，积累了丰富的学前教育经验，学前教育思想也逐渐丰富并发展起来。总的来看，古代的学前教育思想发展缓慢，散见于教育家、哲学家、文学家等的各种著作或论述中，大多是零散的，尚未形成系统的学前教育理论。

（1）中国古代学前教育思想的发展

我国古代的一些典籍中很早就有关于胎教及儿童早期教育的记载。西汉贾谊所著《新书》、刘向所著《列女传》以及戴德所著《大戴礼记》均记载了西周统治者注意优生优育及重视实施胎教的情形。《礼记》（又称《小戴礼记》）的《内则》篇则提出要根据儿童年龄特征及性别特征进行有计划的教育。"子能食食，教以右手；能言，男唯女俞。男鞶革，女鞶丝。六年，教之数与方名。七年，男女不同席，不共食。八年，出入门户及即席饮食，必后长者，始教之让。"意思是说，从儿童能食能言就要开始教育，注意性别差异；6岁要教导儿童数数和辨别东、西、南、北方位；7岁教导儿童男女有别，不能再同席吃饭；8岁教导儿童在进出门和饮食宴会时礼让长者。

魏晋南北朝时期，著名文学家、教育家颜之推所著的《颜氏家训》是中国历史上现存最早的家庭教育著作，提出很多有益的早期儿童教育思想。在《颜氏家训·勉学篇》中，他明确提出"人生小幼，精神专利，长成已后，思虑散逸，固须早教，勿失机也"，赞同"少成若天性，习惯如自然""教儿婴孩"，认为早期教育对人的一生都有重要影响。因此，颜之推认为，教育越早进行越好，最好是能实施胎教，即使没有条件实施胎教，也要从婴儿一出生起就实施教育。在教育子女上，颜之推重视家庭教育，认为父母应从严入手，严慈相济，批评那些"无教而有爱""恣其所欲"的父母；提出教育要以德育为根本，重视对儿童的道德教育及语言教育；他还十分重视环境对儿童的"熏渍陶染""潜移暗化"，提出"慎择友"的教育思想。

南宋著名理学家、思想家、教育家朱熹十分重视"小学"教育（即儿童教育），将其喻为"打坯模"，提出"古人之学固以致知格物为先，然其始也，必养之于小学"。关于胎教，朱熹提出孕妇应注意"一寝一坐，一言一念，一视一听"，以使胎儿能够"气禀正而方理全"。他从养成儿童良好品行出发，提出父母要以身作则，慎重为儿童选择乳母、朋友及老师；在儿童教育原则上，主张正面教育、知行并重、启发诱导、循序渐进。此外，朱熹还为儿童编著《童蒙须知》《小学》等启蒙读物。

明代中叶著名哲学家、教育家、心学集大成者王守仁，以反传统的姿态提出"心即理""致良知""知行合一"的学说。这种"自作主宰"的哲学学说注重道德的自我革新，相对传统理学更尊重人的个性及主观能动性，强调人的主体意识，在方法论上倡导"知行合一"，他的儿童教育理论就是以此为指导基础。明代儿童教育重"记诵词章之学"，忽视儿童德育、体育和美育，王守仁从批判当时儿童教育弊端出发，提出儿童教育与大学教育一样，都以"明人伦"为目的，将培养德行作为儿童教育的主要任务；在其著作《教约》和《训蒙大意示教读刘伯颂等》中，他提出儿童教育的四种形式，包括考德（考查行为表现）、读书、习礼、歌诗；他主张顺应性情、因势利导地开展儿童教育，注重激发儿童的学习兴趣；在教育过程中，他提出"随人分限所及"，即应根据儿童的资质禀赋因材施教，按其接受能力循序渐进地进行教育。王守仁的儿童教育思想不仅在反对当时传统教育方面具有明显的积极意义，而且其很多儿童教育思想与近代进步的教育学说多有一致之处，符合儿童身心发展规律，实属难能可贵。

（2）古代西方学前教育思想的发展

在古代，国外也有很多哲学家、思想家很早就提出关于学前教育的看法及主张。古希腊哲学家、思想家柏拉图（Plato），是西方学前教育思想的重要奠基人，他在西方教育史上，最早提出学前公共教育的主张，标志着学前公共教育思想的诞生。在其代表作《理想国》中，柏拉图提出教育是实现理想国的重要手段和工具，因此教育是国家的职责。从实现理想国的目的考虑，柏拉图倡导优生优育，认为国家应只允许健壮的男女结婚，生出优秀的后代；新生儿应由政府进行检验，只允许健壮的新生儿存活，羸弱的婴儿应被抛弃，这是西方教育史上最早关于优生优育的论述。儿童出生即交给国家特设的育儿院养育，由经过挑选的女仆照顾。3—6岁儿童应送到附设于神庙的国家儿童场，由国家委派的优秀女公民对儿童实施和谐发展的教育，教育内容包括讲故事、学习诗歌、音乐、美术，进行体育锻炼等。他重视游戏在学前儿童教育中的作用，认为不应强迫儿童学习，要用游戏的方式教育儿童，并通过游戏了解每个儿童的自然才能。他认为游戏不仅是玩耍和娱乐，更是一种道德教育的过程，应该选派有经验的人去组织和管理。

古希腊哲学家、教育家亚里士多德（Aristotle），是柏拉图的学生，在其著作《政治论》《伦理学》中阐述了他的学前教育思想。亚里士多德认为教育的目的不仅是为国家培养人才，而且应使年轻一代得到和谐发展，为将来美好生活做准备，因此，教育应与人的自然发展相适应。亚里士多德还根据儿童的年龄将年轻一代的教育划分为三个阶段：0—7岁为第一阶段，7—14岁为第二阶段，14—21岁为第三阶段。其中第一阶段（0—7岁）为学前期，又可分为出生前的胎教、出生到5岁的婴幼儿教育、5—7岁的儿童教育三个小阶段。亚里士多德十分重视胎教，认为孕妇应适当运动，注意营养，保持安静的情绪。0—5岁的儿童，应顺其自然以身体发育为主，尽可能地为他们提供良好的营养和适当的锻炼，提倡母乳喂养，鼓励儿童从小多运动并习惯于寒冷；此外，他还反对0—5岁的儿童进行课业学习或劳动，主张通过游戏和故事的方式开展教育。5—7岁的儿童教育应以养成良好的习惯为主要任务，教育应重视环境对儿童的熏染，注意儿童日常生活的管理，防止不良环境的影响。

马库斯·法比尤斯·昆体良（Marcus Fabius Quintilianus）是古罗马著名的雄辩家和教育家，其代表作为《雄辩术原理》。他从培养优秀的雄辩家出发，提出了他的学前教育思想。昆体良认为，人的教育应从婴儿出生就开始，注重早期语言的发展；强调周围环境对儿童最初观念形成的影响，认为儿童是从教育者那里获得关于世界的知识和道德观念，因此应慎重为儿童挑选良好的看护者和教育者；认为游戏是儿童的天性，有利于增强智慧、培养品格，教育者要利用游戏开展教育；提倡榜样教育、反对体罚，认为体罚会给儿童的身心造成创伤，百害而无一利。这反映了他对儿童人格的尊重及对正面教育的倡导。

古希腊和古罗马的学前教育思想留给后代许多启迪，但遗憾的是，并没有被中世纪的欧洲所继承和发展。公元5世纪欧洲进入中世纪，"把古代文明、古代哲学、政治和法律一扫而光""它从没落的古代世界继承下来的唯一事物就是基督教"①，文化和

---

① 马啸原. 西方政治制度史［M］. 北京：高等教育出版社，2000：55.

教育几乎被教会所垄断，教育处于停滞和衰退状态，一些不正确的儿童观盛行，给学前教育发展带来恶劣影响。

性恶论是中世纪基督教宣传的儿童观。基督教认为：儿童是带着"原罪"来到人间的，新生儿生来就有嫉妒、贪婪之心，必须经历苦难，不断赎罪，才能净化心灵；人们应听从教会训诫，敬畏上帝，实行禁欲，因此应采取严厉措施抑制儿童嬉笑欢闹、游戏娱乐；提倡体罚，不允许儿童有独立意识及自主性。总之，整个儿童教育以宗教为中心，对古希腊和古罗马文明采取敌视态度，压迫、摧残儿童的天性。

预成论是中世纪欧洲盛行的另一种不正确的儿童观。预成论认为，新生婴儿是作为一个已经制作好的小型成年人降生到世界上来，儿童与成人的区别仅是身体大小和知识多少的不同而已。受预成论影响，儿童被视为小大人，教育忽视儿童的身心特点及兴趣需要，完全用成人的标准要求儿童，教育方法简单粗暴。

总的来看，无论是我国还是欧洲，古代学前教育思想在很大程度上停留在哲学思辨和经验总结上，受历史局限，学前教育思想发展缓慢。

（二）近代的学前教育

1. 近代学前教育实践的发展

（1）近代西方学前教育实践的发展

以英国资产阶级革命胜利为标志，世界进入近代社会。随着资本主义制度的建立和大工业生产的发展，越来越多的妇女和儿童投入工业生产中，年幼儿童在家无人照料，意外伤亡率很高，儿童教育成为人们普遍关注的社会问题。恩格斯在《英国工人阶级状况》中曾描述这些无人照料的底层儿童的悲惨处境："在9个月里有69个孩子被烧死、烫死，56个淹死，23个摔死，77个因其他不幸事件致死。"因此，随着大工业生产时代的到来，社会亟须建立学前教育机构来照顾和教育这些底层工人的孩子。同时，随着文艺复兴以来文化教育的发展，人们越来越重视儿童教养问题，这一切都推动了近代学前教育机构的建立和发展。

19世纪英国空想社会主义者、教育改革家罗伯特·欧文（Robert Owen），于1816年在英国新拉纳克创办幼儿学校，招收当地纺织厂女工1—6岁的幼儿，开展智育、道德教育、音乐、舞蹈和军事训练等教育。这所幼儿学校被公认为世界上第一所学前教育机构，它为近代学前公共教育的发展首开先河。在欧文及其他开明人士的带动下，英国的公共学前教育快速发展，形成幼儿学校运动，并得到政府的大力支持。此后，幼儿学校这种学前教育形式传播到欧洲各地，成为劳动人民开展学前教育的重要途径。到19世纪上半叶，为帮助因母亲外出工作或家庭贫困而处境不利的儿童，解决保育教育问题，世界上许多国家，如德国、荷兰、比利时、法国、美国，先后举办托儿所和日托中心。

历年真题

【1.4】欧文创办的幼儿学校是世界上最早（　　）。

A. 使用恩物开展教学的学前教育机构

B. 为工人子弟开办的学前教育机构

C. 为贵族子弟开办的学前教育机构
D. 为儿童提供"有准备的环境"的学前教育机构

德国教育家弗里德里希·威廉·福禄贝尔（Friedrich Wilhelm Frobel），于1837年在勃兰根堡建立了收托3—7岁儿童的教育机构，实验他的教育思想，并于1840年将其命名为"幼儿园"。这是世界上最早的幼儿园，福禄贝尔也因此被称为"幼儿园之父"。虽然福禄贝尔所开办的幼儿园，后来被德国政府以宣传无神论的罪名禁止，但幼儿园这一名称及这种学前教育形式却得到推广。在此后的几十年里，德国、奥地利、比利时、加拿大、英国、匈牙利、美国等国家先后建立幼儿园。福禄贝尔为学前教育机构的产生与发展做出了巨大贡献，奠定了最初的基础。

欧文的幼儿学校和福禄贝尔的幼儿园，首先在欧洲各国推广，随后发展到世界各地。到19世纪50年代，随着幼儿学校的推广和福禄贝尔幼儿园的传入，英国形成了双轨学前教育制度，一轨是以劳动人民子女为对象的幼儿学校，另一轨是以中上层子女为对象的幼儿园。1828年，法国从英国引入幼儿学校，创立了"模范托儿所"。1855年，法国从德国引入福禄贝尔的幼儿园，在政府的支持下法国学前教育迅速发展。到1881年，法国将托儿所改称为"母育学校"，实行免费教育，"母育学校"成为法国学前教育机构的基本形式。19世纪30年代，德国引入英国的幼儿学校。1837年福禄贝尔的幼儿园产生后，虽然一度被禁止，但到1860年随着禁令的解除，幼儿园迅速发展，成为德国学前教育的主要形式。在美国，1824年欧文在印第安纳州建立了幼儿学校；1855年德国移民玛格丽特·舒尔兹（Margarethe Schurz）开设了美国的第一所幼儿园，采用德语教学；1860年美国伊丽莎白·皮博迪（Elizabeth Peabody）开办了美国的第一所英语幼儿园，此后，幼儿园在美国逐步得到推广。

（2）近代中国学前教育实践的发展

1840年鸦片战争爆发，西方列强用武力打开中国的大门，中国自此进入半殖民地半封建社会，这是中国近代史的开端。在此之前的漫长封建社会中，学前教育主要由家庭承担，直到19世纪末期，幼儿园教育被引入中国，中国的学前教育机构才逐渐发展起来。近代中国学前教育机构的产生，主要有两个渠道：一是欧美教会在中国建立的托幼机构。教会所办托幼机构，本质上是西方文化教育的入侵，但客观上促进了中国学前教育事业的发展。二是清政府在近代教育改革过程中，建立了包括学前教育在内的新学制。1903年，清政府颁布并实施中国的第一个近代学制"癸卯学制"，效仿日本建立近代学校教育制度，规定学前教育阶段的机构为蒙养院，用于辅助家庭教育。1904年清政府颁布的《奏定学堂章程》，其中有《奏定蒙养院章程及家庭教育法章程》，第一次将学前教育列入学制系统，该章程规定"蒙养院专为保育教导三岁以上至七岁儿童"。1903年，我国自办的第一所学前教育机构——湖北幼稚园诞生，它由湖北巡抚端方在武昌建立，"癸卯学制"实施后，改称武昌蒙养院。

1912年之后，随着西方较成熟的学前教育思想和办学经验的涌入，以及本土教育家的幼儿教育研究与实践，中国学前教育机构有了进一步发展。1922年，中华民国教育部颁布新学制，幼稚教育正式列入学制系统，招收6岁以下儿童；1932年颁布的《幼稚园课程标准》，是中国第一个自己制定的幼稚园课程标准。从总体来看，民国时期教会设立幼稚园数量较多（据统计，1924年我国有幼稚园190所，教会设立的有

156 所，占 82%），幼稚园教育内容和方法倾向欧美，主要为特权阶级家庭的幼儿服务，因此被人民教育家陶行知批评为害了"外国病""花钱病""富贵病"。陶行知、陈鹤琴等教育家致力于研究和创建符合我国国情的学前教育机构及理论，推进学前教育的中国化、平民化，并积极付诸实践。1923 年，陈鹤琴创办了我国最早的学前教育实验中心——南京鼓楼幼稚园；1927 年，陶行知创办了我国第一所乡村幼稚园——南京燕子矶幼稚园。

此外，中国共产党领导下的根据地和解放区在开展武装斗争、政治斗争的同时，也在积极发展学前教育事业，把学前教育与妇女解放联系到一起，与政治工作紧密结合。据 1934 年 4 月的《红色中华》报道，当时仅兴国、瑞金两地就有托儿所 249 所，幼儿以红军家属后代居多。抗日战争爆发后，为解除劳动妇女后顾之忧，培养革命新一代，中国共产党明确提出"重视保育事业，抚养革命后代"的学前教育方针。1938 年，中国战时儿童保育会陕甘宁分会在延安成立，同年 10 月建成延安第一保育院，实行"保-教-卫三位一体"的制度。到 1941 年，陕甘宁边区发布《关于保育儿童的决定》，要求在边区实行儿童公育制度，同时将学前教育向民间推进。1946 年下半年全面内战爆发后，各解放区幼教事业受到极大影响，直到人民解放军进入反攻阶段后，各解放区学前教育事业才重新迅速发展起来，建立了大量保育园、幼儿园。

2. 近代学前教育思想的发展

（1）近代西方学前教育思想的发展

14 世纪以来，随着资本主义萌芽并发展，欧洲兴起文艺复兴运动、启蒙运动，新兴资产阶级主张摆脱神的束缚，追求个性解放，促进了包括教育学在内的人文社会科学及自然科学的发展；社会越来越重视教育问题，涌现了大批著名的教育家及教育著作，他们提出很多新的儿童教育思想，对学前教育的发展产生了深远影响。

17 世纪捷克著名的教育家扬·阿姆斯·夸美纽斯（Johann Amos Comenius）是西方近代教育理论的奠基人，其著作《大教学论》标志着独立形态教育学的产生。

夸美纽斯在《大教学论》中，把人从出生到 24 岁的教育分为四个阶段：0—6 岁为婴儿期，在母育学校接受教育；6—12 岁为儿童期，在国语学校接受初等教育；12—18 岁为少年期，在拉丁语学校接受中等教育；18—24 岁为青年期，接受大学教育。为指导 0—6 岁儿童教育的实施，夸美纽斯专门编写了著作《母育学校》，这是世界教育史上第一本学前教育专著，为近代学前教育思想的发展奠定了基础。"母育学校"不是通常意义上的学校，而是指在家庭中接受教育，由此可见，《母育学校》是一部关于学前家庭教育的专著。

夸美纽斯的学前思想立足于他对学前教育重要性的深刻认识。他认为儿童是未来社会的成员，父母应承担起学前教育的责任，家庭就是母育学校，它是学制的第一阶段。在儿童观上，夸美纽斯反对中世纪欧洲的原罪说，认为儿童是上帝的种子，是"无价之宝"；认为儿童生而具有和谐发展的根基和无限的潜能，教育应尊重儿童的天性，即教育要适应自然。在教育内容上，夸美纽斯认为学前教育主要包括体育、智育和德育三个方面内容。在体育方面，夸美纽斯提醒父母们教育子女的首要事情就是保护他们的健康。在智育方面，夸美纽斯认为学前教育阶段的任务就是训练儿童的感官、观察力，获得各领域基础知识，同时发展语言和思维，为后续各阶段的学习做准备；

基于"泛智教育"主张，他为母育学校拟定了百科全书式的启蒙教育大纲，涵盖天文学、地理学、历史学、政治学、自然、光学、辩证法、算术、几何、音乐等多领域。夸美纽斯非常重视儿童道德教育，强调在幼年就要奠定儿童良好德行的基础，提出可以通过榜样示范、教导、训练、惩罚、表扬等手段对儿童进行道德教育。此外，夸美纽斯还在《母育学校》中讨论了儿童语言教育、幼小衔接、游戏与玩具、集体教育的重要性等问题。

让-雅克·卢梭（Jean-Jacques Rousseau）是18世纪法国杰出的思想家和教育家，其代表作是《爱弥儿》。卢梭被称为"儿童的发现者"，他彻底颠覆了中世纪以来的性恶论和预成论，认为儿童既不是小大人也非生而有罪。相反，他认为人生而有自由、理性，具有善良的天性；儿童期的存在是自然规律，有其独特意义，而非单纯为成年生活做准备。因此，卢梭提倡教育要适应自然，"把儿童当作儿童"，尊重儿童、解放儿童。卢梭把儿童的发展和教育划分为四个阶段：0—2岁为婴儿期，以身体养护为主；2—12岁为儿童期，以体育锻炼和感官训练为主；12—15岁为少年期，以智育为主；15—20岁为青年期，以道德教育为主。其中前两个时期的教育包含了学前教育。

卢梭的教育思想具有很强的反封建性，反映了新兴资产阶级的教育理念，对欧美近、现代教育思想产生了重要影响，很多教育家受他启发形成自己的教育观点，如约翰·裴斯泰洛齐（Johan Pestalozzi）、福禄贝尔、约翰·杜威（John Dewey）等。

历年真题

【1.5】从学科知识取向转向儿童经验取向的代表性教育著作是（　　）。

A.《理想国》　　　　　　　　　　B.《爱弥儿》
C.《大教学论》　　　　　　　　　D.《林哈德与葛笃德》

裴斯泰洛齐是18世纪末、19世纪初瑞士著名的教育家，其教育思想深受卢梭的影响。他一生致力于发展贫民儿童教育，在其代表作《林哈德与葛笃德》《葛笃德怎样教育她的子女》《母亲读物》中阐述了自己的学前教育思想。裴斯泰洛齐认为每个人生而具有和谐发展的根基——"天赋的能力"，教育的目的就是促进人天赋能力的发展，培养和谐发展的人，因此，教育要适应自然，按照儿童的天性及身心特点循序渐进地进行教育。裴斯泰洛齐的思想中最突出的特点就是强调爱的教育，他认为这是道德教育的核心。他还非常重视家庭教育，认为起居室是人类教育的圣地，家庭是教育的起点。此外，他还批评传统教育戕害儿童个性、智力及内在能力发展，提出教育不仅要遵循自然，还要逐渐趋于科学化，他认为"教育科学应该起源并建立在对人类天性最深刻的认识的基础上"①，于是，他在教育史上第一次提出"教育心理学化"的构想。

福禄贝尔是德国著名的教育家、幼儿园的创立者、近代学前教育理论的奠基人，著有《慈母游戏和儿歌》《幼儿园书信集》《人性教育》。在福禄贝尔去世后，他有关幼儿教育的文章被汇编于1861年出版的《幼儿园教育学》中。福禄贝尔不仅创办

---

① 裴斯泰洛齐. 裴斯泰洛齐教育论著选[M]. 夏之莲，译. 北京：人民教育出版社，2001：339.

了世界上第一所幼儿园,设计一系列"恩物"(玩具)以供儿童游戏,还在长期学前教育实践及研究前人学前教育思想的基础上,总结出教育儿童的新方法,系统阐明了幼儿园的基本原理和教学方法。福禄贝尔的学前教育思想主要包括:教育的目的在于揭示潜在于人内部的"神本源",唤醒人的内在精神本性;教育要遵循儿童的自然本性,顺应儿童自然地发展,反对干涉、压制儿童;教育要以儿童的自我活动为基础;游戏具有重要的价值,儿童通过游戏满足自身内在需要与冲动,同时认识世界,游戏可以发展儿童的自主性与创造性,培养儿童的责任感和义务感。福禄贝尔认为,应成立幼儿园帮助家庭教育3岁以上的儿童,幼儿园的教育内容应包括自然科学教育及数学教育、语言教育、艺术教育、宗教教育,教育方法主要是通过游戏和作业。

以上教育家所提的学前教育思想为学前教育理论的发展及学前教育学的学科初创做出了巨大贡献,虽然也有历史局限,但却一扫中世纪儿童教育的阴霾,为世界学前教育的发展开辟了道路,指明了方向。

(2) 近代中国学前教育思想的发展

近代中国学前教育思想的发展深受西方影响。19世纪中叶以后,西方教育思想传入我国,冲击着我国的传统教育理念,涌现出一批呼吁改革的教育家和有识之士。清末维新运动的领导人康有为在《大同书》中第一次提出在我国实施学前公共教育的主张。我国教育家蔡元培在对学校教育进行改革的同时,提出完整的学前公共教育体系,主张设立胎教院、乳儿院、幼稚园等一系列养育机构代替家庭教育。这些学前教育思想的提出具有进步意义,但在当时的中国不具备实现的条件。

随着我国幼稚园的发展和教育实践经验的积累,一些教育家和教育工作者在效仿西方教育理念的基础上,开始探究适合中国本土的学前教育实践及学前教育理论,中国著名学前教育专家陈鹤琴、陶行知、张雪门正是其中翘楚,为建构中国化的学前教育理论做出了重要贡献。

陈鹤琴是我国学前教育和儿童心理学的开拓者和奠基人,他的研究促进了我国学前教育本土化和科学化的发展,其著作有《儿童心理之研究》《家庭教育》《活动教育理论与实施》,以及与我国著名学前教育专家陶行知、张宗麟合著的《幼稚教育论文集》。陈鹤琴以自己的孩子为研究对象,运用观察实验的方法系统研究中国儿童的心理发展。在系统研究儿童心理发展的基础上,他于1923年创办了中国最早的学前教育实验中心——南京鼓楼幼稚园,对开展中国化的幼稚园课程、教材、方法、设备等进行实验研究,并整理出版了研究成果。1932年,中华民国教育部颁布的《幼稚园课程标准》就参照了他的实验研究结果。陈鹤琴的学前教育思想主要包括:幼稚园的课程要以自然和社会为中心,采用"整个教学法",反对分科教学;反对以升学为目的的"死教育",提倡"活教育",即教育要以培养人为目的;"活教育"的课程来源于大自然、大社会,应分健康、科学、社会、艺术、语文五个方面;"活教育"的实施贯彻"做中学、做中教、做中求进步"的方法论。

陶行知致力于推动中国学前教育的平民化,为促进我国学前教育的本土化、平民化做出了重要贡献,著有《创设乡村幼稚园宣言书》《幼稚园之新大陆》《如何使幼稚教育普及》等。他强调6岁前教育的重要性,主张普及幼儿教育;认为传统幼稚园害了三大病——"外国病""花钱病""富贵病",成为富贵人家子女的专利;工厂女工和农村妇女最需要幼稚园,幼稚园发展的新大陆是工厂和农村;幼稚园必须经过改造,变成中国的、省钱的、平民的幼稚园;提倡通过"艺友制师范教育"来培养幼稚师资。所谓"艺友制师范教育",就是学生(艺友)与有经验的教师(导师)交朋友,在幼稚园的教育实践中学习如何当幼稚园教师。

历年真题

【1.6】陶行知的生活教育理论注重"教学做合一",强调(   )。
A. "做"是中心   B. "学"是中心
C. "教"和"学"是中心   D. "教"是中心

【1.7】陶行知提出"六大解放"指向的是(   )。
A. 解放儿童的观察力   B. 解放儿童的体力
C. 解放儿童的智力   D. 解放儿童的创造力

【1.8】陶行知创立的培养幼教师资的方法是(   )。
A. 讲授法   B. 五指活动   C. 感官教育   D. 艺友制

张雪门和陈鹤琴并称"南陈北张",张雪门曾在北平主办香山慈幼院的幼稚师范学校和幼稚园,对学前教育理论和幼稚园课程进行研究,主要著作有《幼稚园教育概论》《新幼稚教育》《幼稚园的课程》。他在批判清末蒙养院及教会幼稚园的基础上,提出幼稚教育应以改造中华为目标,认为幼稚教育的对象是儿童,目的却是根源于社会,作用于社会,促进社会的建设与发展;在课程编制上,主张既要与儿童实际生活相联系,又要兼顾到社会的长远需要。他一生致力于中国化学前教育的探索,对进一步丰富和完善学前教育理论做出了重要贡献。

(三)现代的学前教育

1. 现代西方学前教育的发展

以1917年俄国"十月革命"的胜利为标志,世界进入现代社会,开启了资本主义和社会主义共同发展、共同借鉴的历史。从20世纪初的第二次工业革命到20世纪中叶的第三次工业革命,再到20世纪80年代以来的互联网科技,人类生产力以前所未有的速度发展,经济全球化进程加快;从两次世界大战的爆发与结束,再到第二次世界大战后"和平与发展"成为时代主题,世界进入相对和平期,国际竞争加剧。时代的巨变深刻影响着学前教育的发展,与之前的时代相比,现代学前教育的发展表现出新的时代特点。

一是学前教育越来越受重视。在国际竞争日趋激烈的现代社会,竞争的关键是人才,因而世界各国越来越重视教育,教育被视为综合国力的重要组成部分,学前教育因其在人才培养中的特殊意义及巨大的社会效益,越来越受重视。美国在1965年启动的"开端计划"(Head Start),英国在1998年实施的"确保开端"(Sure Start)计划,都是为保证学前教育的普及而实施的针对处境不利儿童的补偿性学前教育方案。

二是学前教育机构教育逐渐普及。受历史条件限制,20世纪之前,学前教育普及率还很低,能进入学前教育机构接受教育的儿童还是少数。20世纪以来,随着生产力的快速发展，女性就业率的提高，特别是第二次世界大战以来"和平与发展"成为时代主题，社会政治稳定、经济发展，学前教育的规模及速度不断扩展，推动了学前机构教育的普及。

三是学前教育实施的现代化和科学化。20世纪以来，世界各国纷纷进行多轮教育改革，极大地促进了教育思想的现代化。再加上辩证唯物主义的广泛传播，教育学、生理学等相关理论的发展，特别是20世纪以来儿童心理学的突破性发展，推进了学前教育的科学化进程，学前教育实践及研究变得十分活跃，涌现出大量优秀的学前教育家及先进的学前教育思想。

美国哲学家、教育家杜威，在其经验自然主义哲学思想和进步主义教育实验的基础上，提出自己的教育学思想。杜威认为，儿童生来具有发展的本能、冲动，具有自我生长的能力，儿童是在活动中通过与环境的相互作用获得发展的，因此教育必须以儿童为中心。在这种儿童观的基础上，杜威提出了自己对教育本质的看法：教育即生活，教育即生长，教育即经验的不断改造。他批判传统教育或多或少地为遥远的未来做准备，认为教育应当是生活本身，而不是生活的准备，因此最好的教育就是"从生活中学习"，这就是"教育即生活"；生长是生活的特点，教育是人一生持续不断地生长、发展过程，所以"教育即生长"；生活是个体与环境相互作用的过程，经验就是在这种相互作用中产生的，为了不断地适应环境，人必须不断地改造或改组既得经验，因此"教育即经验的不断改造"。根据对教育本质的重新解读，杜威提出带有强烈实用主义色彩的教育观，即"学校即社会""儿童中心""做中学"。他批判传统教育将已经拟定好的知识灌输给儿童，脱离儿童生活实际，认为应把学校办成雏形社会，教育内容直接取材于社会生活；反对传统的以学科为中心的课程，提倡课程应以儿童为中心，与儿童生活相沟通，从做中学，通过做获取直接经验；此外，课程的组织应该心理学化。

历年真题

【1.9】对杜威"教育即生长"的正确理解是（　　）。
A. 教育以儿童的本能和能力为依据　　B. 儿童的生长以教育目标为依据
C. 教育以促进教师的专业成长为基础　　D. 教育应促进儿童的身体发育

【1.10】杜威认为，学校生活的组织中心是（　　）。
A. 教材　　B. 家长　　C. 教师　　D. 儿童

蒙台梭利是继福禄贝尔之后最具影响力的儿童教育家。她是意大利第一位医学女博士，最初开展针对低能儿童的治疗与教育，后投身正常儿童教育工作。1907年，她在罗马贫民区创办"儿童之家"，将从低能儿童教育中自创的教育方法运用于正常儿童，取得巨大成功。她所创立的独特幼儿教育法，风靡整个西方世界，深刻影响了世界各国的儿童教育，她也成为20世纪享誉全球的儿童教育家。

蒙台梭利的教育思想是以她的儿童观为依据的。她认为儿童是遵循自身生命法则发展的生物体，自身具有发展的潜能，儿童的生长是内在生命潜力的发展。儿童期存在多个发展的敏感期，在敏感期内，儿童以高度的热情吸收周围的环境事物，相对于其他时期更容易学习某种知识和行为，心理过程的某方面发展最为迅速。因此，教育的任务在于为儿童提供一个"有准备的环境"，使儿童在"有准备的环境"中通过操作各种精心设计的教具开展活动。这些活动是儿童自发选择的、专注其中且有所发现和发展的，蒙台梭利将这种活动称为"工作"。此外，蒙台梭利特别重视感官教育，并设计了一套发展感官的教具，让儿童自己摆弄、自己练习、自己校正，促进感知觉与动作的发展。

20世纪以来行为主义心理学、人本主义心理学、认知心理学以及精神分析等心理学派思想的发展极大地推动了学前教育的发展，推进了学前教育的科学化进程。例如，皮亚杰提出的认知发展理论是对20世纪学前教育影响最大的心理学理论。精神分析学派的创始人奥地利精神病医生、心理学家西格蒙德·弗洛伊德（Sigmund Freud）认为，生物本能即性本能对人格的形成和发展起重要作用，个体的早期生活经历和经验对人格的形成和发展具有重要意义，强调教育要促进健全人格的培养。

2. 现代中国学前教育的发展

1949年10月中华人民共和国成立，我国开始了具有中国特色的社会主义学前教育的探索。

中华人民共和国成立后我国学前教育的发展经历了以下四个历史阶段：

第一阶段（1949—1957年），学前教育接收、改造和稳步发展时期。中华人民共和国学前教育发展的起点是中华人民共和国成立前的学前教育。当时由于政治动荡，经济发展缓慢，学前教育总体发展水平较低、普及率低，国内仅有的少数幼稚园主要分布在大中城市，为特权阶层家庭的幼儿服务。中华人民共和国成立之后，开始了中国特色社会主义学前教育的探索。根据中华人民共和国成立之初颁布的《中国人民政治协商会议共同纲领》及1952年颁布的《幼儿园暂行规程（草案）》，确立了学前教育的新民主主义性质，明确了我国托儿所、幼儿园的双重任务——教养幼儿、服务家长；教育部门接管了当时的学前教育机构及教会开办的学前教育机构，并进行改造，使其向工农子女开放，为国家建设服务；学习苏联学前教育经验，建立幼儿园制度。这一系列举措，促进了中华人民共和国成立初期学前教育的稳步发展。

第二阶段（1957—1966年），学前教育盲目发展和调整巩固时期。受"大跃进"政治思想的影响，1958年学前教育也开始"大跃进"。1958年中共中央、国务院发出《关于教育工作的指示》，要求全国应在3—5年内使学龄前儿童大多数都能进入托儿所和幼儿园。但由于没有社会经济的支持，幼儿园数量虽然快速增长，但条件简陋、师资短缺，教学质量较低。直到1961年国家对国民经济提出"调整、巩固、充实、提高"的方针，在学前教育方面据此也提出"保留、撤销、充实"等实施手段，呼吁"幼儿园的发展宁可慢一些、少些，但要好些"，学前教育盲目发展的情况才有所遏制，重新走上健康发展的道路。

第三阶段（1966—1976年），学前教育遭到全面破坏时期。"文化大革命"时期，在极"左"思潮的影响下，中华人民共和国成立以来17年的教育发展被彻底否定和批判，全面发展的学前教育方针被否定和歪曲，学前教育遭到全面破坏。具体表现为：过去行之有效的教育内容和教育方法全遭到破坏，一些幼儿园被解散，各级幼教行政单位被撤销，幼儿师范学校纷纷停办，等等。

第四阶段（1976年至今），学前教育的拨乱反正和改革振兴时期。1976年党中央粉碎"四人帮"，"文化大革命"结束；1978年中共十一届三中全会召开，阐发了重视科学、教育的方针，学前教育事业进入拨乱反正、恢复发展的新阶段。教育部、卫生部先后发布《城市幼儿园工作条例（试行草案）》《城市托儿所工作条例（试行草案）》，较快地恢复了幼儿园、城市托儿所的正常工作秩序；并颁布《幼儿园教育纲要（试行草案）》《三岁前小儿教养大纲（草案）》等文件作为各类托儿所、幼儿园开展教育工作的依据；为发展农村学前教育，教育部先后颁布了《国家教育委员会关于发展农村幼儿教育的几点意见》《关于进一步办好幼儿学前班的意见》。

在拨乱反正、恢复发展的基础上，我国学前教育事业不断深化改革，在改革中前进。1987年，《国务院办公厅转发国家教育委员会等部门关于明确幼儿教育事业领导管理职责分工的请示的通知》（国办发〔1987〕69号），确定我国学前教育的管理体制是实行地方负责、分级管理和有关部门分工合作。1989年国家教育委员会颁布的《幼儿园工作规程（试行）》《幼儿园管理条例》，进一步明确了学前教育事业的发展方向，对我国幼儿园的教育和管理改革起到了重要的推动作用。

我国学前教育事业在不断发展的同时，积极对外开放，进一步深化学前教育改革，推进学前教育发展的法制化进程。1990年，我国签署了世界儿童问题首脑会议通过的《儿童生存、保护和发展世界宣言》；1990年，我国政府签署联合国制定的《儿童权利公约》，并于1992年生效；20世纪90年代先后颁布了《中华人民共和国未成年人保护法》、《中华人民共和国教育法》（以下简称《教育法》）、《九十年代中国儿童发展规划纲要》等法律和纲领性文件。

进入21世纪，国家更加重视学前教育的研究与改革，加大科研基金的投入力度，加大学前师资培养与培训，推进学前教育事业的整体、系统、深入、健康发展。2001年，教育部发布《幼儿园教育指导纲要（试行）》（以下简称《纲要》），明确幼儿园教育是基础教育的重要组成部分，并对幼儿园的教育内容、教育方式等进行指导；2012年为深入贯彻《国家中长期教育改革和发展规划纲要（2010—2020年）》和《国务院关于当前发展学前教育的若干意见》，教育部组织制定并印发了《3—6岁儿童学习与发展指南》（以下简称《指南》），《指南》的发布为转变公众教育观念，提高广大幼儿教师专业素质和家长的科学育儿水平做出了重要指导；2013年教育部印发《幼儿园教职工配备标准（暂行）》（以下简称《标准》），要求各地高度重视幼儿园教职工队伍建设，将《标准》作为办园的基本标准之一，进一步规范各类幼儿园用人行为；2019年教育部印发《幼儿园责任督学挂牌督导办法》，要求县（市、区）人民政府教育督导部门为行政区域内每一所经审批注册的幼儿园（含民办）配备责任督学，实施经常性督导，以督促幼儿园规范办园行为；2022年教育部印发《幼儿园保育教育质量评估指南》，旨在加快建立健全教育评价制度，促进学前教育高质量发展。十八大以来，我国持续、稳步地推进学前教育的健康发展，学前教育事业在普及普惠上取得了举世瞩目的发展成就，学前三年毛入学率由2011年的62.3%提高到2022年的89.7%，基本普及学前教育，基本解决"入园难、入园贵"问题，实现"幼有所学"。2022年，党的二十大报告指出，教育是国之大计、党之大计，要"办好人民满意的教育""强化学前教育、特殊教育普惠发展"，为开启新时代学前教育高质量发展的新征程指明了方向。

> **重点提示**
>
> 从学前教育实践与学前教育思想两个方面把握古代、近代、现代学前教育发展的脉络。学习时，按照原始社会—奴隶社会—封建社会—近代社会—现代社会的时间顺序，掌握古代学前教育实践，特别是学前教育机构的发展；分中西方阐述了古代、近代、现代学前教育思想的发展，重点把握代表人物的文献及学前教育思想。该部分内容考试时常以选择题、简答题的形式进行考核。

第二节 学前教育学

一、学前教育学的概念

人类很早就有了学前教育实践，学前教育思想也随着人类学前教育实践的发展而不断丰富和完善。受历史条件限制，在19世纪中叶之前，学前教育思想都跟它的母体——普通教育学合在一起笼统论述，直到19世纪中叶以后，学前教育学才从普通教育学中分化出来，成为一门独立的学科。学前教育学科自成立以来，虽然学前教育理论不断完善，但相对来说，仍是一门年轻的学科。

▶学前教育学的学习方法

在我国目前的学科建制中共有12个学科门类：哲学、文学、历史学、经济学、法学、教育学、理学、工学、农学、医学、管理学和艺术学。教育学发展到今天已经形成很多的分支，如高等教育学、成人教育学、比较教育学等，学前教育学就是众多分支中的一个分支学科。

关于学前教育学的定义，黄人颂认为"学前教育学就是研究学前教育的规律的科学"①；李生兰认为"学前教育学是专门研究学前教育现象，揭示学前教育规律的一门科学"②；郑健成认为"学前教育学是一门研究学前儿童规律和学前教育机构的教育工作规律的科学"③；刘晓东、卢乐珍等认为"学前教育学主要是探讨学前教育的基本概念、基本命题、基本历史及基本理论框架的一门学科"④。以上几个定义有一定共通之处，通过比较，本书尝试这样界定：学前教育学是研究学前教育现象和学前教育问题，揭示学前教育规律的一门学科。它兼具理论与应用性质，既要在教育实践中研究学前教育现象、探究学前教育规律，又要将理论成果服务于学前教育实践。

在实际的使用过程中，"学前教育学"这个概念在不同语境下性质并不相同，除了作为一门学科理解外，还可以理解为一门课程。作为课程的"学前教育学"，是学前教

---

① 黄人颂.学前教育学[M].3版.北京：人民教育出版社，2015：6.
② 李生兰.学前教育学[M].上海：华东师范大学出版社，1999：6.
③ 郑健成.学前教育学[M].2版.上海：复旦大学出版社，2014：2.
④ 刘晓东，卢乐珍，等.学前教育学[M].南京：江苏教育出版社，2004：前言.

育专业学生的必修课程,是为满足一定的教育教学需要,基于学科的逻辑体系而开发的,在研究范围上并不涵盖所有的学科内容,但在研究对象上又不局限于学科知识。

重点提示

学前教育学是研究学前教育现象和学前教育问题,揭示学前教育规律的一门学科。学习学前教育学的概念时,要正确把握不同语境下的不同性质,它既可以作为一门学科理解,也可以作为一门课程理解。

二、学前教育学的研究对象

每一门学科都有自己特殊的研究对象,界定研究对象就是确定一门学科的边界,讨论学科的边界就是确定该学科理论有效性的范围。如前所述,学前教育学是研究学前教育现象和学前教育问题,揭示学前教育规律的一门学科,这个概念本身就包含了其研究对象——学前教育现象、学前教育问题、学前教育规律。

学前教育现象是学前教育的外部表现形式,是客观存在的,属于感性认识的范畴,它具有模糊性、不确定性的特点,不同的学前教育现象之间甚至是相互矛盾的。并非所有的学前教育现象都能成为研究对象,只有当学前教育现象进入研究者的视野,它才开始成为研究的对象。当学前教育现象符合研究者的目的,具备一定的研究价值之后,开始正式进入到研究领域,从学前教育现象发展为学前教育问题,这才是正式研究的开始。确定学前教育问题之后,研究者运用科学的研究方法去证实或证伪,从而揭示学前教育的规律。

再来分析学前教育学理论的有效性范围。根据学前教育学的概念,学前教育学的研究对象是正式进入小学前的儿童,包括胎儿、婴儿(0—3岁)和幼儿(3—6岁),涵盖学前家庭教育、学前社会教育和学前机构教育。因此,学前教育学的研究对象乃是从受精卵形成开始到正式进入小学前的这个阶段内,有关儿童教育的一切有价值的学前教育现象、学前教育问题及学前教育规律。

学前教育学的具体研究内容主要包括:学前教育及学前教育学的基本概念、历史沿革、对象与任务等,学前教育与儿童,学前教育与教师,学前教育课程,幼儿园教学活动与学前儿童游戏,幼儿园一日生活,学前儿童区域活动,幼儿园环境,幼儿园与家庭、社区的合作,学前教育与小学教育的衔接,幼儿园教育评价等。

重点提示

准确把握学前教育学的研究对象:从受精卵形成开始到正式进入小学前的这个阶段内,有关儿童教育的一切有价值的学前教育现象、学前教育问题及学前教育规律。该部分内容常以选择题的形式进行考核。

三、学前教育学的意义和任务

(一) 学前教育学的意义

学前教育学作为一门科学,既来源于学前教育实践,又领先并服务于学前教育实践,无论是从理论层面还是实践层面来看,都具有重大的学习和研究意义。

第一,帮助学前教育工作者厘清学前教育的基本原理,树立正确的儿童观、教师观和教育观。特别是对于学前教育专业的学生来说,学前教育学是为培养合格的幼儿教师而开设的专业必修课程,承担着培养幼儿教师形成并提高专业知识、专业能力、专业情感态度的任务。通过对学前教育学的学习与研究,学前教育专业的学生可以形成正确的儿童观、教师观和教育观,提高职业认同感,激发对学前教育工作的兴趣与热情。

第二,为国家制定学前教育政策、措施及教育改革提供理论依据,提高教育决策的科学性。研究学前教育学、总结学前教育实践的经验与教训、探索学前教育的规律,为解决学前教育发展过程中出现的问题提供有益思路,进而为国家制定相关政策、措施提供理论依据,推动学前教育改革,促进学前教育事业发展。

第三,促进学前教育理论的发展与完善。自19世纪中叶学前教育学成为一门独立的学科以来,虽然学前教育理论不断完善,但相对来说,仍是一门年轻的学科。例如,学前教育学研究的是从受精卵形成到正式进入小学之前这个阶段的儿童教育,但出生前的胎儿教育研究和出生后至3岁的婴儿教育研究,远逊于3—6岁幼儿教育研究,尚未形成系统、成熟的教育理论。因此,学习和研究学前教育学对于继续发展和完善学前教育理论具有重要意义。

(二) 学前教育学的任务

当前,我国学前教育学的任务主要包括以下几个方面:

第一,总结、研究国内学前教育经验及学前教育理论,借鉴国外先进的学前教育经验及学前教育理论,探索学前教育的规律及发展趋势,建设具有中国特色的社会主义学前教育理论和实践体系。

第二,通过学前教育理论指导实践,更新人们的学前教育理念,提高学前教育机构及家庭科学育儿的水平,为培养学前教育人才打好基础。

第三,通过对学前教育学的学习和研究,为国家和有关部门制定学前教育相关政策、措施及进行教育改革提供理论依据。

> **重点提示**
>
> 理解并掌握学前教育学的意义与任务。学前教育学作为一门科学,既来源于学前教育实践,又领先并服务于学前教育实践,无论是从理论层面还是实践层面,都具有重大的学习和研究意义。学习和研究学前教育学的任务在于总结、借鉴国内外学前教育经验与学前教育理论,探索学前教育规律及发展趋势,促进中国特色学前教育理论与实践的发展,同时为国家和有关部门制定相关教育政策、措施及进行教育改革提供理论依据。

本章结构

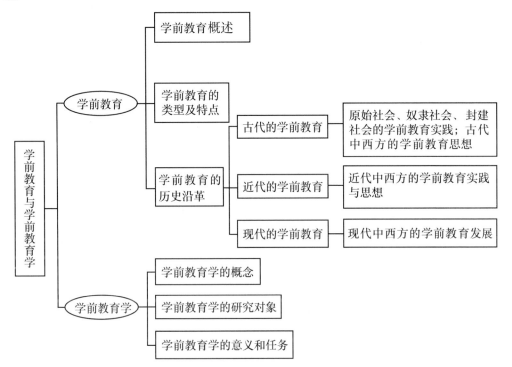

第二章

学前教育与儿童

学习目标

- 识记儿童观的概念、形态与结构，了解儿童观的发展和演变。
- 熟练掌握和理解科学儿童观的内涵。
- 识记学前儿童发展的概念和特征，理解影响学前儿童发展的因素。
- 掌握学前儿童全面发展的内涵，正确理解学前教育在儿童全面发展中的作用。

学习重点

- 儿童观的概念和科学儿童观的内涵是本章的重点内容，要深入理解与掌握科学的儿童观，了解儿童观发展和演变的历史规律。
- 要牢固掌握学前儿童发展的特征，能够全面把握学前教育在儿童发展中的作用。

知识要点与学习方法

儿童是教育的对象，对儿童的认识和把握是教育的重要基础，也是教师做好教育工作的重要依据。本章的学习有两条线索：一是教育者应该具备什么样的儿童观，二是学前儿童发展的规律是怎样的。学生在学习本章时要全面认识和了解儿童，理解学前儿童与教育之间的关系。

【案例导入】

　　幼儿京京和幼儿辰辰在建构区玩。京京在搭高楼，他的房子搭得很高，而辰辰则是在旁边负责造马路。马路造好之后，辰辰找出几辆小汽车，刚开始是在马路上开，可是开着开着，他的汽车就撞向了京京造好的房子上，京京搭好的房子瞬间就倒下来。被辰辰的汽车撞倒了楼房，京京似乎没有生气，继续搭自己的房子，刚搭好，辰辰的汽车又撞了过来，就在房子倒下的一瞬间，两个孩子都笑得很开心。如此反复几次之后，老师有点看不下去了，她认为辰辰没有遵守游戏规则，一次又一次地把京京搭好的房子撞到，于是上去批评了辰辰，要求他好好玩。辰辰受到老师的批评后停止了撞房子的行为，两个孩子默默地在建构区玩着，但是，似乎没有之前那么开心了。①

　　人是教育的起点。在学前教育中，教师选择策略和采取行动的依据应该是儿童。我们有理由相信，离开了对儿童的理解和研究，就不会有好的教育。大凡成功的教育，最为主要的因素是需要教育者具有科学的儿童观，并充分尊重儿童成长的规律。这一点，是所有有志于从事学前教育工作的人必须给予重视的。

---

① 任琰. 幼儿游戏中教师不当介入的问题及其对策[D]. 苏州：苏州大学，2016：14-15.

第一节 儿童观

一、儿童观概述

儿童观是学前教育基本理论中的一个重要概念，同时也是童年文化构成中的一个核心命题。对儿童观的科学把握，应该从什么是儿童观以及儿童观包含什么开始。

（一）儿童观的概念

总的来说，儿童观是指人们对儿童的看法、观念和态度的总和。

上述概念指出了儿童观关涉人们是如何看待和理解儿童的。一方面，由于儿童的弱小，还不能准确地表达和描述自己，而社会关于儿童的行动，包括制定和提供的法律、政策、福利、产品、服务等，都依赖于对儿童的了解，这就需要成人主动去接近和研究儿童。另一方面，由于人的复杂性，对儿童的看法和理解，其内容是多维度的，包括儿童应有的社会地位和权利、生命特质与能力，以及儿童期的价值和意义等问题，涉及哲学、社会学、人类学、心理学、教育学等多个学科，所以儿童观又是有关看法、观念和态度的总和。

▶ 儿童观的概念

对于教育来讲，儿童观是至关重要的。儿童是教育的对象，也是教育中最为重要的研究对象。教师在教学中选择什么内容、采取什么方法，均是基于对儿童的理解和把握，这直接影响了教育的效果。可以说，判断一种教育是好的还是坏的，主要是看它是否适合儿童的年龄特征和心理发展规律。所以，教师必须掌握儿童发展的相关知识，熟悉儿童的自然属性和社会属性，树立正确的儿童观。

儿童观总是和社会的发展程度联系在一起的，即人们对儿童的看法往往受到社会政治、经济、文化的影响。在人类历史长河中，在不同的发展阶段，人们对儿童的看法是不同的。这种不同，往往随着社会文明的发展而进步。因此，对儿童观的学习和把握，应该建立在对社会全面而客观的了解之上。

（二）儿童观的形态

从儿童观的表现形式来看，一般可以分为以下三种形态的儿童观。

1. 国家主导形态的儿童观

这种儿童观是指在一定社会中居于政权统治和意识形态支配地位的阶级所认定、所倡导的儿童观。这种儿童观通常由国家政权以法律、政策、规章等形式加以正式确认，通过文化、教育等形式向社会民众传递。

2. 学术理论形态的儿童观

这种儿童观是指不同学科领域的学者对儿童持有的根本看法和态度。因为从不同学术视角去研究儿童，以及学者本身的文化背景和经验的差异，学术理论形态的儿童观往往是多元化的、各不相同的。它有时会成为国家主导形态儿童观的理论来源，有时候则无法达成一致。

3. 大众意识形态的儿童观

这种儿童观是指普通民众对儿童的根本看法和态度。一方面，这种儿童观的形成往往受到前述两种形态的儿童观的影响，所以其表现更为复杂，具有较大的差异性。另一方面，它的形成还会受传统文化、风俗习惯和个人经验的影响，往往表现为一种具有朴素性质的儿童观，对儿童日常生活影响较大，尤其常常通过家庭教育等表现出来。

（三）儿童观的结构

为了全面分析和探索儿童观，有必要对儿童观的结构进行科学的分解。这种结构表达了我们应该从哪些方面去观察和了解儿童，或者儿童从哪些方面表现出自己的特征。一般来说，儿童观包含以下三种结构。

1. 自然层面

作为人类，儿童首先具有自然属性。和其他生物一样，儿童的成长有着生命发展的一般规律，他们的身体素质、运动能力、心理活动都内含自然赋予的特质，这种特质或规律是不可打破和违背的，否则生命的成长可能会遭遇类似揠苗助长的后果。同时，正像世界上没有相同的两片树叶一样，每个儿童又是不同的，他们都有各自的特点，这种差异性值得成人去尊重。与成人相比，儿童是弱小的，需要成人的照料，但这并不意味着儿童是软弱的，事实上，他们蕴含极大的发展潜力和可能性。由于儿童自然属性的存在，我们必须客观评估教育的作用，教育也必须适应其内在发展的规律。

2. 社会层面

社会是人类生活的基本环境，儿童同样生活在社会中，因此社会性是其重要的属性。从这个视角看，儿童的成长是一个社会化的过程，会逐步习得人类生活知识和技能，也日渐适应特定的文明礼仪、风俗习惯等。也就是说，虽然儿童具有未成熟性，但他仍然作为独立的个体而存在，是社会的一分子。那么，在生活中，人们如何看待儿童与成人之间的关系？成人应该如何对待儿童？儿童享有什么样的权利？儿童的权利怎样才能得到有效的保护？社会应该为儿童的成长提供什么样的环境和条件？这些问题都涉及在社会层面上如何看待儿童，也是儿童观形成的重要影响因素。

3. 精神层面

儿童作为独立的个体，和成人一样也具有丰富的精神世界，因此，儿童必然具有精神属性。首先，儿童有自己的需要，他们的成长和发展需要精神方面的支持，如多彩的文化生活、和谐的人际关系等；其次，儿童有自己的个性，他们已经表现出各不相同的性格、气质、兴趣、爱好、愿望、求知欲等倾向，每位儿童按照自己的方式展开生活和探索外部世界；最后，儿童有独立的人格，他们不从属于谁，他们同样需要被关怀和被尊重。所以，对儿童精神世界的探索是我们全面了解儿童的重要途径，也是树立正确儿童观的必要前提。

> **重点提示**
>
> 要重点把握儿童观的概念，深刻理解儿童观对于教育的意义。同时，从表现形式上来看存在三种形态的儿童观，这三种形态的儿童观对教育的影响是不同的。要学会从自然层面、社会层面和精神层面去分析儿童观。

二、儿童观的发展与演变

对儿童的认识是人类对自身认识的一部分，对儿童认识所达到的程度实际上也反映了人类对自身认识的程度；反过来，人类对自身认识的变化也会反映在对儿童的认识方面。从人类社会的历史来看，随着经济的发展和文明的进步，在不同的时期，人们对儿童的认识是不同的，这种变化体现在对儿童的理解越来越全面、深刻和客观上。纵观古今中外，可以把儿童观的发展大致划分为三个阶段，每个阶段都有与其他阶段不同的主流的儿童观。

（一）古代社会以"作为小大人的儿童"为特征的儿童观

此处所言"古代社会"主要是指西方中世纪及以前的社会发展阶段，在我国则特指19世纪末20世纪初封建社会没落之前的时期。古代社会的儿童观主要体现在把儿童视为"小大人"。这段时期的儿童观又可以通过世俗社会和宗教社会两个方面加以洞察。

1. 古代世俗社会的儿童观

在整个古代社会，儿童的概念还没有分化出来。人们对儿童的看法，是把他们作为"小大人"，除了年龄，其他与成人并无差异。人类从史前社会进入文明社会以后，生存的环境依然十分恶劣，获取必要的食物，克服疾病的困扰，与自然界做斗争，防范其他族群的侵犯，维持自身的生存，都是相当艰巨的任务。因此，儿童也被当作一支重要的生产力，往往要跟随成人劳动，接受军事训练，并在活动中接受教育。这时儿童的特殊性尚未被发现、被重视，他们仅仅作为社会的成员存在。也由于这样的原因，儿童被置于权力结构之中，他们成为国家或父权的附属物，如斯巴达人把身体羸弱或有残疾的新生儿弃之荒野；在古罗马"家长制"下，父亲对子女操有生杀予夺大权。

既然儿童无异于成人，那么就可以把对待成人的方式移植到儿童的教育之中。与王权社会刑法盛行相对应，在教育中，对犯有错误或不认真学习的儿童，则广泛采用体罚的方式，用特制的教具击打儿童的身体，以贯彻成人的意志，产生驯服和顺从的儿童。这种情况在各国教育史上都普遍存在。

在古巴比伦，学校有着严格的纪律，而违反纪律的处罚方式主要是体罚。在后来考古人员发现的一块泥板上，记录着当时一个学生写下的话："我不能迟到，否则会遭到老师的鞭笞。"[①] 在古埃及，教师施行体罚被认为是合理的、正当的。古埃及有这样

---

① 吴式颖. 外国教育史教程[M].北京：人民教育出版社，1999：10-11.

的谚语"男孩的耳朵是长在背上的,只有打他,他才听""学神把教鞭送给人间"。因此,体罚在学校中成了常用的教育方法,即使王子也不能例外。据记载,约公元前1500年,古代埃及王子塔户提(Tahuti)谈及自己所受的教育,每日遭受鞭打如每天吃饭一样的经常。① 在印度的古儒学校中,体罚也是经常采用的教育手段,教典和法律都允许教师以竹棍和绳索打罚学生。② 古代斯巴达的教育更以严酷著称,男孩7岁以后,就进入国家教育机构,并由派度诺米(Paidonomus)③和老人们对儿童进行监督,"在任何适当的时间和任何地方,对犯了错误的孩子都是有人警告和责罚的"④。而且,为了培养顽强坚韧的性格,儿童经常无端地遭受鞭打,并以哀号求饶为耻,甚至在被教员唆使偷窃中如被发现,也要受到鞭打,为自己的迟钝付出代价。⑤

在古罗马时代,体罚依然是学校负面教育重要的、常用的方法。人们甚至认为,没有受过严厉鞭笞的人就没有受过教育,所以,"主罚教师怒气冲冲,被罚儿童呼天喊地",成为当时学校状况的真实描述。⑥ 另据考证,在现有的记述资料中,古罗马的罚具最为齐全,包括伏如拉(Ferula)、伏蕤格如牧(Fragrum)、斯苦体(Scutia)和伏斯体(Fustis)四种⑦,其中,伏如拉和斯苦体是学校常用的体罚工具。这些罚具是经过精心制作的,平时放在明显的位置,令人生畏,意在警诫儿童。⑧ 针对这种近乎残酷的教育方式,昆体良呼吁教师对儿童要有耐心,要多勉励,少斥责。他尤其反对体罚,认为体罚是造成儿童心情压抑、沮丧和消沉的罪魁祸首,是一种残忍的行为,对于课业的学习,体罚是无益的,也是没有必要的。显然,昆体良所发出的是一种进步的声音,但这种观念在当时并没有产生大的影响,也没能阻止体罚在教育中的运用。随着中世纪的来临,学校教育又进入了另一个体罚盛行的时代。

就我国来看,在原始社会氏族公社末期,军事民主制向君主制过渡,体力劳动和脑力劳动开始分工,教育逐渐从社会生活中分离出来,出现了学校。这时的学校除了进行军事教育,也强调礼乐之教,对儿童、青年灌输代表少数人的道德观念,在实施中常常辅之以强制手段。根据《尚书·舜典》记载:"扑作教刑。"当时的教官同时承担执行刑罚的责任,而教刑是刑罚中较轻的一种,专门针对不勤学业之人,以"罚其体而警其心"。《学记》中也曾记载"夏楚二物,收其威也",其实二者说的是同一事情。"据说,扑刑是挞其背,在官、在学、在家都广为使用。"⑨由于我国历史的特殊性,有一个漫长的古代社会,体罚的观念始终在延续着。到南北朝时期,颜之推主张教育要严慈相济,认为一般家庭停留在口头训斥,舍不得施以肉体严惩,以使其反省

---

① 滕大春. 外国教育通史:第一卷[M]. 济南:山东教育出版社,1989:62.
② 吴式颖. 外国教育史教程[M]. 北京:人民教育出版社,1999:19.
③ 派度诺米是儿童们的监督者,负责对儿童进行教育,由国家"最高尚、最优秀"的公民担任。
④ 吴式颖,李明德. 外国教育史教程[M]. 3版. 北京:人民教育出版社,2015:31.
⑤ 同②:33.
⑥ 姬庆红. 古代世界教育中的体罚[J]. 新疆石油教育学院学报,2005,8(2):35-37.
⑦ 伏如拉(Ferula)即一束树枝,一般用桦树枝做成,也有的用金雀花枝条做成;伏蕤格如牧(Fragrum)即皮鞭,通常只用来惩罚奴隶;斯苦体(Scutia),一种较轻柔的皮鞭,由柔软的皮革做成,有韧性又坚实;伏斯体(Fustis),即棍棒,相当于我们现在的手杖。
⑧ 奥托·基弗. 古罗马风化史[M]. 姜瑞璋,译. 沈阳:辽宁教育出版社,2000:76.
⑨ 孙培青. 中国教育史[M]. 上海:华东师范大学出版社,1992:12-13.

悔过,这是错误的教育方法。他主张父母应当严肃对待儿童教育,对儿童要严加督训,认为怒责和鞭笞对儿童教育都是有效的,"笞怒废于家,则竖子之过立见"①。在我国民间流传的谚语,比如"棍棒下出孝子""不打不成器"等,则有着更为深厚的社会基础,其对人们教子育儿的观念和方式,都产生了广泛的影响。

2. 古代宗教社会的儿童观

公元 476 年,随着西罗马帝国的灭亡,西欧逐渐跨入了漫长的中世纪。中世纪是基督教统领的时代,是一个神性的时代。正如法国学者菲利普·阿里耶斯(Philipe Aries)在其力作《儿童的世纪》中所认为:中世纪社会不存在童年观念。② 所以,就这一点来说,人们对儿童的理解和整个古代世俗社会是基本相同的,儿童仍然是成人眼中的"小大人"。

但是,由于基督教社会的神学性质,特别是古罗马思想家圣·奥勒留·奥古斯丁(Saint Aurelius Augustinus)所宣扬的原罪论,为中世纪的儿童观打上了异样的色彩。根据原罪论,所有的人都是带着原罪来到人世,因而人人都要为始祖所犯下的罪恶遭受上帝永劫的惩罚。作为"小大人"的儿童也不例外。如此一来,儿童在本性上就和他们的父兄一样,被视为邪恶的、顽固的和需要救赎的。这种对儿童本性的预设,导致了中世纪的教育走上了压制人性的旁途。

中世纪对儿童的教育,很重要的一个方面就是祛除邪恶、压制欲望。由于儿童的"罪恶本性",婴儿一生下来,就要接受教会的洗礼。父母和学校的任务之一,是严加管束、压制儿童的欲望,反复进行禁欲主义的说教,引导儿童避开邪恶,走向光明,以达到救赎的目的。按照神学的观点,肉体是灵魂的监狱,在方法上,惩罚儿童的肉体,让他们学会克制,以拯救其灵魂,就是不可避免的了。这样,"对儿童的约束与惩戒就成了中世纪教育的主要特征,戒尺、棍棒是中世纪学校不可缺少的工具"③。甚至在一些教会学校中,还流行侮辱儿童的处罚方法,如罚跪、监禁等。④

另外,教会学校有着十分严酷的纪律,用以规约儿童的种种行为,一旦违反,就要遭受严厉的惩罚。中世纪的修道院学校是对人实施精神和肉体训练的地方,针对儿童的行为,修道院学校制定了详细严格的管理条例:每天起床后,儿童要进行朗读和做晨祷,期间严禁相互交谈和有肢体上的接触;没有教师的允许,儿童不能交换手里的任何东西,不能离开自己的座位,不得私自换位;上课期间儿童不能有任何交流;从白天的活动到夜晚睡眠,时时都有教师的监督。⑤ "在其中学习的学生,往往在入睡以后,还被多次唤醒,进行夜间祈祷。"⑥ 很显然,这些规定均是为了限制儿童的活动,其目的不是为了提高教育的效率,而是着意于对儿童的行为进行训练,以培养符合宗教神学需要的信徒。

---

① 孙培青. 中国教育史[M]. 上海:华东师范大学出版社,1992:257.
② 施义慧. 近代西方童年观的历史变迁[J]. 广西社会科学,2004(11):143-146.
③ 吴式颖. 外国教育史教程[M]. 北京:人民教育出版社,1999:113.
④ 范立民. 基督教与中世纪教育[J]. 天津外国语学院学报,1995(4):46-49,54.
⑤ E·P·克伯雷. 外国教育史料[M]. 华中师范大学教育系,西南师范大学教育系,西北师范大学教育系,等译. 武汉:华中师范大学出版社,1990:63-66.
⑥ 傅治平,曹成杰. 教育与人[M]. 北京:知识产权出版社,2013:232.

当然，相对于奥古斯丁，中世纪的基督教会也有一些开明的教育家、思想家，他们提出了不同的人性观、儿童观。如爱尔兰著名神学家约翰·斯克特·埃里金纳（Johnannes Scotus Erigena）认为，人神是统一的，因为人是上帝的被造物，他是上帝的自我显示，所以造物主和被造物是同样一个东西；法国神学家皮埃尔·阿伯拉尔（Pierre Abelard）指出，亚当遗传于人类的是罪感，而不是罪罚。上帝不可能因为一个人父母的犯罪而惩罚他。他认为儿童的心灵是洁白的，是无罪的。① 应该说，这些观点对于改变人们对儿童的看法是有积极意义的。然而，由于它们并不符合教会的利益，因而得不到教会的支持和赞同，也就不会对当时的教育产生应有的影响。

（二）近代社会以"作为儿童的儿童"为特征的儿童观

在西方，近代社会以进入文艺复兴时代为标志；在中国，则始于19世纪末的西学东渐。在近代社会，人们对儿童的认识发生了质的变化，开始站在儿童的立场上，把儿童看作儿童。

文艺复兴运动中的人文主义学者将矛头指向封建主义和天主教神学体系，热情歌颂人的价值和尊严，宣扬人的解放和个性自由，肯定现实生活的价值，开创了欧洲近代文化。特别是后期的文艺复兴运动，出现了一些新的人文主义教育观。如文艺复兴时期法国人文主义作家弗朗索瓦·拉伯雷（Francois Rabelais）推崇个人的完全自由，要求打破一切戒律，他反对经院主义烦琐论证、死记硬背的方法，认为教学和学习应是一个轻松愉快的过程；② 文艺复兴后期法国思想家、作家米歇尔·德·蒙田（Michel de Montaigne）主张培养"完全的绅士"，反对理智屈从于权威。在教育方法方面，他反对强制和压迫，认为严厉的惩罚不利于儿童保持学习的愿望，还会摧毁人的高贵的本性，要求教育成为充满兴趣和欢乐的活动。③ 这些主张均指向罗马教廷的原罪说，以打破宗教枷锁、解放人为目的，使人的地位得以提升，对人性观、儿童观的改变产生了深远影响，也导致人们对儿童的认识悄悄发生变化。

17世纪英国哲学家、思想家约翰·洛克（John Locke）的"白板说"无疑是对原罪论的沉重打击与否定。洛克反对天赋观念论，认为人生下来没有既定的观念，也没有恶念，后天的观念是在生活中习得的，一切知识都是建立在经验之上。他反对教育中的体罚，"因为这种惩罚的方法，除了使儿童对于使得自己遭受鞭挞或呵斥的错误行为发生一种羞耻与恐怖的心思之外，是决不能再有别的好处的"④。在这一见解上，洛克并不是彻底的，尽管他认为鞭笞是惩罚儿童的方法中最坏的一个，但当儿童坚持邪恶的行动顽梗不化时，成人仍可扬起惩罚的鞭子。⑤ 总体来说，洛克的理论为儿童的发展做好了准备，但文艺复兴时期体罚依然是广泛采用的手段。几乎与洛克同时代的夸美纽斯，曾回忆了自己16岁以前学校的真实状况，那时"拳头、棍子、棒子、桦木""打在学生的脸、头及背上，直到鲜血冒出来，学生全身都布满了条痕、鞭疤、斑点及

---

① 吴式颖. 外国教育史教程[M]. 北京：人民教育出版社，1999：113-114.
② 吴元训. 中世纪教育文选[M]. 北京：人民教育出版社，1989：361.
③ 同①：166-167.
④ 约翰·洛克. 教育漫话[M]. 2版. 傅任敢，译. 北京：教育科学出版社，2014：31.
⑤ 同④：61.

杖迹"。① 以至于他在《大教学论》第十一章中断言"在此之前没有一个完善的学校"②"并且教导青年的方法通常都是非常严酷的，以致学校变成了儿童恐怖的场所，变成了他们的才智的屠宰场，大部分学生对于学习与书本都感到厌恶，都急急离开了学校，跑到了手艺工人的工场，或找别种职业去了"③。

沿着人文主义者开创的道路，卢梭成为"儿童"的伟大发现者。1762年，卢梭的《爱弥儿》问世，这部里程碑式的巨著树立了儿童被发现和解放的旗帜，宣告了现代儿童观的诞生。在这部著作中，卢梭在人类历史上第一次提出要把儿童当作儿童看待，"在人生的秩序中，童年有它的地位：应当把成人看作成人，把孩子看作孩子"④。卢梭反对那种只将儿童期视为成人的准备期的观点，认为儿童也是独立的人，儿童期有独特的价值。他把儿童期视为人生的一个特殊的发展阶段，认为儿童有着不同于成人的需要，有着异样的精神生活。他说："大自然希望儿童在成人以前就要像儿童的样子。如果我们打乱了这个秩序，我们就会造就一些早熟的果实，它们长得既不丰满也不甜美，而且很快就会腐烂；我们将造就一些年纪轻轻的博士和老态龙钟的儿童。"⑤ 他认为儿童有自己的看法、想法和感情，最愚蠢的事情就是以成人的状况去揣度儿童。卢梭对儿童抱有一种乐观主义的态度，他在《爱弥儿》中开篇就指出："凡是出自造物主之手的东西，都是好的，一到人的手里，就全变坏了。"⑥ 卢梭深信儿童生来是纯洁的、善良的，一切错误与罪恶都是后天环境造成的。他从这种性善论出发，认为教育就要顺应儿童的天性，让儿童率性发展，反对把种种约束加在儿童身上。

从17世纪到19世纪末、20世纪初这几百年的时间里，人们对儿童的看法在逐渐地改变，但这种改变更多的是停留在观念上和理论探讨方面。一些教育家在教育实践中做出过一些努力：如裴斯泰洛齐，缘于受卢梭的影响，在他的斯坦兹孤儿院中，强调爱的教育，"力求将孤儿院办成一个充满亲子之爱的大家庭式的教育机构"⑦；福禄贝尔在他的教育实践中也强调教育要顺应自然的原则，认为要克服和清除儿童的一切缺点、恶习、不良现象，可行办法是保护和引导儿童固有的、善良的本性。⑧ 但这种教育试验是少数的，其影响是有限的。

中国进入近代以后，随着西方文化的涌入，东西方文化发生不断的碰撞和融合。在这个过程中，西方有关儿童的观念开始传入中国，中国开启了对传统儿童观的改造。鲁迅深刻批判了传统的儿童地位观，提出"本位应在幼者"的观点。一些中国学者开始认识到儿童作为独立个体存在的价值和意义。在教育领域，陶行知、陈鹤琴等人也提出了尊重儿童、解放儿童的见解。

---

① 王蕾. 从"小"成人到"大"儿童：西方儿童观发展历程谫议[J]. 济宁学院学报，2008，29（2）：83-86.

② 张焕庭. 西方资产阶级教育论著选[M]. 北京：人民教育出版社，1979：7.

③ 同②：9.

④ 卢梭. 爱弥儿：上卷[M]. 李平沤，译. 北京：商务印书馆，1978：74.

⑤ 同④：91.

⑥ 同④：5.

⑦ 吴式颖. 外国教育史教程[M]. 北京：人民教育出版社，1999：287.

⑧ 同⑦：337.

总之，从世界范围内来看，在近代社会，虽然已走向儿童解放的道路，但任务并未完成，传统习惯观念和势力依然在支配着人们对儿童的认识，支配着教育。

（三）现代社会以"作为人类的儿童"为特征的儿童观

在进入19世纪末20世纪初之后，人们对儿童的看法和认识又发生了根本的改变。在现代社会，人们不仅把儿童看作儿童，还立足于主体性，把儿童看作人类的一员，亦即儿童是"作为人类的儿童"。

针对难以革除的教育中的顽疾，1900年，欧洲新教育运动的代表人物艾伦·凯（Ellen Key）出版了《儿童的世纪》一书。在这本书中，艾伦·凯尖锐地批评了家庭和学校教育中对儿童的摧残，呼吁保护儿童，竭力倡导自由教育，让儿童在独立自主的活动中发展自我，并充满信心地预言"20世纪将成为儿童的世纪"①。无独有偶，蒙台梭利在揭示教育现状的基础上，深刻指出儿童缺乏社会的保障，社会也丝毫没有感觉到对儿童的责任。她为儿童的权利进行辩护，提出要保卫儿童，并为儿童代言，"必须为儿童建设世界，并承认儿童的社会权利"②。她批评了传统教育用惩罚或奖励来威逼儿童服从外加的、强迫的纪律的做法，认为纪律不可通过命令、说教或任何一般的维持秩序的手段而获得，真正的纪律只能建立在自由活动的基础上。她还指出了教育应允许儿童按其本性自发地表现，允许儿童自由活动，让儿童体验到自己的力量。③蒙台梭利甚至认为，儿童是人类伟大的导师、舵手、领路人，是儿童创造了成人，"儿童是成人之父"。应该说，艾伦·凯和蒙台梭利的观点引起了人们对儿童权利的关注，深化了人们对儿童的认识：儿童期不仅是一个独立的、有自身价值的阶段，就儿童本身来讲，他应该作为一个人而得到尊重，而且在这个社会中，他应该享有自己的权利。

卢梭之后，在对儿童的认识和理解方面，产生深远影响的另一位人物当属杜威。杜威指出，我们不能用成年期作为一个固定的标准来衡量儿童期。他对成人和儿童进行了区分：成人是社会中掌握了群体知识和习惯的成熟的人，儿童则处于一种"未成熟"的状态，这种"未成熟"状态是儿童的主要特征。但这并不意味着儿童是被动的，相反，在发展方面，儿童是主动的。杜威认为，未成熟状态即是有生长的可能性，"就是指一种积极的势力或能力——向前生长的力量"④。1899年，杜威在《学校与社会》中明确提出了儿童中心论的思想，他批判学校的重心在儿童之外，"唯独不在儿童自己即时的本能和活动之中"⑤。他着力推行一种变革，或者说是一种革命，即教育要以儿童为中心，教育的一切措施要围绕儿童设计和安排。在卢梭肯定了儿童的特殊性的基础上，杜威进一步指出了儿童具有主动生长和发展的能力。这一观点为现代儿童观奠定了坚实的理论基础，并使得教育从强调权威转向关注儿童，并强有力地影响着现代教育理论的构建和教育实践的发展。

---

① 吴式颖. 外国教育史教程［M］. 北京：人民教育出版社，1999：451-452.
② 华东师范大学教育系，杭州大学教育系. 现代西方资产阶级教育思想流派论著选［M］. 北京：人民教育出版社，1980：87.
③ 同①：492.
④ 约翰·杜威. 民主主义与教育［M］. 王承绪，译. 北京：人民教育出版社，2001：50.
⑤ 约翰·杜威. 杜威教育名篇［M］. 赵祥麟，王承绪，译. 北京：教育科学出版社，2006：27.

在前述教育家、思想家们的推动下，世界各国对儿童给予了普遍的关注。20世纪初，不少国家纷纷为儿童立法，通过法律规定儿童的权利，为儿童提供法律上的保障。在这样的背景下，一些国际组织也逐步约定儿童权利法案。如1924年，国际联盟通过了《日内瓦儿童权利宣言》；1959年，联合国大会通过了《儿童权利宣言》；1989年，联合国大会通过《儿童权利公约》。这些宣言和公约成为各国保护儿童权利的重要依据，也标志着儿童在世界范围内受到普遍的尊重与重视。特别是《儿童权利公约》详细规定了儿童的生存权、发展权、受保护权和参与权，为儿童权利保护提供了一套全面的国际法律准则，成为当代儿童保护法律的典范。这一公约也包含了人们对儿童的新的理解，正如世界学前教育组织（OMEP）主席塞尔玛·西蒙斯坦（Selma Simonstein）所说，我们应该为创建适宜儿童发展的环境做出更多的努力，"让儿童参与到文化变革的立法和实践中来，使儿童的能力和儿童对社会的潜在贡献获得认可"①。

从我国来看，中华人民共和国建立以后，人们开始立足于"儿童是祖国的花朵"去理解儿童，特别是我国于1990年签署加入并于1992年生效的《儿童权利公约》。在近三十年里，我国政府制定或修订了多部法律法规，对儿童的地位和权利进行确认和保护，如《中国儿童发展纲要（2001—2010年）》《中国儿童发展纲要（2011—2020年）》《中国儿童发展纲要（2021-2030年）》《中华人民共和国未成年人保护法》等，推进了儿童友好型社会的建设，体现了现代社会进步、文明、科学的儿童观。

现代儿童观的发展对教育产生了深刻的影响。一方面，随着人们对儿童认识的加深，他们已经不是"小大人"，而是作为"儿童"和"人类"的儿童得到前所未有的尊重，儿童的权利保护得到社会广泛的重视。这些观念已通过教育立法的形式得以体现。例如，就违规儿童的处罚来说，不少国家开始立法禁止教育者体罚、侮辱学生，学校也不得开除学生，这与传统教育中儿童的命运形成了鲜明的对照。另一方面，现代儿童观已在教育的实践中得到贯彻。在现代儿童观的引导下，教育从教师中心、权威中心转向对儿童的全面关注，儿童成为教育的起点，一切教育内容、制度、方法和手段的选择，首先要考虑的是儿童的适宜性。古代社会和中世纪学校中的戒尺或鞭子逐步淡出教育，一切有损于儿童人格尊严和伤害儿童身体的手段遭到严厉的批判，现代社会的教育者更倾向于选择和运用富有人性化的教育手段。

重点提示

从"作为小大人的儿童"，到"作为儿童的儿童"，再到"作为人类的儿童"，反映了人们对儿童认识的变化，这种变化是和社会发展相一致的，呈现了从不科学到科学的趋势。在本部分内容中，现代社会的儿童观是重点学习内容。

三、科学儿童观的内涵

从儿童观的发展和演变来看，人们对儿童的认识是不断进步的，儿童观的内涵也

---

① 塞尔玛·西蒙斯坦. 儿童观的后现代视角[J]. 常宏，译. 幼儿教育（教育科学版），2007（2）：1-3.

在不断地丰富与充实。对于教育者而言，全面了解儿童，树立科学的儿童观尤为关键。科学的儿童观是指导教育工作的重要理念。

我们看到，不管是在历史中，还是在现实社会中，由于持有错误的儿童观，导致教育者教育方法简单粗暴，或无视儿童的权益，不仅无法取得好的教育效果，而且可能阻滞或延缓儿童的发展。事实上，在当代社会流行的观念中，有很多值得我们反思的内容。如当代中国很多家长认为"不能让孩子输在起跑线上"，过早地让孩子接受各种"教育"；还有很多家长认为所谓的好孩子是"乖孩子""听话的孩子"，"乖"和"听话"成了管教孩子的口头语和指导原则，等等。这些观念符不符合当代教育理念，能不能够培养出适应未来社会发展的人，是值得讨论和质疑的。

针对当代社会还存在的对儿童的错误和不当的认识，塞尔玛·西蒙斯坦提醒我们注意①：

① 儿童期并不存在一个普遍的发展过程，它会受到家庭氛围、兄弟姐妹的年龄、社会文化、社会经济地位以及周围环境等的影响。

② 那种推崇儿童无能论的观点是错误的。儿童并不总是被动、依赖、缺乏理性和能力的。

③ 儿童的发展目标无法应用某种普遍标准进行统一，它是由所处社会的具体政治、经济和文化条件决定的，是不断变化的。

④ 儿童期是特定的经济、社会和文化环境共同作用的结果，儿童发展应该主要是一种社会性概念，而非生物性概念。

继而，立足后现代视角，塞尔玛·西蒙斯坦指出：

① 儿童的思维能力远远超过其表面上表现出来的能力，他们用一种原始的方式掌握着几乎所有的科学概念。

② 儿童全身心关注当前的现实，儿童用自己的身体和知觉去理解当前的一切。这使得儿童能够与世界保持对话。

③ 儿童努力探寻世界的意义。这种意义与成人赋予的意义很可能有所不同，但并不表示儿童自己赋予的意义就是不正确的或者是没有理由的。

④ 儿童通过填空的方式创造理论。由于我们给予儿童的有关世界的解释常常是不完整的，儿童常常会创造性地进行填空，企图创造一个与他们的知识和想法相匹配的完整世界。

⑤ 儿童对情境具有依赖性。儿童主要是基于事实发生的情境和各种条件赋予特定事实一定的意义。

⑥ 儿童用"故事"划分世界。儿童通常是将应该分类的物体组合成一个个"故事"，用"故事"的分类方式认识世界。

⑦ 儿童推崇整体优先原则。儿童很强调整体的重要性，他们认为意义是通过整体图片赋予的。

⑧ 对儿童来说，词语是十分重要的。儿童常常认为自己有足够的力量去改变现实。

---

① 塞尔玛·西蒙斯坦. 儿童观的后现代视角[J]. 常宏，译. 幼儿教育（教育科学版），2007（2）：1-3.

儿童用他们的奇思妙想认识和改造世界，不断促进自身的发展。

塞尔玛·西蒙斯坦的观点很好地启发了我们。由于对儿童的认识是复杂的，要受到多方面、多学科的影响，而且这将永远是一个未完成的过程，所以，应该用发展的眼光去科学把握儿童观。从当前来讲，科学的儿童观至少包括但不限于以下内容。

（1）儿童具有独立的人格，享有人的一切基本权利

无论从人的角度还是从法律的角度，现代社会都承认儿童的独立人格，并赋予了儿童一切人的权利。尤其在权利方面，儿童享有生存权、发展权、受教育权、受保护权、参与权等，因此，儿童是有尊严的个体，应该被尊重。反观当代社会中，那些无视儿童权利，甚至出现虐童行为的人，是在严重践踏人类文明规则，是应该坚决被反对的。

▶ 科学儿童观的基本内容（上）

历年真题

【2.1】每次在与幼儿交流的过程中，吴老师都会全神贯注地看着幼儿，有时候，她也点头、微笑、询问和鼓励，这反映了吴老师与幼儿相处所遵循的原则是（　　）。

A. 个体性原则　　　　　　　　B. 适时性原则
C. 公平原则　　　　　　　　　D. 尊重原则

【2.2】平时嗓门很大的小强，在回答老师提问时声音却很低，老师批评说："声音这么小，难道你是蚊子吗？"话音刚落，全班哄堂大笑，该老师的做法（　　）。

A. 合理，有助于促进幼儿自主学习　　　B. 合理，有助于激发幼儿主动反思
C. 不合理，没有体现对幼儿的尊重　　　D. 不合理，歧视幼儿的生理缺陷

【2.3】某幼儿园中班班主任把班里每个孩子的体检结果公布在教室门口，上面除了身高、体重等项目外，还包括血液检查结果等内容，该幼儿园班主任的做法（　　）。

A. 正确，方便家长了解孩子身体状况
B. 正确，贯彻了重视幼儿身心健康的理念
C. 不正确，侵犯了幼儿的隐私权
D. 不正确，侵犯了幼儿的人格尊严

（2）儿童期具有独特的价值

在所有的物种当中，人类的儿童期是最长的，这是大自然有意的、合理的安排。为了能够适应复杂丰富的社会生活，人需要足够的时间去积累经验、学习文化，儿童期的漫长恰好暗示了儿童需要慢慢成长。在儿童成长过程中，每一个年龄阶段都是不可逾越的，都有其独特的任务和价值，心理学上所讲的敏感期，就是最好的说明。

（3）儿童具有个体差异性

由于遗传、环境、教育等方面的影响，每个儿童都是不同的。他们的发展速度各不相同，每个儿童都有自己的人格特质。根据美国心理学家霍华德·加德纳（Howard Gardner）的多元智能理论的研究，人的智能是多元的而非单一的，每个人都可以在某一项或几项能力方面发展特长。因此，在教育上，那种企图为儿童成长设标准的意见是值得怀疑的，教育有必要为每个儿童提供个性化的培养方案。

▶ 科学儿童观的基本内容（下）

（4）儿童的未成熟性是一种积极的因素

儿童是弱小的、未成熟的，但这种弱小、未成熟并不是一种消极的因素，它暗含了儿童极大的发展可能性。也因为弱小和未成熟，他们对成人具有依赖性，还常常做错事甚至"捣乱"，这被有些成人看作"添麻烦"。事实上，正是这种不成熟性促使成人不断地给予儿童帮助和指导，这是儿童为了自身发展而主动向成人发出的"邀请"，对成人而言，则意味着一种责任，意味着教育时机的来临。

（5）儿童的成长是自主建构的过程，儿童是自己的创造者

儿童生来就是一个积极的探索者。他们通过自己的感官和意志不断地与周围世界互动，努力构造一个对自己有意义的世界。他们不停地把新的认知纳入原有的经验和知识结构，以扩展对这个世界的了解和认识。在这个过程中，儿童完成了对自己的创造，使他成为他自己。然而，在现实中我们看到的是，有些成人盲目地在儿童成长中贯彻自己的意志，去安排和支配儿童的生活和学习，这种做法显然是违背儿童成长的规律的。

历年真题

【2.4】下列对儿童的看法，正确的是（　　）。
A. 儿童是无知无能的
B. 儿童不是微缩的成人
C. 儿童可以按成人的意愿随意塑造
D. 儿童是家庭的私有财产

【2.5】材料分析题：班上的一些小朋友不喜欢洗手，有些小朋友虽然洗手，也只是简单地冲冲水。户外活动后，韩老师把小朋友分成两组，一组念着儿歌认真地洗手，另一组暂时不洗手。韩老师拿出两块柚子皮，一组一块，让小朋友分别摸柚子皮内层，红红突然叫起来："黑了！黑了！"果然，没洗手那组小朋友摸过的柚子皮内层已经黑乎乎了，韩老师趁机提问："柚子皮为什么会变黑呀？"孩子们抢着说："他们没洗手，手很脏，手上有土，把柚子皮弄脏了。"韩老师连忙引导："这是我们能看见的，还有我们看不见的有什么呢？""细菌、病毒。"孩子们大声说。韩老师趁热打铁："如果我们不洗手就拿东西吃，手上的脏东西会沾到食物上，脏东西进入我们的肚子、身体会怎么样？我们应该怎样做呢？"孩子们叽叽喳喳地讨论开来，最后得出了"一定要认真洗手，做健康的小主人"的结论。活动结束后，没洗手的小朋友立刻跑到洗手池边洗手，洗得格外认真；洗了手的小朋友中，有人感觉自己没洗干净，就又认真地洗了一遍。

从此以后，小朋友们大都能自觉地去洗手，如果某个小朋友忘记洗手，其他的小朋友也会提醒他。

问题：请结合材料，从儿童观的角度，评析韩老师的教育行为。

重点提示

科学的儿童观不是一成不变的，而是随着社会发展变化的。科学儿童观的内涵也是丰富的，在现代社会中，最有价值的儿童观是尊重儿童的独立人格和基本权利。

第二节 学前儿童发展与教育

一、学前儿童的特性

本书所言学前儿童是指从出生到六七岁的儿童,即入学前的这段时期的儿童,是儿童的早期阶段。从儿童观来讲,学前儿童具有儿童的一般特点或属性,也就是说,我们首先要立足于儿童的角度去看待学前儿童。

但是,正是由于学前儿童处于儿童的早期阶段,其身体和心理的各种机能尚未成熟,但客观上又处于快速发展的时期,所以才具有与以后阶段不同的特性。

(一)儿童渴望参加独立社会实践活动的需要与从事独立活动的经验及能力不足之间存在矛盾

儿童在出生后,就表现出独立从事活动的需要,开始通过各种感官和活动去探索周围的世界。在这个过程中,他们逐步从一个软弱的个体发展到独立行走、跑、跳跃,学会使用和操作物体,日渐能够进行言语交际,并开始参与游戏活动的个体。随着年龄的增长,他们产生了参与活动的愿望,成人也逐步要求儿童独立从事一些简单的劳动,如自己穿衣、吃饭、收拾玩具、担任值日生等。但同时,学前儿童的动作发展水平和心智能力还是有限的,身体的协调性还不够完善,缺乏参加社会实践活动的经验,因此,在活动的需要与自身的能力水平不足之间就产生了较大矛盾。这种矛盾是儿童发展的动力,儿童通过参与游戏活动,通过成人的指导和帮助,在解决矛盾的过程中促进自身不断向前发展。

(二)儿童心理发展有明显的具体形象性和不随意性,抽象概括和随意性刚刚开始发展

由于学前儿童知识和经验是不足的,语言也不够丰富,因此他们的心理活动具有明显的具体形象性,往往通过直观表象的形式认识外部事物。这个时期的儿童虽然能够对事物进行分析和概括,但这种概括水平是初步的、朴素的。正如学前儿童一般认为玩具是用来玩的,水果是好吃的,学前儿童对事物下定义只能通过这种功用性的方式,是需要具体形象进行支持的。另外,学前儿童还不能有意地控制和调节行动,心理具有较大的随意性,是不稳定的。儿童在活动中,常常因为新事物的出现而被吸引注意力,从而改变当前的活动,有目的、有系统的独立思考能力表现不足。但从学前儿童的发展来看,儿童思维的形象性其实是在为概括性的发展做最充分的准备,其心理活动的随意性和稳定性也是随年龄增加而逐步增强的。

(三)学前儿童开始形成最初的个性倾向

俗语说"三岁看大,七岁看老",意思是一个人的个性品质在早期就有一定的倾向和萌芽。随着儿童的体能、智力和语言的发展,学前儿童行为的自觉性在 3 岁以后就

日渐发展起来，行为渐趋能够服从较远的目的。这是儿童个性养成的重要前提和基础。在这个时期，儿童的性格特征、兴趣爱好等逐渐显露。当然，儿童个性的形成受所处的环境、家庭、教育以及遗传等多种因素的影响，尤其是教育，在儿童个性发展中起着重要的导向作用。在这方面，19世纪德国一位乡村牧师卡尔·威特（Karl Witte）着眼于培养孩子尊重他人的品性，给我们提出了很好的建议："尊重是相互的，要求孩子尊重父母，父母就首先应该尊重孩子。而且要在很小的时候就要让孩子养成尊重他人的习惯。"① 在儿童的成长中，教育者要给儿童提供必要的环境和指导、示范，使儿童形成良好的行为习惯，为日后个性的养成奠定基础。

> 对学前儿童的三个特性的把握和理解，应该从学前儿童与学龄儿童存在哪些区别的视角去分析和领会。

二、学前儿童发展的概念及规律

学前儿童是发展变化的，随着经验的积累和身体的成长，他们认识世界的能力，以及参与活动的能力不断增强。这种变化是有规律的，一般遵循从简单到复杂、从具体到抽象、从被动到主动、从零乱到成体系的发展趋势。

（一）学前儿童发展的概念

▶ 儿童发展观的基本内容

一般地，学前儿童发展是指在学前儿童成长过程中生理和心理方面有规律地进行的量变与质变的过程。

首先，学前儿童发展体现在生理和心理两个方面。在生理方面，主要是指身体的生长发育和机能的成熟，如身高、体重、力量、协调性、平衡能力等。在心理方面，主要是指心理过程和个性心理的发展，如认知、情感、意志、言语、性格、品德等。

其次，学前儿童无论是生理的发展还是心理的发展，都有一个逐渐展开的过程，即从量变开始，逐步过渡到质变。如儿童口头言语能力的发展，遵循先听后说的规律。婴儿期主要进行言语准备，到1岁左右，儿童已经能够听懂成人简单的语言，并以单词的形式进行表达和交流，这是第一次变化。之后大约经过一年的时间，到2岁左右，儿童的言语理解能力迅速发展，开始运用单词句和双词句，这是第二次变化。2岁以后，言语表达能力进入另一个快速发展的时期，逐渐能用较完整的句子进行表达，到3岁左右，儿童便初步掌握了本民族的口语，这是第三次变化。

最后，学前儿童生理发展和心理发展是相互作用、密不可分的。儿童生理的发展是基础，大脑功能和神经系统的发育，为儿童认知能力的发展提供了条件。即便是肌肉和骨骼的成长也会带来儿童活动能力的增强，为他们获取更多的经验做好准备。反

---

① 卡尔·威特. 卡尔·威特的教育［M］. 刘恒新，译. 北京：京华出版社，2001：97.

过来，儿童的心理发展也会影响生理的发展。如长期处于精神压抑和情绪紧张状态的儿童，会影响到神经生理、神经内分泌和免疫系统，使肾上腺素皮质酮等内分泌增加，进入血液循环，从而损害儿童的免疫功能，造成食欲不振甚至疾病发生的结果。所以，儿童的发展是一个系统的过程，不可将生理和心理的发展加以分割。

（二）影响学前儿童发展的因素

儿童的发展主要受到内部和外部两个方面因素的影响，来自内部的因素主要是遗传，来自外部的因素主要是环境和教育。除此之外，儿童的发展还受个体的主观能动性的影响。

扫码观微课

▶ 影响儿童发展因素的争论：天性——教养之争

1. 遗传

遗传是一种生物现象，是指经由基因的传递，使后代获得亲代的生物特征。这种生物特征被称为遗传素质，主要是指那些与生俱来的解剖生理特点，如机体的构造、形态、感官和神经系统的特征等，其中大脑和神经系统的结构、机能对儿童的发展尤为重要。遗传对儿童发展的影响主要体现在以下几个方面。

（1）遗传素质是学前儿童发展的生物基础

学前儿童与生俱来的生理特点是发展的重要基础，为发展提供了可能性。人与动物的不同，很重要的一个方面是由于在遗传素质方面与动物存在极大的差异。心理学家的研究发现，由于遗传缺陷造成脑发育不全的儿童，其智力障碍往往难以克服。如果是肢体上存在缺陷，会使儿童的发展受到某方面的严重限制。相反，学前儿童所具有的先天生理优势，则为儿童发展特长提供了基本条件。

（2）生理成熟制约着学前儿童发展的进程

生理成熟是指身体生长发育的程度或水平。学前儿童体内各大系统的成熟遵循着一定的顺序，最早成熟的是神经系统，然后是骨骼肌肉系统，最后是生殖系统。在动作发展方面，儿童一般先学会抬头，后学会翻身，再学会坐、爬、站，最后才学会走路。所以，儿童各种能力的发展是和相关生理的成熟联系在一起的，生理的成熟为某项动作或能力的出现做好准备。美国心理学家阿诺德·格塞尔（Arnold Gesell）曾进行了一项双生子爬梯实验，研究结果有力地说明了学习依赖于成熟所提供的准备状态。格塞尔选取一对双生子T和C为研究对象，从不同年龄开始学习爬楼梯。T从出生后第46周起接受训练，每天练习10分钟。C则从出生后第53周才接受训练，每天练习相同的时间。结果C仅练习了2周，到55周时就赶上了T的水平。所以，如果不具备生理上的成熟，儿童难以发展相应能力，更甚者，过早的训练、教育不仅不能取得预期的效果，还可能是有害的。

（3）遗传素质是学前儿童发展上存在个别差异的重要原因

从发展的结果来看，每个学前儿童都是不同的，他们在能力、气质、性格方面存在较大的差异性。这种差异性在某种程度上是由遗传素质导致的。也就是说，每个儿童的遗传素质是不同的。正如有的儿童很早就表现出音乐的天赋，有的儿童较早地表现出在语言上具有优势，这均受益于先天的遗传素质。英国心理学家西里尔·伯特（Cyril Burt）的研究表明，同卵双生子在智力上是非常接近的，而没有血缘关系的儿童，即使生活在一起，其智力的相关性也很小。并且，存在血缘关系的儿童，其智力的相关性和家族谱系的亲近程度有关，一般来说，家族谱系越是亲近，其智力的相关性也越高。这种来自遗传的差异，对儿童发展倾向和水平造成重要影响，同时也为教育提供了因材施教的理论基础。

在教育中，存在一种遗传决定论的观点。持这种观点的学者认为儿童的发展是内在的遗传因素自我展开的过程，外在的其他因素只是起到引发、促进或延缓发展的作用。这种观点一方面肯定了由遗传所赋予的儿童内在素质的价值，提醒人们尊重儿童自然发展的规律，另一方面则否定了环境和教育在人的发展中的重要作用。后者是我们必须予以警惕的。

2. 环境和教育

环境是指影响儿童身心发展的全部外在因素的总和，是儿童赖以生存和发展的物质与精神条件。其中，教育作为培养人的一种活动，在人的发展中起着越来越重要的作用。可以说，人之所以为人，主要是由环境和教育造就的。

▶影响儿童发展因素的争论：诱导——促进之争

从环境的构成来看，主要包括自然环境和社会环境。其中，社会环境是由人类创造的物质文明和精神文明组成的，对学前儿童发展的影响是巨大的。印度人辛格抚养"狼孩"的故事告诉我们，离开了社会环境，儿童就失去了掌握社会生存所必需的知识和技能的条件，甚至无法健康成长。心理学上的早期隔离实验也说明了这一现象，其中影响较大的是关于恒河猴行为发展的实验研究。研究结果表明，在实验室长大的猴子由于失去母爱，常常只是呆呆地坐着，两眼直视，当有陌生人接近时，不会像野生猴子那样对人做出恐吓或攻击性行为，而只是自己打自己，甚至撕咬自己，严重损害了社交行为的发展。这充分说明，环境是人正常发展的必要条件。事实上，人们很早就注意到并重视环境对儿童发展的作用，并有意识地为儿童成长和发展提供良好的环境，我国历史上"孟母三迁"的故事就是这方面的例证。

在环境对儿童发展的影响方面，影响较大的学说是美国著名心理学家尤里·布朗芬布伦纳（Urie Bronfenbrenner）提出的社会生态系统理论。这种理论认为，人生活于其中并与之相互作用的不断变化的环境是儿童的行为系统。根据对儿童发展的影响程度不同，行为系统被划分为四个层次，由小到大分别是微系统、中间系统、外层系统和宏系统。从微系统到宏系统，对儿童发展的作用具体表现为从直接影响趋向间接影响。

（1）微系统

行为系统的最里层是微系统，指儿童活动和交往的直接环境，主要包括家庭、同伴群体和幼儿园。对学前儿童来说，幼儿园是除家庭以外对其影响最大的微系统。布朗芬布伦纳认为，微系统中所有关系均是双向的，即他人影响着儿童的反应，但儿童也影响着成人及同伴的行为。如婴儿在饥饿时往往以啼哭引起母亲的注意，如果母亲能够及时满足孩子的需要，则会消除孩子的哭泣行为。反之，孩子的哭泣行为如果经常被忽视、被拒绝，则可能影响到良好亲子关系的建立。

（2）中间系统

中间系统是指各微系统之间的联系或相互关系。社会生态系统理论认为，如果微系统之间有较强的积极的联系，可能促进发展的最优化。相反，如果微系统间的联系是非积极的，则会产生消极的后果。如孩子看到父母经常吵架，会产生一种不安全感。

如果父母及时注意到孩子的反应从而停止吵架行为，并给孩子以安抚，会恢复孩子的安全感和家庭的秩序。否则的话，孩子的安全感会被削弱，甚至影响到孩子对人际关系的认知，从而可能出现攻击性行为。

（3）外层系统

外层系统是指那些儿童虽然没有直接参与，但能够对他们的发展产生影响的系统。如父母的工作情况就是外层系统影响因素。通常父母对工作的投入程度、工作成就，以及对工作的情绪反应等，都会间接影响到儿童对事对物的态度，从而对儿童的发展产生影响。

（4）宏系统

宏系统是指存在于以上三个系统中的文化、亚文化和社会环境。我们一般将宏系统视为广阔的意识形态。这种意识形态包括社会成员对儿童的看法和观念，哪些是儿童应该学习和掌握的有价值的东西，儿童应该成为什么样的人，等等。应该说，在不同的文化背景中，如不同国家、不同民族，人们有关以上的认识是存在差异的，从而会影响到对儿童的抚养和教育方式，通过直接或间接的方式影响儿童的成长和发展。

布朗芬布伦纳的理论为我们全面认识环境和教育对学前儿童发展的影响提供了新的思路。我们也应看到，在教育中也存在一种环境决定论的观点。如美国行为主义理论家约翰·布鲁德斯·华生（John Broadus Watson）否认遗传在儿童成长中的作用，认为人的一切行为均是外在刺激引发内在反应的过程。我们必须注意，当教育背离儿童自然发展的规律，盲目对儿童进行塑造的时候，教育就变得机械起来，从而失去了其积极意义和内在价值，很可能就不是教育了。

3. 个体的主观能动性

主观能动性是指个体认识世界和改造世界的自觉性和主动性。学前儿童的主观能动性主要表现为活动动机的强弱、从事活动的兴趣是否浓厚、求知欲望的大小，等等。如果说环境和教育是发展的外因，那么，儿童主观上的能动性则是发展的内因。如果儿童缺乏参加某项活动的兴趣，在活动中表现得消极、被动，是不会有好的效果的，儿童也就难以在这样的活动中获得发展。事实上，儿童个体间也存在主观能动性的差异，如儿童积极性的差别，会导致儿童不同的发展结果。

（三）学前儿童发展的特征

作为一个特殊的发展阶段，学前儿童的发展具有一些与其他发展阶段不同或较为明显的特征，这些特征又体现了学前儿童发展的规律性。

1. 顺序性

前面已经提及，学前儿童各方面的发展有着相对稳定的先后顺序，这就是顺序性。

就学前儿童的身体发育来看，是按照首尾方向（从头到脚）和近远方向（从中轴到边缘）进行的。最早发育的是儿童头部，然后是躯干、上肢、下肢。从出生到成人，人的头部增大约1倍，躯干增长约2倍，上肢增长约3倍，下肢增长约4倍。在骨骼和肌肉的发展中，先行发展的是大骨骼和大肌肉，小骨骼和小肌肉群的发展与协调在后。

从学前儿童的认知能力发展来看，遵循着由具体到抽象的规律。新生儿最初出现的是简单的感觉，知觉的产生则在感觉之后。在此基础上，产生记忆表象，最后出现具有概括化、间接化的思维。仅就儿童思维的发展看，直观动作思维出现在先，然后是具体形象思维，最后到抽象逻辑思维占优势。但是需要指出的是，整个学前期的儿童，其思维几乎都处于具体形象阶段，抽象逻辑思维在学前末期才开始萌芽。

2. 不平衡性

不平衡性说的是，在整个学前期，儿童的发展不是匀速进行的，在不同的阶段，其发展速度和水平明显具有不均衡的特点。也就是说，从时间维度上来看，儿童的身心并不是随时间延续而匀速发展的，有时发展得快一些，有时则发展得慢一些；有的机能或能力发展得早一些，有的机能或能力则发展得晚一些。

儿童生理系统的发展尤其如此。一般来说，人会出现两个生长发育高峰期，其中第一个生长发育的高峰期出现在出生后的第一年。以大脑的发育为例，新生儿出生时大脑重量约为390克，仅为成人的25%，但大脑的发育非常迅速，几乎以每天1克的速度递增，9个月时达到660克，12个月时便达到成人脑重的50%。1岁以后，儿童脑重的增长速度明显减缓，到六七岁时约达到1280克，大约为成人脑重的90%。相比之下，生殖系统的发展在童年时代进展缓慢，进入青春期以后才迅速发展。

就学前儿童心理的发展来看，特定能力或行为的形成具有敏感期，亦称关键期。相关研究表明，在生命早期的发展过程中，存在着一些特定的时间段，在这些时间段内，某种结构或功能的发展会受到特定经历的影响，从而出现促进发展或阻碍发展的情况，甚至产生永久性机能障碍的结果。例如，我们一般认为儿童语言发展的敏感期是0—3岁，这个时期内若有良好的语言环境，儿童的语言能力则会迅速发展，如果被剥夺了学习的机会，语言的发展则会出现困难。

3. 阶段性

学前儿童的发展虽然具有顺序性和不平衡性，但就学前期看，存在几个具有不同特点的发展阶段，每一个阶段都表现出与其他年龄阶段相区别的稳定的典型特征。这就是儿童发展的阶段性。

皮亚杰认为，儿童的心理发展是一个连续构造的过程，呈现出一定的阶段性，并认为阶段的先后顺序是恒定不变的。他把儿童的认知发展划分为四个阶段，分别为感知运动阶段、前运算阶段、具体运算阶段、形式运算阶段，其中学前期基本包含两个阶段。第一个阶段是感知运动阶段（出生至2岁）。这一阶段的儿童主要靠感觉和动作探索周围世界的基本特征。儿童通过与周围环境的感觉运动接触，即通过他对客体施加的行动和这些行动所产生的结果来认识世界，形成一些客体永久性意识。这一阶段的儿童有了一定的空间和时间观念，并出现了关于因果性关系认识的萌芽。这一阶段的儿童形成的是动作格式的认知结构。第二个阶段是前运算阶段（2—7岁）。与感知运动阶段相比，在前运算阶段，儿童的智慧在质的方面有了新的飞跃，客体永久性的意识巩固了，动作大量内化。随着语言的快速发展，儿童频繁地借助表象符号（语言符号与象征符号）来代替外界事物，重视外部活动，开始从具体动作中摆脱出来，凭借象征格式在头脑里进行"表象性思维"，故这一阶段又被称为表象思维阶段。

在习惯上，一般地，根据儿童身心发展的特点，我们通常把学前儿童发展划分为四个阶段：新生儿期（0—1个月）、乳儿期（1个月—1岁）、婴儿期（1—3岁）、幼儿期（3—6、7岁）。在这四个阶段，儿童在身心发展方面都具有各自的特征。新生儿出生后较为柔弱，睡眠时间长，各种感觉开始发展，已经出现了与周围环境的感知互动；乳儿期儿童肢体发展迅速，能够运用感觉去探索世界，逐渐懂得语言的意义，开始对语言做出反应；婴儿期儿童能够独立行走，逐渐掌握口头语言，身体的运动和协调能力增强，表现出对探索世界的浓厚兴趣；幼儿期儿童语言进一步发展，想象力丰富，表现出创造性，喜欢从事游戏活动。

历年真题

【2.6】图2.1表明，儿童的发展具有（　　）。

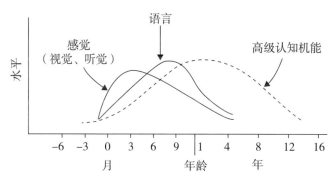

图2.1　最佳发展期示意图

A. 阶段性　　　　　　　　　　B. 整体性
C. 个体差异性　　　　　　　　D. 独特性

4. 个别差异性

世界是多元与丰富的，这缘于并表现为人的差异性。从学前儿童的发展来看，人与人是不同的。虽然人的身体结构是相同的，但不同形式结构的组合导致了人的千差万别；尽管人的心理成分是一样的，但各种心理要素组合起来却构成了具有不同认识和人格特点的个人。

从学前儿童的身体发展来看，同样年龄的儿童，身高、体重是不一样的，外貌、运动能力、协调和平衡能力更是不同。从学前儿童的性别来看，男女儿童在智力结构、语言能力、思维方式等方面表现出较大的差异，发展速度也存在一定程度的不同。从儿童的心理层面来看，人与人在感知能力、注意力、思维水平、兴趣、爱好、性格、能动性等方面都有不同程度的区别。如有的儿童注意力能够长时间保持在一件事物上面，有的儿童则难以集中注意力；有的儿童沉着稳重，有的儿童则活泼好动。从一定意义上来说，这种个别差异性既是儿童发展的基础，也是儿童发展的结果。

▶科学教育观的案例分享

历年真题

【2.7】教师通常在班级设置许多活动区,提供多层次的活动材料,让幼儿自选,这遵循的心理发展原则是( )。

A. 阶段性原则　　　　　　　　　B. 社会性原则
C. 操作性原则　　　　　　　　　D. 差异性原则

【2.8】下列针对幼儿个体差异的教育观点,哪种不妥?( )

A. 应关注和尊重幼儿不同的学习方式和认知风格
B. 应支持幼儿富有个性和创造性的学习和探索
C. 应确保同校幼儿在同一时刻达成同样的目标
D. 应对有特殊需要的幼儿给予特别关注

【2.9】教师要根据幼儿的个体差异进行教育,在下列现象中,不属于幼儿个体差异表现的是( )。

A. 某幼儿往常吃饭很慢,今天为了得到老师的表扬,吃的很快
B. 有的幼儿吃饭快,有的幼儿吃饭慢
C. 某幼儿的动手能力很强,但语言能力弱于同龄幼儿
D. 通常男孩比女孩表现出更多的身体攻击性行为

【2.10】生活在不同环境中的同卵双胞胎的智商测试分数很接近,这说明( )。

A. 遗传和后天环境对儿童的影响是平行的
B. 后天环境对智商的影响较大
C. 遗传对智商的影响较大
D. 遗传和后天环境对智商的影响相当

重点提示

影响学前儿童发展的三种因素的作用是不同的,要客观分析,区别对待。学前儿童发展的四个特征是教育者开展教育工作的重要依据,必须牢记并深刻理解。

三、学前儿童的全面发展与教育

如前所述,作为儿童发展的关键影响因素,教育在儿童的发展中起着越来越重要的作用。然而,学前儿童应该向哪个方向发展?什么样的发展才是好的发展?教育在学前儿童发展中究竟起着怎样的作用?这些问题必须得到回答。

▶ 儿童发展与学前教育

(一)学前儿童的全面发展

学前儿童应该拥有并获得有质量的发展。人是社会存在和社会发展的主体,社会发展需要人的推动,但人本身不能纯粹沦为社会发展的工具,否则人生的意义便会丧

失，人生也缺少幸福和尊严。尤其对于学前儿童来说，在他们远未步入社会的时候，应该拥有一个有意义、有尊严和幸福的童年，而不能仅仅成为所谓为未来生活做准备的工具。

在教育史上，儿童的全面发展是教育家、思想家们始终关注的核心论题。所谓全面发展，是指儿童身心多方面的和谐发展。柏拉图认为必须发展智慧、节制、勇敢、正义四个方面的美德，人的心灵和身体都应该得到全面发展；亚里士多德提出了体、德、智、美和谐发展的教育思想；洛克在《教育漫话》中提倡理想的教育应该是体、德、智并重的教育，认为"健康的精神寓于健康的身体"；夸美纽斯则提出了"泛智"教育，认为应当把一切事物教给一切人，等等。可以说，以上论述和观点为儿童的全面发展及教育奠定了坚实的思想基础。

对于学前教育来讲，它必须有一个目标。即在教育目的的指导下，学前教育应该明确其所培养的人的质量和规格。学前教育的目标亦即学前教育机构的教育目标。我国 2016 年开始施行的《幼儿园工作规程》提出的幼儿园教育目标是："遵循幼儿身心发展特点和规律，实施德、智、体、美等方面全面发展的教育，促进幼儿身心和谐发展。"2001 年印发的《纲要》也明确了这一目标。这两个文件均指出了幼儿园应以儿童的和谐发展为目标，切实体现了全面发展的教育思想。因为幼儿园教育处于学前教育的后期，在这个意义上讲，这一目标可以视为整个学前期儿童发展与教育的目标。

学前儿童的和谐发展需要能促进其德、智、体、美、劳全面发展的教育。这不仅指出了学前儿童发展和教育的方向，也说明了发展和教育的维度。为了促进儿童的和谐发展，需要对学前儿童施以德、智、体、美、劳五个维度的教育。

1. 德育

德育主要是指学前儿童社会性发展，是全面发展的有机组成部分。所谓学前儿童德育，是指教育者按照社会的要求，运用恰当的方法，让儿童养成良好的道德行为习惯，发展儿童的道德品质。德育要求教育者要引导儿童萌发爱家乡、爱祖国、爱集体、爱劳动、爱科学的基本情感，培养儿童诚实、自信、友爱、勇敢、自制、勤学的品质，以及让儿童养成爱护公物、讲礼貌、守纪律的良好习惯。

2. 智育

智育是指教师有目的、有计划、有组织地向学前儿童传授知识技能，发展智力的教育。在全面发展的教育中，智育意味着教育者要把发展学前儿童智力作为重要任务，培养正确运用感官和运用语言的基本能力，增进其对环境的认识，培养有益的兴趣和求知欲望，培养初步的动手探究能力。对学前儿童来说，智育对于他们积累经验、增强认知世界的能力，以及培养对未知世界的探索精神，均具有重要意义。

3. 体育

学前教育承担着对儿童进行保育和教育的双重任务，这一特性规定了体育是全面发展教育中最为基础和重要的组成部分。习近平总书记特别重视儿童的体育工作，2013 年 4 月 3 日，在参加首都义务植树活动时他强调："身体是人生一切奋斗成功的本钱，少年儿童要注意加强体育锻炼，家庭、学校、社会都要为少年儿童增强体魄创造条件，让他们像小树那样健康成长，长大后成为建设祖国的栋梁之才。"学前儿童体育是指通过设置科学合理的练习与活动方式，增强儿童体质，提高儿童的健康水平。具体来讲，教育者要指导儿童掌握卫生保健知识，养成良好的生活习惯，训练走、跑、跳、投掷、攀爬等基本动作，促进儿童体格、体能和适应能力等方面的发展。

4. 美育

美育是指教育者对儿童进行审美教育，以培养儿童的美感素养。具体来说，美育要求教育者通过设计系统的实践活动，来培育儿童感受美、欣赏美、表现美的情趣和能力。美育对于陶冶儿童的性情与心灵，发展其健康的认知能力和生活品位具有重要意义。在美育实践中，教育者要善于利用自然之美、社会生活之美、文学艺术之美等，通过游戏活动激发学前儿童对美的情趣和爱好。

5. 劳动教育

劳动教育是以培养儿童劳动素质为目的的教育，是全面发展教育的一个重要组成部分。2018年9月10日，在全国教育大会上，习近平总书记指出："要在学生中弘扬劳动精神，教育引导学生崇尚劳动、尊重劳动，懂得劳动最光荣、劳动最崇高、劳动最伟大、劳动最美丽的道理，长大后能够辛勤劳动、诚实劳动、创造性劳动。"学前阶段劳动教育的主要目标是培养学前儿童热爱劳动的情感，促使学前儿童形成良好的劳动态度，养成劳动习惯。学前儿童劳动教育的主要内容包括自我服务、集体服务、参与社会实践等内容。与义务教育阶段不同，学前阶段劳动教育的开展更需要考虑儿童的年龄特点及身体机能的发展水平，主要在幼儿园、家庭和社会中进行。不同年龄阶段的儿童劳动教育内容应有所不同，教师在选择教育内容时应遵循科学性、适宜性、生活性等原则。

（二）学前教育在儿童全面发展中的作用

遗传对学前儿童发展的影响是自然的，环境对学前儿童发展的影响是自发的，它们都是难以控制的因素。而学前教育作为一种有目的、有计划、有组织的活动，它是由教育者控制的，在学前儿童的发展中起着主导作用。

1. 学前教育保护儿童的优良禀性

一方面，遗传素质制约着学前教育；另一方面，遗传所赋予儿童的优良秉性也为学前教育提供了可能，为儿童的学习和发展提供了条件和动力。儿童的兴趣、爱好、求知欲、创造精神等素质，是儿童保持对世界的探索精神和获取经验、知识、技能的重要动力。我们看到，在传统社会里，由于人们受对儿童认识的限制，采取一些不当的方法和手段，如体罚、责骂、呵斥、讥笑等，往往压制了儿童的优良禀性，致使儿童的主观能动性被销蚀甚至磨灭，让儿童变得被动进而厌恶学习，即使在现代社会里也不乏这种现象。"教育"这个词本身就意味着在促进儿童发展方面具有积极的价值。一种好的学前教育，特别是促进儿童全面发展的教育，理应保护儿童的优良禀性，绝不能够去限制和打压儿童主观能动性，以让儿童保持对学习的热情和兴趣，为学前教育以及未来的学习提供充沛的、长远的动力。

> 历年真题

【2.11】老师组织集体游戏时，发现嘉嘉独自一人专注地看着落在地上的小水珠，便走过去对嘉嘉说："还是先跟大家一起玩吧，游戏后再观察，然后把看到的告诉老师和小朋友，好吗？"该老师的做法（　　）。
A. 保护了幼儿自主探索的兴趣
B. 忽视了游戏活动的目标
C. 忽视了幼儿仔细观察的需求
D. 培养了幼儿的动手能力

2. 学前教育引导儿童的身心全面发展

学前教育要适应儿童发展的年龄特征，更要引导儿童的全面发展。学前教育是一种培养人的活动，它的目的性和计划性保证了教育活动的方向与效率，能够根据社会的需要和人自身发展的需要引领儿童的发展方向，并确保活动的有效性。在学前教育阶段，教育者特别是教师，是掌握教育知识和技能的专业人员，了解教育的规律，懂得儿童发展的知识，能够对教育的适宜性做出专业的判断，并为儿童的学习创造优良的环境，排除和控制不良因素的影响。研究表明，教育在促进儿童发展方面是可能的，能够发挥积极的作用。苏联心理学家维果茨基（Lev Vygotsky）的最近发展区理论较好地为此提供了理论支撑。最近发展区是指儿童的现有水平与潜在的发展水平，即儿童独立完成任务所达到的水平与儿童在教师或成人帮助下完成任务所达到的水平之间的区域。维果茨基认为，教育应该在最近发展区中展开和进行。也就是说，教育不是跟随发展，而应该赶在儿童发展的前面，带动和引导儿童的发展。当然，教育也不能超越最近发展区，否则会"揠苗助长"，不仅不能促进学前儿童的发展，而且可能对其身心发展造成伤害。这是教育者要力求避免的。

学前教育固然在儿童的全面发展中起着重要作用，但教育者也需注意，在儿童的发展中，学前教育的作用是有限的，它不能完全控制儿童的发展。根据儿童发展的内在规律，教育者所要做的是指导和帮助，而非决定儿童的发展。

> 重点提示

学前儿童全面发展包括德、智、体、美、劳的和谐发展。要正确看待和判断学前教育在儿童发展中的作用，不可低估，更不可夸大。

本章结构

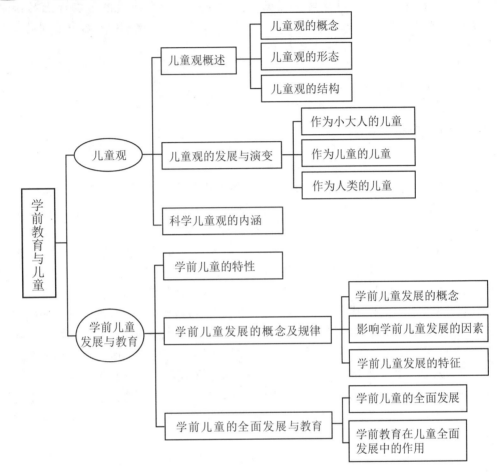

第三章

学前教育与教师

学习目标

- 识记幼儿园教师的概念、角色、地位、权利与义务。
- 熟悉幼儿园教师的历史演变,从发展的视角看待幼儿园教师多元化角色。
- 识记幼儿园教师的职业特点和专业素质,理解幼儿园教师专业发展路径。

学习重点

- 对幼儿园教师的概念的准确识记,识记幼儿园教师的多元化角色;理解并识记幼儿园教师的地位,尤其是法律地位及蕴含的幼儿园教师的权利与义务。
- 理解幼儿园教师的职业特点,熟记我国《幼儿园教师专业标准(试行)》中关于专业素质的内容,理解并学会结合实例分析幼儿园教师专业发展路径。

知识要点与学习方法

本章主要对幼儿园教师进行概述,包括对幼儿园教师的概念及历史演变的梳理,对幼儿园教师职业特点的阐述等。学生应理解当前幼儿园教师的角色及地位,明晰幼儿园教师专业素质的内容,理解并掌握幼儿园教师专业发展的路径。

【案例导入】

温家宝总理在一次讲话中说,教育是心灵与心灵的沟通,灵魂与灵魂的交融,人格与人格的对话。儿童是世界为人类精心准备的书卷,儿童需要理解,儿童必须被理解,"理解儿童"是儿童教育永恒的主题。诺贝尔奖获得者,智利诗人加里埃尔拉·米斯特拉尔曾有这样一首诗。

许多需要的东西我们可以等待

但是儿童不能等

他的骨骼正在形成

血液正在生成

心智正在发育

对儿童我们不能说明天

他的名字是今天

这首诗在表达,作为特殊的教育对象,儿童——这个每一个人曾经的过去,对成人来说太陌生了!因而,幼儿教师需要用心去"理解儿童"。正如陈鹤琴先生为《幼儿教育》杂志题的词:"热爱、了解和研究儿童,教育他们使之胜过前人。"[①]

---

① 张翔升."理解儿童":国家幼儿教师专业标准体系的原点[J].中国教师,2011(11):30-32.

第一节 幼儿园教师概述

一、幼儿园教师的概念

教师是人类社会中最古老的职业之一。从广义上讲，自从有了人类社会，就有了教师。因为凡是把知识、技能传授给别人的人，都可以称为"师"。从狭义上讲，幼儿园教师是指接受社会的一定委托，在幼儿教育机构中，以对3—6岁幼儿的身心产生特定影响为主要职责的专业人员。

▶ 幼儿教师的内涵

在本书中，幼儿园教师是指在学前教育机构中履行教育教学职责，受社会委托对幼儿身心全面和谐发展实施特定影响的专业保育和教育工作者。

二、幼儿园教师的历史演变

幼儿园教师职业产生于19世纪中叶，在这之前，幼儿在家庭中接受教育，家长是家庭学前教育的老师。到了19世纪，随着专门化的社会学前教育机构的建立和发展，才有了专门从事学前教育的教师和保教人员。福禄贝尔在1840年创办幼儿园以后，开始了幼儿园教师的培训工作。随着世界各国托幼社会教育机构的建立与发展，幼儿园教师逐渐成为一支专业的教师队伍。

在我国，自1903年湖北幼稚园创办开始，我国有了第一批幼儿园教师，当时被称为"保姆"，主要由节妇①训练而成。20世纪50年代，我国幼儿园教师开始被称为"教养员""保教员"，但社会上习惯称呼为"阿姨"。到1995年《教师资格条例》颁布后，"幼儿园教师"这个名词就开始被广泛、正式地使用。②

1. 充当保姆的阶段

我国古代的学前教育出现于殷商时代，主要以蒙养教育的形式开展；秦汉以后进入有教材、有组织形式的阶段。但绝大多数的蒙养教育主要是在家庭中进行的，而负责幼儿的教育者充当保姆的角色。在古代的少数富贵人家，幼儿的教养通常由经过挑选的女奴和女仆承担。这些女奴、女仆们通常目不识丁，让她们带孩子，自然只能扮演保姆的角色，她们的职责也仅仅是照管孩子。清朝末年，政府颁布的《奏定学堂章程》规定将学前教育纳入国家规划发展中，并设立了专门的学前教育机构——蒙养院。这标志着我国学前教育的发展进入了新阶段。但这一阶段，幼儿园教师仍被称为"保姆"。

在抗日战争时期，中国共产党领导的陕甘宁边区创办了一种新型的学前教育机构——保育院，以保育为主，强调幼儿的安全和健康成长，幼儿园教师称为"保育员"。中华人民共和国成立之初，幼儿园教师并没有被当作专门职业来对待，有生活经验的成人都可以带孩子。虽然托儿所和幼儿园中有保育员和幼儿园教师之分，但与学

---

① 节妇是旧时指坚守贞节，丈夫死后不改嫁的妇女。
② 朱宗顺，陈文华. 学前教育学[M]. 北京：北京师范大学出版社，2012：52.

校中的教师比，仍被称为"阿姨"，这在社会大众的看法里仍只不过是保姆的代名词而已。

2. 充当教师的阶段

随着大工业和科技的发展，人们对幼儿的期望越来越高，社会对幼儿教育工作者的要求也越来越高。幼儿教育工作者的工作开始由保育转为教育，或以教育为主。他们不仅能从事保育工作，而且能启发、诱导幼儿，促进幼儿身心的全面发展。这样，幼儿教育工作者的工作角色就逐渐转变为教育者，人们对幼儿教育工作者的称呼也逐渐由"保姆"转为"教师"。今天，幼儿园教师被视为一种专门化的职业，成为专职教育工作者。

3. 角色多样化的阶段

在传统教育中，幼儿园教师是教育活动的中心，扮演着知识的灌输者、权威者等多种角色。随着时代的进步，人们对幼儿园教师角色的期望出现多样化的趋势。例如，皮亚杰认为，幼儿园教师应是孩子的游戏伙伴；蒙台梭利认为，幼儿园教师应是幼儿学习的指导者和引导者；还有人认为，幼儿园教师应做幼儿母亲的替代者、幼儿的知心朋友、大姐姐等。① 总之，人们普遍认为，幼儿园教师扮演的社会角色多样化，有利于幼儿的社会化，也有利于幼儿身心的健康发展，角色多样化成为幼儿园教师职业的最大特点。

历年真题

【3.1】幼儿园教师应该是（　　）。
A. 幼儿学习的引导者、决策者和管理者
B. 幼儿学习的支持者、合作者和引导者
C. 幼儿学习的引导者、传授者和控制者
D. 幼儿学习的管理者、决策者和传授者

重点提示

教师是人类社会中最古老的职业之一。从广义上讲，自从有了人类社会，就有了教师。因为凡是把知识、技能传授给别人的人，都可以称为"师"。从狭义上讲，幼儿园教师是指接受社会的一定委托，在幼儿教育机构中，以对3—6岁幼儿的身心产生特定影响为主要职责的专业人员。

本书中，幼儿园教师是指在学前教育机构中履行教育教学职责，受社会委托对幼儿身心全面和谐发展实施特定影响的专业保育和教育工作者。幼儿园教师经历了从充当保姆，到专任教师，再到如今的角色多样化阶段。

---

① 柳阳辉. 学前教育学教程[M]. 上海：复旦大学出版社，2015：144-145.

第二节 幼儿园教师的角色与地位

一、幼儿园教师的角色定位

幼儿园教师的角色是指幼儿园教师在学前教育过程中所承担的社会身份,是学前教育对从事幼儿园教师工作的人在行为上的总的期望和要求。幼儿园教师具有教育者、合作者和研究者三种基本角色。

(一)作为教育者的幼儿园教师

在幼儿园教师多种社会性角色中,作为引导幼儿健康成长的教育者的角色无疑是最重要的。在履行这一角色时,幼儿园教师要与幼儿建立良好的师幼关系。

1. 幼儿园教师是幼儿生活的照料者和保护者

幼儿本身的自主性和独立性较差,因此需要成年人多方面的照顾和爱护。他们在家依恋和依赖父母或其他长辈,在学校依恋和依赖教师。教师不仅要在生活上精心照料幼儿,而且要在情感上给予他们呵护和关心,给予他们母亲般的关爱、照顾和引导,使他们能够健康、快乐地成长。

2. 幼儿园教师是幼儿探索学习的支持者和指导者

学前教育是保教结合的教育。教师在关爱幼儿健康成长的同时,还要注意到他们是极其好奇、不断尝试探索的个体。他们需要新鲜的刺激和信息,需要成长,不断探索是他们成长的必然途径。教师要做一个忠实的听众、一个观察者和帮助者,正确引导和鼓励幼儿不断探索发现,珍视他们的奇思妙想,给予他们有效的帮助,促进他们积累经验,建构知识和技能体系。

3. 幼儿园教师是教育环境的创设者和开发者

环境被称为"第三位教师"。幼儿成长的环境是无声的教育资源,对幼儿起着潜移默化的作用。对幼儿来说,他们还会因环境设施、材料的不同而发生不同的操作、阅读和探索等活动,从而激发积极性和探索精神,开发想象力和创造力。所以,合格的幼儿园教师会精心创设适合幼儿发展的环境,不断更新和开发其功能,促进幼儿良好发展。

4. 幼儿园教师是幼儿社会化的感染者和示范者

幼儿园教师面对几十名幼儿,要建立起集体行为规范和良好的生活氛围,帮助幼儿建立集体意识,教会他们关爱伙伴和正常交往,促使他们形成良好的行为习惯和优良品质,促进他们的社会化进程。

幼儿园教师要以身示范,引导儿童认识和学习社会规范,培养社会意识。幼儿园教师本身的素质要求远远高于其他任何教育阶段的教师。

5. 幼儿园教师是教育活动的组织者和实施者

幼儿园教师也有"教书育人"的职责。幼儿园教师要了解幼儿,创造和设计符合幼儿发展需要的学习活动,通过有效的手段和方法,向幼儿传授知识和经验,影响其思想品德，提高其智力水平，促进其全面发展。由于幼儿的自我控制力较差，有意注意的时间短、易受影响而转移，活动力不够灵活和准确，因此，更需要教师精心设计和耐心组织、实施教育活动。

历年真题

【3.2】刘老师根据《小蚂蚁搬豆》的故事，把小蚂蚁画下来，一个挨着一个地贴在厕所的墙面上，幼儿看到排着队的小蚂蚁就会按顺序等待如厕。刘老师的做法体现的教师角色是（　　）。

　　A. 支持者　　　　　B. 合作者　　　　　C. 示范者　　　　　D. 引导者

（二）作为合作者的幼儿园教师

1. 其他教师工作的合作伙伴

幼儿园教师的专业活动和专业成长离不开与其他教师、幼儿园管理人员、保育人员、后勤人员的合作交流，他们必须成为其他教职工的合作伙伴，才能充分发挥其保教工作的作用。幼儿园教师应该注意以下问题：

① 尊重其他教职工。幼儿园每位教职工都有自己不可替代的职责与作用，只有充分尊重其他教师、管理人员、保育人员、后勤人员等教职工的工作，才能与他们建立起良好的合作关系。

② 善于发现并学习其他教职工的优点。肯定其他教职工的优点是建立良好合作关系的基础，也是幼儿园教师个人专业成长的有效方法。

③ 掌握合作、交往的方法。合作就是一种交往，人际交往有一些特殊的方法，具备一定的人际交往的知识与方法，有助于和幼儿园其他教职工建立良好的合作伙伴关系。

历年真题

【3.3】小班的保育员徐老师正在照顾两个不肯吃饭的孩子，这时京京端着空碗还想吃饭，徐老师转头对正在使用电脑的陈老师说："帮京京盛一点饭。"陈老师回应："这是你的工作，我有我的事情要做。"陈老师的做法违背了教师职业道德要求的（　　）。

　　A. 关系性　　　　　B. 长期性　　　　　C. 协作性　　　　　D. 制度性

2. 家园合作的联系者

家庭和幼儿园合作是做好学前教育的关键。陈鹤琴曾指出："幼稚教育是一种很复杂的事情，不是家庭一方面可以单独胜任的，也不是幼稚园一方面能单独胜任的，必定要两方面共同合作方能得到充分的功效。"① 家园合作是做好学前教育工作的一项重要内容，幼儿园教师应做好家园合作的联系工作。

历年真题

【3.4】幼儿园派夏老师外出学习，在她回来后，园长要求她给全园老师做一次讲座，分享她的学习体会。夏老师应该（　　）。

A. 只与园长分享学习体会
B. 婉拒分享学习体会的要求
C. 积极主动地与全园老师分享
D. 挑选不重要的内容与全园教师分享

（三）作为研究者的幼儿园教师

在幼儿园的保教工作中，幼儿园教师常常要使用观察、记录、统计、归纳、推理等方法对其保教实践进行分析、反思，以得出概括性的结论，提升专业水平。从这个角度来说，幼儿园教师也是一位研究者。当然，幼儿园教师的研究更多地体现在对自身的保教实践活动进行科学、理性的反思上面，是一种教研活动。从这个角度来讲，幼儿园教师的研究工作主要包括三个层次：第一是反思保教情境中各种技能与技术的有效性；第二是针对保教实践中出现的问题，把学前教育理论应用于保教实践，以便做出决策；第三是针对幼儿园教育活动中的师生关系、人际交往等方面，反省保教实践中的价值、伦理和道德等问题。要想做好以上工作，幼儿园教师需要做到以下几点。

（1）具备研究意识

幼儿园教师应具备研究意识，那种认为自己只管上好课、搞教研是专家们的事的观点是不正确的。

（2）紧贴保教实践，积极开展教研活动

幼儿园教师的研究应主要围绕保教工作展开，以改进保教方法、推动保教质量提升为主要目的。

（3）加强专业理论和研究方法的学习，掌握开展研究工作的基本方法②

在教育系统内部，幼儿园教师工作的特点决定了其角色具有多重性。有各种说法形容幼儿园教师的角色：幼儿生活的照顾者、知识的传授者、共同成长的同伴；幼儿活动的准备者、组织者、指导者、观察者、记录者、反思者；幼儿心理的引导者；幼儿父母的代理人、合作者；幼儿园课程的设计者；学前教育的社会宣传员、研究者。这些角色决定了幼儿园教师必须经常性地加强专业理论学习，掌握开展研究的基本方法。

---

① 陈鹤琴．家庭教育与父母教育［M］．上海：上海人民出版社，2016：9-12.
② 朱宗顺，陈文华．学前教育学［M］．北京：北京师范大学出版社，2012：56-58.

【3.5】 材料分析题：在自由区域活动的时间，凡凡和瑶瑶两人选择去做手工项链。金老师为他们提供了材料，并且给他们提供了制作的步骤。凡凡是按照制作步骤开始制作的，但是瑶瑶却不是按照步骤制作的，凡凡跟金老师说："金老师，你看她跟我做的不一样，做的是不对的。"金老师听见之后过来找瑶瑶说："瑶瑶，你做的不一样吗？那一会儿等你做完，我们看看你做的是什么样的。"瑶瑶特别自信地说："等着看吧，你们。"原来瑶瑶做的项链是根据她妈妈戴的项链做的。等瑶瑶做完之后，金老师在班级上展示了她的作品，并且对她进行了表扬，说她观察得很认真仔细，后来小朋友们也纷纷地夸赞她。金老师接着让瑶瑶上台去讲她创作的意图，又对其他幼儿的作品一一进行了点评。课后，金老师及时把这次区域活动记录下来，总结了成功之处，也反思了不足之处，并写下了改进思路，为以后撰写教研论文和开展课题研究积累素材。

问题：请结合材料，从教师观的角度评析金老师的教育行为。

二、幼儿园教师的地位

幼儿园教师的地位在社会生活中体现为政治地位、经济地位、社会地位和法律地位四个方面。它不仅是社会经济发展水平的标志，也与社会制度、文化背景和教育功能的实现程度密切相关。

（一）幼儿园教师的政治地位

在《中华人民共和国教师法》（2009年修正）（以下简称《教师法》）、《教育法》等教育法律法规中，对包括幼儿园教师在内的教师的职责、权利有明确规定，幼儿园教师的政治地位有了法律的保障。根据《教师法》对教师地位的规定，我国幼儿园教师在政治上的地位可以定位为：在幼儿园履行教育职责、对幼儿身心施行特定影响的专业教育工作者，担负着教书育人、培养社会主义事业建设者和接班人、提高民族素质的历史使命。

（二）幼儿园教师的经济地位

根据《教师法》的规定，我国幼儿园教师有按时获得工资报酬，享受国家规定的福利待遇以及寒暑假期带薪休假的权利。但一段时期以来，由于学前教育得不到应有的重视，我国幼儿园教师的经济待遇相对较低。近年来，特别是《国家中长期教育改革和发展规划纲要（2010—2020年）》《国务院关于当前发展学前教育的若干意见》（国发〔2010〕41号）、《中共中央、国务院关于学前教育深化改革规范发展的若干意见》（中发〔2018〕39号）相继发布以来，"依法落实幼儿园教师地位和待遇"成为政策目标，我国幼儿园教师的经济地位正在逐步提升。

（三）幼儿园教师的社会地位

过去，人们习惯称幼儿园教师为"阿姨"。但随着幼儿园教师的政治地位和经济地位的提高以及专业化水平的提升，我国幼儿园教师得到了更多的社会尊重，其社会声望也在逐渐改善，并得到稳步提升。幼儿园教师上述地位的获得是建立在他们履行保教职责、完成学前教育任务与目标的基础上的。教师是"太阳底下最崇高的职业"，幼儿园教师对于社会的人才培养起着重要的奠基作用。随着我国实施"科教兴国""推进素质教育"战略和《教师法》《教育法》等法律法规的相继出台，随着人们对学前教育在社会发展中的作用的认识的不断提高，幼儿园教师会越来越受到社会的尊重。①

（四）幼儿园教师的法律地位

早在1966年，联合国教科文组织在《关于教师地位的建议》中，就从多个维度论述了教师工作的专业性要求及教师的地位。但是，在我国《教师法》和《教育法》未颁布前，"教师"仍然只是代表在学校及教育机构从事教育教学的工作人员。随着20世纪90年代我国《教师法》和《教育法》的相继颁行，确立了"教师"的法律地位。法律意义上的"教师"是指履行教育教学职责的专业人员，承担着教书育人、培养社会主义事业建设者和接班人，提高民族素质的使命。根据《幼儿园工作规程》第二条的规定："幼儿园是对3周岁以上学龄前幼儿实施保育和教育的机构。幼儿园教育是基础教育的重要组成部分，是学校教育制度的基础阶段。"根据《幼儿园教师专业标准（试行）》的规定："幼儿园教师是履行幼儿园教育工作职责的专业人员。"虽从广义而言，幼儿园教师与其他教师的职业定位具有相似性，即教书育人，培养社会主义事业建设者和接班人，提高民族素质，但是由于其他教师承担的主要是"教育教学职责"，而幼儿园教师主要从事的是"保育与教育"工作，且幼儿园的教育与中小学的教育差异悬殊，这种无差别的职业定位对于幼儿园教师而言并不合理。这一点与幼儿园教师的职业特点是有密切关系的。

对学前教育机构教师即幼儿园教师的法律地位，要侧重从以下两个方面理解。一方面，幼儿园教师是履行学前教育职责的专业人员。这是教师地位的本质特征，是教师概念的内涵，具体含义有二：① 履行教育教学、教书育人职责是教师的职业特征；② 专业人员是教师的身份特征。另一方面，幼儿园教师具有特定的权利和义务。②

在法律上，教师具有两种身份：一方面，他们是普通公民；另一方面，他们是从事教育工作的专业人员。教师的权利和义务是基于特定的职业性质而产生和存在的，即具有如下特点：① 他们的权利和义务是在教育教学活动中产生并由教育法律规范所设定的；② 与教师职务和职责紧密相连；③ 他们的权利是需要一定社会物质生活条件予以保证的。③

历年真题

【3.6】关于幼儿园教育的性质和地位，正确的是（　　）。
A. 幼儿园教育属于基础教育的预备阶段

---

① 焦艳凤，郭苹. 学前教育学[M]. 北京：化学工业出版社，2016：45.
② 魏真，华灵燕. 学前教育政策与法规[M]. 北京：北京大学出版社，2015：142-143.
③ 李广海，马焕灵，陈亮. 学前教育政策与法规[M]. 南京：东南大学出版社，2016：50-51.

B. 幼儿园教育属于义务教育的组成部分
C. 幼儿园教育是学校教育制度的基础阶段
D. 幼儿园教育不属于学校教育制度范畴

【3.7】下列不属于幼儿园教师工作职责的是（　　）。
A. 观察了解幼儿，制订教育工作计划
B. 指导调配幼儿膳食，检查食品安全
C. 创设好的教育环境，合理组织教育内容
D. 经常与家长保持联系，共同完成教育任务

三、幼儿园教师的权利与义务

（一）幼儿园教师的权利

权利，从一般意义上来说，有几层相关的含义。它与自由相关，因为权利在定义上表述为一种法律规定的作为或不作为的自由；权利也包含利益的获取和保障，也称为权益，即法律所保护的利益，故又称"法益"。基于以上对权利的理解，幼儿园教师的权利是指幼儿园教师依法享有的自由与权益。一般来讲，幼儿园教师的权利主要包括两类，一类是其作为公民享有的《中华人民共和国宪法》（以下简称《宪法》）规定的公民的基本权利，如宗教信仰自由、人身与人格权、监督权、社会经济权利、社会文化权利等；另一类主要是对教师这一职业群体，除了作为公民应享有的权利以外所做的特殊规定，教师享有的特殊权利是与其职业特点相联系的，是从事其他职业的人员所不能享有的。依据《教师法》和《教育法》，我国幼儿园教师享有以下基本权利。

1. 教育教学权

幼儿园教师有进行保育教育活动、开展教育教学改革和实验的权利，这项权利简称为教师的教育教学权，是幼儿园教师的核心权利和最基本权利。其主要含义包括如下三点。

① 幼儿园教师有权依据本园课程的计划、工作量等具体要求，并结合本班的情况，因地制宜地开展教学活动。

② 幼儿园教师有权从本班幼儿实际情况出发，按照课程大纲的要求，确定其教育内容和进度，并灵活地执行，不断完善教学内容。

③ 幼儿园教师可以通过教学改革和实验去探索教学规律，寻找符合幼儿身心发展规律的教学形式、方法和内容等，从而提高教学质量。幼儿园教师进行教育教学活动、开展教学改革和实验的权利不得被侵犯和非法剥夺。与此同时，为了保证幼儿园教师享有这一权利，《教师法》还规定了各级人民政府、教育行政部门及有关部门、学校和其他教育机构应"提供符合国家安全标准的教育教学设施和设备""提供必需的图书、资料及其他教育教学用品""对教师在教育教学、科学研究中的创造性工作给以鼓励和帮助"。此外还需说明的是，不具备教师资格的人不得行使该权利；对具有教师资格，但尚未受聘或已辞聘的人，这一权利处于停顿状态，只有当其受聘担任教师时，该权利才恢复正常状态。合法的解聘或待聘不等于侵犯幼儿园教师的这一权利。

2. 学术研究权

幼儿园教师有从事科学研究、学术交流，参加专业的学术团体，在学术活动中充分发表意见的权利，这项权利简称学术研究权。学术研究权是幼儿园教师作为专业技术人员所享有的一项基本权利。其基本含义包括如下三点。

① 幼儿园教师在完成保教工作任务的前提下，有权从事科学研究、论文撰写、著书立说等创造性活动。幼儿园教师可以依据幼儿教育的研究方法和已有的研究结果，确立自己的研究课题和研究方法。

② 为了交流知识、经验、成果以及共同分析讨论解决问题的办法，幼儿园教师有参加相关的学术交流以及参加专业的学术团体并在其中兼任工作的权利。

③ 幼儿园教师有权在学术活动中发表自己的观点，开展学术争鸣。需强调的是，在教育教学活动过程中，幼儿园教师要严格按照国家规定的教学大纲来开展活动，不得发表不利于幼儿身心健康发展且与教学内容无关的观点和意见。

3. 指导和评定学生的权利

幼儿园教师有指导学生的学习和发展，评定学生的品行和学业成绩的权利。这是幼儿园教师在教育过程中居于主导地位的基本权利。其基本含义包括如下三点。

① 在保教过程中，幼儿园教师有权依据幼儿的身心发展特点对幼儿进行适宜的指导，从而协助幼儿主动、有效地学习。

② 幼儿园教师有权依据幼儿的行为表现以及所积累的作品对幼儿进行科学的、适当的评价，避免用划一的标准评价不同的幼儿。

③ 幼儿园教师有权运用正确的指导思想和科学的教育方法，促进幼儿的个性和能力得到充分发展。

4. 报酬待遇权

幼儿园教师有按时获取工资报酬，享受国家规定的福利待遇以及寒暑假期的带薪休假的权利。这项权利简称报酬待遇权，是教师应当享有的一项维持自身和家庭生存和发展的基本的物质权益。其基本含义包括如下两点。

① 幼儿园教师有权要求与之形成人事关系的学前教育机构根据国家法律的规定和教师聘用合同的约定，按时、足额地支付工资报酬。所在学前教育机构及其主管部门应根据法律和教师聘用合同的规定，按时、足额地支付幼儿园教师包括基础工资、职务工资、课时报酬、奖金、教龄津贴、班主任津贴及其他各种津贴在内的工资报酬。幼儿园教师的工资不得非法拖欠和克扣。

② 幼儿园教师有享受国家规定的医疗、住房、退休等各种福利待遇以及寒暑假期的带薪休假的权利。

5. 民主管理权

幼儿园教师有对学前教育机构教育教学、管理工作和教育行政部门的工作提出意见和建议，并通过教职工代表大会或者其他形式，参与学校的民主管理的权利，这项权利简称民主管理权。其基本含义包括如下两点。

① 幼儿园教师有对学前教育机构及教育行政部门的工作提出意见和建议的权利，这是公民的一项基本权利。《宪法》第四十一条规定："中华人民共和国公民对于任何国家机关和国家工作人员，有提出批评和建议的权利。"

② 幼儿园教师可以通过教职工代表大会、工会组织等多种形式参与学前教育机构的民主管理，讨论学前教育机构发展、改革等方面的重大事项。

6. 进修培训权

幼儿园教师有参加进修或者参加其他方式的培训的权利，这项权利简称进修培训权。进修培训是幼儿园教师不断接受教育、获得自我充实和提高的基本权利和必要手段。其主要内容包括如下两点。

① 幼儿园教师有权参加进修和接受其他多种形式的培训，以提高教育理念和专业素养，从而保障教育教学的质量。

② 幼儿园教师有权参加达到法定学历标准和达到高一级学历水平的进修或以拓宽知识为主的继续教育等培训。①

历年真题

【3.8】某教师积极参加幼儿园的集体活动，并对幼儿园的改革发展建言献策。该教师行使的权利是（　　）。

A. 教育教学权　　　　　　　　B. 科学研究权
C. 民主管理权　　　　　　　　D. 公正评价权

（二）幼儿园教师的义务

权利与义务之间是一种相互联系的关系。权利人在行使自己权利的同时必须承担一定的义务，而义务人在履行义务时也同时享有一定的权利。仅就幼儿园教师的特定义务而言，幼儿园教师的义务是指依照《教师法》和《教育法》及其他相关法律法规，从事教育教学工作时必须承担的责任，表现为幼儿园教师在教育教学活动中必须做出特定行为或不得做出特定行为的约束。要理解这一概念，我们必须明确两点：首先，幼儿园教师的身份是一个普通的公民，应该承担《宪法》所规定的基本义务，例如，维护国家统一，遵守《宪法》和法律，保守国家秘密，爱护公共财产，遵守劳动纪律，遵守公共秩序，尊重社会公德，维护国家的安全、荣誉和利益等义务；其次，幼儿园教师是一种特殊的职业，从事幼儿园教师这一职业应该承担不同于其他职业的义务。《教师法》详尽地规定了我国幼儿园教师应该承担以下具体义务。

1. 遵守《宪法》、法律和职业道德，为人师表

该项具体义务主要包括以下三个基本含义。

① 每一名幼儿园教师在自己的工作中，必须以《宪法》和法律为准则，正确行使《宪法》和法律赋予公民的权利并履行相应的义务。在保教过程中，幼儿园教师应培养幼儿初步的法律意识，使每个幼儿都成为尊法守法的好公民。

② 除了遵守《宪法》和法律的相关规定外，幼儿园教师还应该遵守职业道德。我国教师职业道德的基本要求是："爱国守法""爱岗敬业""关爱学生""教书育人"

---

① 魏真，华灵燕. 学前教育政策与法规[M]. 北京：北京大学出版社，2015：143-145.

"为人师表""终身学习"。

③ 为人师表是对教师的特定要求。幼儿园教师的一言一行都会对幼儿产生潜移默化的影响，所以幼儿园教师自身必须做出表率。为人师表对教师提出了多方面的要求，主要包括思想品质、政治素质、工作态度、业务水平、生活作风、服饰打扮、言谈举止等方面，要求幼儿园教师时时、处处、事事严格要求自己，言行一致，表里一致，成为幼儿和人们的楷模和表率。

2. 贯彻方针，遵守制度等义务

幼儿园教师应贯彻国家的教育方针，遵守规章制度，执行幼儿园的教学计划，履行教师聘约，完成教育教学工作任务。

这一义务包括以下三个含义。

① 幼儿园教师在工作中，必须贯彻《教育法》所规定的教育必须为社会主义现代化建设服务，必须与生产劳动相结合，培养德、智、体、美、劳全面发展的社会主义建设者和接班人的教育方针。

② 幼儿园教师要遵守各级政府、教育行政部门以及学前教育机构制定的各项规章制度，并执行保教工作计划，完成保教任务。

③ 幼儿园教师应依法履行教师聘约中约定的教育教学工作职责并完成规定的教育教学任务。

3. 对幼儿进行教育的义务

幼儿园教师应对幼儿进行国家法律法规所确定的基本原则的教育，爱国主义、民族团结的教育，法制教育，以及思想品德、文化、科学技术教育，组织、带领幼儿开展有益的社会活动。

这一义务包括以下三个方面的含义。

① 幼儿园教师要对幼儿进行爱国主义、民族团结的教育，激发幼儿爱集体、爱家乡、爱祖国的情感，培养幼儿良好的思想品德和行为习惯。

② 对幼儿进行文化、科学技术的启蒙教育，使幼儿感受到祖国文化的博大精深，激发幼儿的好奇心和求知欲望。

③ 带领幼儿参加有益的社会活动，培养幼儿学习互助、合作和分享、有同情心等良好品质。

4. 促进幼儿全面发展的义务

幼儿园教师应关心、爱护全体幼儿，尊重幼儿人格，促进幼儿在品德、智力、体质等方面全面发展。

这一义务包括以下三个方面。

① 关心、爱护全体幼儿是每一名幼儿园教师的天职和美德，严禁虐待、体罚和变相体罚、侮辱幼儿人格等损害幼儿身心健康的行为。幼儿年龄小，缺乏自我保护能力，需要教师的关心和爱护，幼儿园教师要把保护幼儿的生命健康放在保教工作的首位。

② 幼儿有自身的独立人格，他们像成年人一样需要得到尊重。幼儿园教师应不分性别、民族、种族，平等地对待每一个幼儿。尊重幼儿意味着要尊重幼儿的身心发展特点，尊重幼儿的个性特点，尊重幼儿的意愿和想法，在教育教学活动中，一切从幼儿出发，以幼儿为本。

③ 对幼儿实施德、智、体、美、劳全面发展的教育，促进幼儿身心和谐发展是幼儿园教师最主要的任务之一。与此同时，幼儿园教师还应尊重幼儿的个性发展，坚持个性发展和全面发展相统一的原则。

5. 制止有害行为

幼儿园教师应制止有害于幼儿或者其他侵犯幼儿合法权益的行为，批评和抵制有害于幼儿健康成长的现象。具体来讲，幼儿园教师履行这项义务应该做到以下两点。

① 幼儿园教师主要负责制止在幼儿园工作和保教活动中，侵犯其所负责管理的幼儿合法权益的行为。

② 保护幼儿的合法权益和身心健康，是全社会的责任，幼儿园教师自然更有义务保护幼儿身心健康成长，有义务抵制和批评有害于幼儿身心健康成长的不良现象。

6. 不断提高思想政治觉悟和教育教学业务水平

教育教学工作是一项专业性较强的工作，为了更好地发展幼儿教育、提高国民素质，幼儿园教师必须不断提高自身修养，同时不断学习专业知识，掌握教育教学规律，以适应教育教学工作的需要。

> **重点提示**
>
> 幼儿园教师的角色包括作为教育者的幼儿园教师、作为合作者的幼儿园教师、作为研究者的幼儿园教师。幼儿园教师的地位是通过其政治地位、经济地位、社会地位及法律地位确认体现出来的。其中，《教师法》规定了教师是履行教育教学职责的专业人员。幼儿园教师享有六项权利，须履行六项义务。

第三节　幼儿园教师专业发展与教育

▶ 幼儿教师的职业特点

一、幼儿园教师职业特点

任何一种职业都有自己的不同于其他职业的特点，幼儿园教师也不例外。

（一）劳动的复杂性和全面性

幼儿园教师劳动的复杂性形成受多种因素的影响，包括学前儿童的主体性，幼儿园教师劳动任务的全面性、多样性等。

幼儿园教师的劳动任务是对学前儿童进行德、智、体、美、劳全面教育，并促进学前儿童的身心和谐发展。要想使每位儿童都能健康活泼地成长，幼儿园教师不仅要对每位儿童进行身体的、认知的、道德的、美的、整合性的教育，在促进其发展的过程中还要注意采用游戏化的方式。

学前儿童的成长发展受到遗传、环境、教育与人的主观能动性等多种因素的影响，因此，幼儿园教师要在考虑到每一种因素的情况下，协同多种因素，并在有限的时间内完成综合教育的任务。学前儿童的生长发育非常迅速,但由于身体的发育不完善,他们对外界的适应能力和对疾病的抵抗力较差,容易感染疾病和受到损伤。这就要求幼儿园教师在做好教育教学工作的同时,更要做好管理和卫生保健工作,让儿童身心能够得到全面且健康的发展。可见,幼儿园教师的劳动具有复杂性和全面性。

历年真题

【3.9】班级里有的幼儿活泼,有的幼儿内向,有的幼儿喜欢画画,有的幼儿喜欢唱歌,有的幼儿来自农村,有的幼儿来自城市,这给刘老师的工作带来较大的挑战。这表明刘老师的劳动具有( )。

A. 多样性　　　　B. 示范性　　　　C. 个体性　　　　D. 复杂性

(二) 劳动过程的创造性和灵活性

幼儿园教师劳动过程中的创造性和灵活性突出表现在对儿童的因材施教上。

学前儿童处于成长发展变化较大的时期,而且他们来自不同的家庭,接受不同的家庭教育,有着不同的个性特点及需要,因此学前儿童有着较大的个体差异性。学前儿童对文字学习难以理解,教学过程中也没有固定教材。因此,幼儿园教师需要在教育教学过程中根据儿童的实际发展情况来设计和实施具体的教学。幼儿园教师应运用多种方式方法,机智地应对各种突发情况,能对突发性的教育情境做出迅速、恰当的处理;应根据教育规律对学前儿童进行因材施教,不断更新教育观念,创新教育教学方法,寻找适合不同儿童的最佳方案。所谓"教有法而无定法",关键就是要在创造性的劳动中因材施教。

幼儿园教师在劳动过程中的创造性和灵活性,还表现在学前儿童教育方法的创新上。

我们处于变化迅速的时代,教育手段和教学理论也时常更新换代,这就要求幼儿园教师要善于运用现代化的教育手段和教学理论,寻求和探索新的教育内容和有效的教育方法,并根据不同的情况创造性地加以运用,以达到良好的教育效果。幼儿园教师自身的教育教学活动富有创造性,才能培养学前儿童创造性的意识、创造性的品格和创造性的思维能力。

(三) 劳动的主体性和示范性

幼儿园教师的劳动与其他劳动的一个最大的不同点就是劳动具有主体性。

在教育教学过程中,幼儿园教师通过自身的知识、智慧、品德来影响学生,教师自身学识的高低、品德修养的好坏都会直接对儿童产生影响,这就要求幼儿园教师要不断内化教育要求,并转化为自身的教育行为,再去教育学前儿童。在幼儿园教师的劳动中,不论是教育教学的过程,还是对儿童的影响,教师都具有一定的主体性。

幼儿园教师劳动的示范性表现在学前儿童对教师的模仿上,教师是学前儿童天然的模仿对象和活生生的榜样。

学前儿童受年龄及身心发展规律的影响,易受感染,并进行模仿。因此,学前儿童都是通过直接模仿事物和对外界事物的感受来达到学习目的的。幼儿园教师的思想、学识、人格、德行和价值观,依靠语言手段、非语言手段(表情和手势等)以及自身的人格魅力,都将通过示范的方式,对学前儿童产生影响。

由于学前儿童对教师的信任和依赖,他们会毫不怀疑地接受教师的言行并进行模仿,因此,幼儿园教师要有高尚的思想道德品格、丰富的科学知识和学识、完善的人格和正确的价值观,这样教师对学生产生的教育和影响才能是积极向上的。"师者,人之模范也。"教师的示范是最强有力的教育。

(四) 劳动的长期性、迟滞性及间接性

劳动的长期性是指幼儿园教师从事的是人才的奠基工作,这一工作要经过长期教育的影响,才能产生效果;而且,幼儿园教师的影响可能贯穿学前儿童的一生。"十年树木,百年树人。"学前儿童是不断成长发展的个体,这种成长发展是渐进的、反复的。因此,幼儿园教师在教育教学过程中,要注意到儿童的保育和教育是一个长期的过程,这就要求幼儿园教师要具有锲而不舍、坚韧不拔的精神,要进行反复的教育、训练和熏陶,不能急于求成,同时还要注意整合各种教育因素,与家长做好家园沟通,以免负面因素抵消了幼儿园教师的教育。

劳动的迟滞性是指学前儿童由于年龄的原因,对幼儿园教师布置的工作不容易理解其意义,但是他们还是会执行。学前儿童执行之后,在幼儿园教师的引导下才会理解其意义。因此,学前儿童要经过反复的练习才能形成良好的习惯,幼儿园教师的作用需要经过很长时间的检验才能看见明显的效果。

劳动的间接性是指幼儿园教师的劳动不能直接创造物质财富,而是以儿童为中介实现其劳动的价值。幼儿园教师的劳动并没有直接贡献于物质产品的生产,其劳动的结晶是儿童,以及儿童的品德、学识和才能等,待儿童将来走上社会,由他们来为社会创造财富。①

历年真题

【3.10】王老师在给孩子讲故事时,讲到"大象用鼻子把狼卷起来",用手做出卷的动作,说到"大象把狼扔到河里去",又用手做出扔的样子,孩子们也学老师做出相同的动作,脸上露出了会意的笑容。这体现教师劳动的特点是( )。

A. 复杂性　　　　　B. 示范性　　　　　C. 长期性　　　　　D. 创造性

【3.11】初入园的小朋友害怕幼儿园厕所里的蹲坑,黎老师就在每个蹲坑的两边合适的位置,用环保油漆画上可爱的小脚印。孩子们看了既新奇又喜欢,如厕时都去踩自己喜欢的小脚印。这说明教师劳动具有( )。

A. 长期性　　　　　B. 示范性　　　　　C. 复杂性　　　　　D. 创造性

---

① 李天凤. 教师职业道德[M]. 北京:高等教育出版社,2015:90-92.

二、幼儿园教师专业素质

(一) 幼儿园教师素质概述

幼儿园教师素质是幼儿园教师在保教活动中表现出来的，决定其保教效果、对学前儿童身心发展有直接影响的所有品质的总和。

幼儿园教师素质可以从以下四个方面来理解。①

第一，幼儿园教师素质是幼儿园教师这一职业特殊性和独特本质的反映。

第二，幼儿园教师素质是在保教活动中表现出来的。

第三，幼儿园教师素质是一个系统，其内部包含着思想品德、文化、专业知识与能力、职业道德、身心等多方面复杂的成分。

第四，幼儿园教师素质的内容和过程是统一的，具有动态性。

(二) 专业理念与师德

1. 专业理念

教师的专业理念是指教师对职业的理解和认识。理念不同，行为表现就不同。幼儿园教师的专业理念主要表现在：了解学前保教工作的重要意义，认同幼儿园教师职业的角色定位和职责，具有职业理想和敬业精神、勤业、精业、为人师表；认同学前教育专业的专业性和独特性，注重自身专业发展；正确认识儿童的地位、权利，尊重儿童的独立人格和个体差异，用发展的眼光看待儿童，尊重儿童的学习方式和爱好，乐于采用恰当的教育方式和教育手段，最大限度地挖掘他们的认知和发展潜力，提供和创造发展的空间；建立科学的教学观和儿童观。②

幼儿园教师的专业理念是在教育教学实践活动中形成的观念，这一观念建立在教育的客观要求和科学认识的基础上。

(1) 教学观

教学观指导和统率着教学，新的教学观主要表现在对课程的认识和教学过程的认识两个方面。

在对课程的认识方面，幼儿园课程的重点不是系统地传授知识技能，而是通过课程实现幼儿园教育的目的，帮助儿童获得有益的经验，促进儿童全面和谐发展。幼儿园课程以儿童每日的活动为来源，以儿童的直接经验为基础，通常以游戏为基本的活动形式，是一种可生成的动态活动，具有开放性和经验性特点。

在对教学过程的认识方面，幼儿园教师通过教师的"教"和儿童的"学"两类活动过程来认识和提高对教学过程的认识，教学过程能够促进教师与儿童的交往和共同发展。在教学过程中，儿童是学习主体，教师要改变讲、听单向的传统教学模式，多给儿童发表意见的机会，增强儿童参与教学过程的积极性。在师生讨论的过程中，教师要重视儿童的体验与想法，尊重儿童的观点和发言；教师要耐心倾听，让儿童敢于

---

① 朱宗顺，陈文华. 学前教育学[M]. 北京：北京师范大学出版社，2012：59-66.
② 王玉荣. 学前教育学[M]. 大连：大连理工大学出版社，2017：50-54.

大胆探索感兴趣的事物、表达自己的想法与感受；教师要善于发现偶发事件中所隐含的教育价值、善于发现儿童在活动中的反应。当按照教学计划为进行的活动提供的引导或提供的材料不能引起期望中儿童的反应时，教师应主动反思该现象发生的原因，并及时调整教学计划，寻找最适合儿童的教学计划。

（2）儿童观

儿童观是成人看待和对待儿童的看法、观念和态度的总和，主要涉及儿童的地位和权利、儿童的特点和能力、儿童期的意义、儿童生长发展的形式与原因、教育同儿童发展之间的关系等。

现代儿童观认为，儿童是有独立意识的人，他们有独立人格、有自己的人格尊严。这就要求教师应深入了解儿童的身心发展水平、对待学习的态度、认知水平和思维方式等，在教育活动中采用恰当的方式方法和手段，最大限度地创设条件来挖掘儿童认识和发展的潜力，让儿童在七彩童年中，充满好奇地进行探索、游戏、交往、操作等活动。每位儿童都是独一无二的，他们的思维、观察和体验与成人有明显的不同，但他们是有着独立人格的人。教师的教育教学计划应以儿童的观察和体验为主，给予儿童全面展现自我的空间，尊重儿童在发展水平、已有经验、学习方式等方面的个体差异，用适当的方式给予帮助和指导，使每个儿童都能感受到安全、愉快和成功。儿童是权利主体，具有生存权，具有人的尊严及其他一切基本人权，师生之间人格是平等的，教师要尊重儿童人格，不讽刺、挖苦、歧视儿童，自觉维护儿童的合法权益，平等对待每位儿童，不体罚或变相体罚儿童。幼儿园之所以是幼儿园，是因为其以儿童为主体，尊重和保护儿童，让儿童能够健康成长、身心和谐发展，这是每个幼儿园必须做到的。

2. 师德

党的二十大报告指出要"加强师德师风建设，培养高素质教师队伍，弘扬尊师重教社会风尚"。教师是立教之本、兴教之源，有高质量的教师，才会有高质量的教育，必须把建设高素质教师队伍作为基础工程来抓。育人根本在于立德，幼儿园要把师德师风作为评价教师队伍素质的第一标准，引导教师做到以德立身、以德立学、以德施教，成为"有理想信念、有道德情操、有扎实学识、有仁爱之心"的"四有"好老师。幼儿园教师的师德要求主要包括关爱儿童、热爱学前教育事业、团结同事与尊重家长、健康的身心素质和良好的个人修养等方面。

（1）关爱儿童

坚持育人为本、关爱儿童是幼儿园教师职业道德的核心，也是评价幼儿园教师职业道德水准的重要指标。关爱儿童是幼儿园教师首要的职业要求，对儿童的爱是做好教育工作的前提，并且教师的爱应是理智的爱、公正的爱。教师要做到平等对待每位儿童，不偏爱、不溺爱。《幼儿园教师专业标准（试行）》第一部分第一条明确要求教师要"关爱幼儿，尊重幼儿人格"，要"富有爱心、责任心、耐心和细心""重视生活对幼儿健康成长的重要价值"。

教师的爱应以尊重儿童独立的人格和愿望及需要为前提，没有尊重就没有真正的爱。苏联教育实践家和教育理论家苏霍姆林斯基（Suhomlinski）曾经说过："一个好教师意味着什么？意味着他是这样的人，他热爱孩子，感到跟孩子交往是一种乐趣，相信每个孩子都能成为一个好人，善于跟他们交朋友，关心孩子的快乐和悲伤，了解孩子的心灵，时刻都不曾忘记自己也曾经是个孩子。"① 为儿童的健康成长营造一个和谐温馨的情感氛围，对儿童充满关爱、尊重、爱护和信任儿童，主动满足儿童有益于身心发展的合理需求，不讽刺、挖苦、歧视儿童，不体罚和变相体罚儿童，使儿童感受到来自教师的温暖和呵护，让儿童获得情感上的满足，产生积极健康的情绪体验，增强儿童的自信心，是作为幼儿园教师应该主动去做的。

幼儿园教师只有关爱儿童，热爱幼教事业，并把它作为自己的职业理想，才能获得足够的动力，真正做到促进儿童的身心和谐全面发展。教师对儿童的爱既是敬业精神的体现，又是教师高尚品德的自我表现；既是育人的目的，又是教师职业的具体要求。

历年真题

【3.12】材料分析题：亮亮喜欢打人，经常有小朋友因此找王老师告状。今天，小朋友们坐在餐厅等待吃饭时，明明经过亮亮身边，顺手戳了亮亮一下。亮亮还手打了明明一下。这时，王老师经过，看见亮亮打人，一把抓住他，用力狠狠戳他的头，推得他直摇晃，并生气地说："看你还打人！"见此情景，小朋友纷纷数落亮亮曾经打了自己，王老师听后更生气了，她用力拍打亮亮的肩膀，同时生气地大声吼道，说"你真是讨人嫌！长得人不像人！"

问题：请从儿童观的角度，评价王老师的教育行为。

（2）热爱学前教育事业

热爱学前教育事业，对儿童充满爱心，对教育充满热情，既是幼儿园教师的基本道德准则，也是幼儿园教师做好本职工作的前提条件和职业行为准则。《幼儿园教师专业标准（试行）》第一部分第一条提出："热爱学前教育事业，具有职业理想，践行社会主义核心价值体系，履行教师职业道德规范，依法执教。"这是幼儿园教师师德的核心。

学前教育是基础教育的基础，是人才培养的奠基工程，是我国基础教育的重要环节。幼儿园教师只有对学前教育事业有充分正确而深刻的认识，才能有责任感和自豪感，对工作充满热爱之情、爱岗敬业、勤恳努力、不计个人得失、勇于奉献，竭尽全力做好本职工作。幼儿园教师要自觉贯彻教育方针政策，遵守教育法律法规，遵循教育规律，以饱满的热情和敬业精神献身学前教育事业。

（3）团结同事与尊重家长

学前儿童的全面发展仅靠幼儿园教师是无法完成的，而且幼儿园教师的工作是在集体中进行的，所以需要幼儿园教职工密切配合，共同协调地对学前儿童实施教育，幼儿园教师只有具有合作互勉的团队精神及集体观念，才能更好地促进学前儿童的全面发展。

幼儿园教师要想做好工作，就不能仅仅是注重同事之间的团结协作，还需要与家长密切配合，做好家园沟通。因此，幼儿园教师应理解并尊重每位儿童的家长，善于听取

---

① B. A. 苏霍姆林斯基. 帕夫雷什中学 [M]. 赵玮，王义高，蔡兴文，等译. 北京：教育科学出版社，1983：46.

他们的意见，与他们建立平等、诚挚的友谊，帮助他们了解学前教育的要求与内容，解决教育过程中的困难，取得家长的信任与支持，从而建立稳固、协作的家园关系。

（4）健康的身心素质和良好的个人修养

幼儿园教师就是儿童的"活教材"。心理健康与身体健康是人们正常生活、工作和学习的基本条件。不健康的心理和不健康的身体，都会直接影响人的各种活动的正常进行。对于以儿童为工作对象的幼儿园教师来说，他们的身心健康会直接影响儿童身心的健康成长。教师对儿童的影响是在日常生活、学习过程中潜移默化进行的。幼儿园教师的身心状态、工作态度、人格修养都将对作为被教育者的儿童的身心发展产生直接影响。幼儿园教师的身心健康出现问题，首先会直接影响正常的教学工作，使教学工作不能顺利进行；其次会间接地影响儿童接受知识和掌握知识的水平，从而影响教学效果。

教师自身业务的提高和道德修养是衡量师德高低的重要标准。尤其是幼儿园教师，他们的教育对象是学前儿童，学前儿童模仿能力强，对幼儿园教师的言行观察最细，感受也最深。因此，幼儿园教师要善于调节自己的情绪状态，保持平和的心态；有健康意识和良好的健康习惯；培养乐观向上、热情开朗、勤于学习、不断进取的个性品质；做到举止文明、衣着得体、语言规范；尊重、团结同事和家长。在日常生活中做到严于律己，注重提升个人修养，有高尚的道德品质，以身作则，做好儿童的表率。

（三）专业知识

1．通识性知识

学前教育内容涉及非常广泛，因此幼儿园教师应具备的文化基础知识范围也是相当广泛，主要包括：人文、社会领域的知识，如文学、历史、哲学、经济、法律等方面的知识；自然科学领域的知识，如数学、物理、化学、天文、地理、生物等方面的知识；艺术欣赏与表演知识，如音乐、美术、戏剧、舞蹈、电影、摄影、建筑、雕塑等；还有办公软件的使用、上网搜索、课件制作等现代信息技术知识。要使儿童健康成长，并将他们培养成对社会有用的人才，要求幼儿园教师必须掌握这些通识性知识，用深入浅出、儿童可以接受的表达方式将这些知识传授给他们。幼儿园教师只有具备了一定的通识性知识，才能够有效地激发学前儿童的求知欲和学习兴趣，才能帮助自己更好地理解并把握幼儿园课程，真正做好学前教育。

2．儿童发展知识

学前儿童发展与教育理论知识，是幼儿园教师开展保育和教育活动必备的专业知识。学前儿童发展与教育理论类的专业知识包括学前儿童保育、学前儿童心理学、学前教育理论等。幼儿园教师对儿童进行教育的重要依据是了解不同年龄儿童身心发展的特点和规律。此外，教师还要了解儿童在发展水平、速度与优势领域等方面的个体差异，了解有特殊需要的儿童的身心特点及教育策略，清楚在儿童发展过程中容易出现的问题与适宜的对策，了解学前教育发展动向和最新研究成果等。

3．儿童保育与教育知识

因为幼儿园教师每日工作中肩负着学前儿童保育和教育的双重责任，所以工作内容是非常复杂及繁多的。儿童保育知识包括儿童生理、心理特点及发展规律，儿童生活常规,儿童卫生保健知识和常见病(包括常见传染病)的症状、预防、隔离及护理知识,保教结合的原则及教育方法,幼儿园安全知识,意外事故的预防知识及应急措施。这些儿童保育的知识是幼儿园教师必须掌握的。

要想使工作能够有序、有效地完成,幼儿园教师就必须熟悉自己的工作内容与职责,掌握相应的知识与技能,包括熟悉学前教育的目标、任务、内容、要求和基本原则;掌握幼儿园及其他早教机构的室内外环境创设、一日生活安排、游戏与教育活动、保育和班级管理的知识与方法;根据教育需要,自己动手制作教具、玩具,以充实教学内容;严格执行安全、卫生保健制度,指导并配合保育员管理本班儿童的生活,做好卫生保健工作;熟知学前儿童安全应急预案,掌握意外事故和危险情况下学前儿童安全防护与救助的基本方法;尊重儿童,面向全体,建立本班儿童教育活动档案,认真观察、分析并记录每个儿童的发展情况,注重鼓励每位儿童在原有的水平上的发展;了解幼小衔接的有关知识与基本方法。

历年真题

【3.13】沈老师在指导新教师时说:"学习和掌握幼儿身心发展规律、年龄特点,对做好工作极为重要。"沈老师强调的是( )。

A. 幼儿发展知识的学习　　　　B. 通识性知识的学习
C. 保教知识的学习　　　　　　D. 领域知识的学习

(四)专业能力

1. 观察与评估儿童行为表现的能力

观察是教师了解儿童的最好、最便捷的方法,也是做好教育的前提,更是教育工作的起点。每个儿童都是独特的,因其爱好、个性和发展水平的不同,都有较大的差异性。由于儿童自身控制能力差,情绪易外露,他的内心活动、身体状况常常是通过表情、动作或语言表现出来的,因此教师要善于观察其在日常活动中、游戏中、学习中的眼神、表情、动作、语言等,了解其内心世界,捕捉有价值的教育信息。如果教师能够准确地捕捉到这些信息,察觉到儿童的真正需要,根据每个儿童的个人特点做出恰当、及时的反应,那么教师就赢得了教育的主动权。教师要了解儿童最真实的行为倾向和动态,从而使教育更有针对性、更贴近儿童的需要,评价更全面、更准确,更好地帮助儿童全面健康成长。所以,幼儿园教师要有意识地锻炼自己的观察能力,通过有效地运用观察、谈话、家园联系、作品分析等多种方法,养成及时记录的好习惯。教师能客观、全面地了解及掌握儿童的发展水平和评价儿童,并以此为依据设计活动内容、教育和发展计划,指导儿童进一步发展及确定下一步教育活动的内容和方法。教师通过观察儿童来反思自己的教育行为是否适合儿童,从而不断地改进教育行为,实现自身专业发展。

教师需要掌握的观察方法分为有计划的观察和随机观察两种。有计划的观察,就是在预先确定好的对象上观察,一般是先拟定观察项目、要点、场景,然后进行观察,做好记录、分析、归纳,从而设计出比较适宜的教育方案。随机观察就是预先没有确定观察的对象和范围，而是偶然遇到而又引起自己注意的一种观察，是无准备、无目的、无计划的，随时随地观察的方法。教师要提高观察的敏锐度，尽可能准确客观地去观察儿童，尽快捕捉到儿童最细微的动作，探知到儿童的需要，了解儿童某个行为的意义并及时做出反馈。

2. 创设和利用环境的能力

学前教育环境是一种调动儿童积极性和创造性的教育手段，包括物质环境和精神环境。儿童是生活在环境中的人，他们同样受到环境的影响，他们对一切事物都感到好奇、新鲜，并且儿童对事物有着非常敏锐的感受力。因此，学前教育环境的创设和利用极为重要。幼儿园教师应为儿童创设良好的物质环境和愉悦的精神环境。如通过建立良好的师幼关系、同伴关系、班级秩序与规则，营造温暖、愉悦、安全舒适的氛围；合理利用资源，创设适宜的教育环境，促进幼儿成长、学习、游戏。教师要做到有效地调控环境，从而利用环境激发儿童的想象力和创造力，丰富儿童的经验，提升儿童的技能，促进儿童全面发展。

3. 组织日常活动的能力

组织能力是指幼儿园教师的组织教育和指挥活动的能力，是幼儿园教师完成教育活动的关键。幼儿园教师负责的儿童较多，并且每个儿童的性格不同，每日的活动也是丰富而多样的，有游戏、学习、散步、睡眠、饮食、盥洗、如厕等。幼儿园教师要在教育活动中，科学合理地安排和组织幼儿园一日活动中的各个环节，将教育渗透进生活，培养学前儿童的团队意识，充分调动学前儿童学习和活动的积极性，培养学前儿童的主动性和创造性，促进学前儿童的身心健康发展。

4. 设计和实施教学活动的能力

学前儿童的学习活动是丰富儿童认知、促进儿童发展的最重要的形式，而促进全班儿童全面发展是教师的中心工作。因此，幼儿园教师应具备良好的设计和实施教学活动的能力。

对幼儿园教师在这方面的要求，《幼儿园教师专业标准（试行）》中提出了幼儿园教师要做到的几个方面，包括：制订阶段性的教育活动计划和具体活动方案；在教育活动中观察学前儿童，根据学前儿童的表现和需要调整活动，给予学前儿童适宜的指导；在教育活动的设计和实施中体现趣味性、综合性和生活化，灵活运用各种组织形式和适宜的教育方式；提供更多的操作探索、交流合作、表达表现的机会，支持和促进学前儿童主动学习。

5. 激励与评价的能力

教育评价是学前教育以及幼儿园教师不可缺少的一个方面。幼儿园教师在教育教学的过程中，要关注每位学前儿童的日常表现，及时发现和赞赏每位学前儿童的点滴进步，多用肯定性的激励和评价，做到客观、全面地了解和评价每位学前儿童，从而发挥评价的激励功能，提高学前儿童学习、娱乐的主动性与积极性。这种肯定性的评价和激励有助于学前儿童产生被关爱、被认同的感觉，激发和培养学前儿童的责任感与自信心，促进学前儿童的发展。

6. 教育科研能力

幼儿园教师的教育科研能力包括主动获取处理信息的能力、研究儿童心理行为问题与教育策略的能力、归纳分析能力,以及总结、撰写教育经验与科研论文的能力等。①

7. 沟通与合作的能力

沟通能力是幼儿园教师通过与学前儿童、家长、同事之间的沟通与合作,从而建立良好的师生关系、家园合作教育关系及同事关系的一种能力。这是幼儿园教师必备的一种能力,也是教育能力的重要组成部分。

沟通的方式主要有言语沟通和非言语沟通。与儿童进行沟通的时候,教师在进行言语沟通的同时也需要非言语沟通的配合,其主要是通过肢体语言、面部表情来实现的。

教师的面部表情和肢体语言主要有微笑、点头、摇头、抚摸、搂抱等。实验发现,一个人要向外界传达完整的信息,单纯的语言成分只占7%,声调占38%,另外55%的信息都需要由非言语的体态语言来传达。而言语沟通主要表现在与学前儿童交谈上,它是与学前儿童分享思考和经验、交流情感与体验、进行心灵交汇的重要途径。由于学前儿童的思维具有直觉行动性和具体形象性,在与学前儿童交谈的时候,教师应讲究语言艺术,使用符合学前儿童年龄特点的语言进行沟通,口语应该生动形象、引人入胜,并伴有动态语言。教师还要善于倾听,要抓住机会引发和延续谈话,激发和保持学前儿童谈话的兴趣,与学前儿童的沟通保持在最佳的状态。

此外,幼儿园教师要加强与家长的沟通。沟通的方式是多种多样的,沟通的时间可根据教师与家长上下班情况来自行调节,也可采用定期沟通的方式,要以方便家长与教育教学活动为前提。

除此以外,幼儿园教师还要做好与同事的合作与交流。②

8. 反思与发展的能力

反思能力是幼儿园教师必备的能力,幼儿园教师要通过反思与总结提升保教能力,不断改进保教工作,从而提高专业素质、促进专业成长,做到终身学习。

学前教育的科学性和教育改革的深入与发展都需要幼儿园教师具有敏锐的发现问题、积极探究的意识和能力。教育反思与发展能力是幼儿园教师专业能力的有机组成部分,是直接影响教育质量的内在因素,可以缩短理论与实践之间的距离。幼儿园教师的反思与发展能力主要表现在:主动收集分析相关信息,不断进行反思,改进保教工作;针对保教工作中的现实需要与问题,进行探索和研究;制定专业发展规划,不断提高自身专业素质。③

9. 自我学习的能力

每位幼儿园教师都应该有自己的专业成长规划,从而唤起学习的主动性、积极性和创造性,提高自学能力,学会学习;树立终身学习的观念,积极参与幼儿园的团队专业研究与学习。

10. 意外事故的急救与处理能力

《纲要》和《幼儿园教师专业标准(试行)》要求:幼儿园必须把保护儿童的生

---

① 孟戡,夏雯娟. 学前教育学[M]. 南昌:江西人民出版社,2015:55-61.
② 刘光仁,游涛. 学前教育学[M]. 长沙:湖南大学出版社,2012:78-82.
③ 王玉荣. 学前教育学[M]. 大连:大连理工大学出版社,2017:50-54.

命和促进儿童的健康放在工作的首位。学前儿童受身心发展阶段的影响，各方面比较稚嫩，免疫力低下，因此，学前儿童需要通过运动来提高对环境的适应力。为此，幼儿园教师必须具有一定的健康意识和护理保健能力，包括对学前儿童常见及意外事故的急救与处理能力，以此来保证学前儿童的安全与健康。

历年真题

【3.14】《幼儿园教师专业标准（试行）》规定，我国幼儿园教师专业标准的基本理念是（　　）。
A. 师德为先、幼儿为本、能力为重、知识为主
B. 幼儿为本、能力为重、知识为主、终身学习
C. 幼儿为本、师德为先、能力为重、终身学习
D. 师德为先、幼儿为本、知识为主、终身学习

三、幼儿园教师专业发展

幼儿园教师专业发展又称幼儿园教师专业化，是指幼儿园教师在保教工作中，经由参与各种学习活动及反省思考活动，在专业知识、能力及态度等方面达到符合幼儿园教师专业标准的过程及结果。美国学前教育家丽莲·凯兹（Lilian G. Katz）将幼儿园教师专业化形象地比喻为："能抓住孩子丢来的球，并能把它丢回去，让孩子想跟他继续玩游戏，并在玩的过程中不断创造出新的游戏来。"①

（一）幼儿园教师专业发展的阶段与要求

1. 幼儿园教师专业发展的阶段

幼儿园教师从新手型教师到完善型教师一般需要3—5年。如果加上其从小期望成为教师的愿景及大学期间的师范教育，时间跨度可能会更长，一般在9年以上。基于此，我们一般把幼儿园教师专业发展分为五个阶段：非关注阶段、虚拟关注阶段、生存关注阶段、任务关注阶段和自我更新关注阶段。

（1）非关注阶段

非关注阶段是指接受正式教师教育之前的阶段，这一阶段可以从一个人开始接受正式的教师教育起，一直追溯到他的孩童时代。

（2）虚拟关注阶段

虚拟关注阶段是指进入教师教育的阶段，在此期间，这些准教师周围的一切环境和活动安排都是把他们作为师范生来看待。

（3）生存关注阶段

生存关注阶段又称"求生阶段"，此阶段在教师任职1—2年时，教师会发现自己原来对教学的设想与实际有很大差距，他们开始关心自己在陌生环境中是否能够

---

① 丽莲·凯兹. 与幼儿教师对话：迈向专业成长之路［M］. 廖凤瑞，译. 南京：南京师范大学出版社，2004：70-81.

生存。

（4）任务关注阶段

在这一阶段，教师主要关注他们自身的发展，而自身的发展将直接影响他们的专业态度、工作行为和职业阶梯的上升。影响这一阶段教师专业发展状况的因素主要有个人因素和环境因素。

（5）自我更新关注阶段

这一阶段的教师多数拥有了个人实践经验，能保持一种开放的心态，愿意接纳新的教育思想和教育观念；同时，他们有更多的时间和机会对自己的专业发展进行反思。在这一阶段，教师的教学过程重点不再关注"教"，而关注学生的"学"。

历年真题

【3.15】在幼儿园任教多年的窦老师有意识地自我规划，以谋求最大程度的自我发展，关注学生整体发展，积累了比较科学的个人实践知识。窦老师所处的教师专业发展阶段是（　　）。

A. 生存关注阶段　　　　　　　　B. 虚拟关注阶段
C. 任务关注阶段　　　　　　　　D. 自我更新关注阶段

【3.16】幼儿园陈老师经常在心里琢磨，"小朋友们喜欢我吗""同事们如何看我""园长是否觉得我干得还不错"。陈老师所处的教师行业发展阶段是（　　）。

A. 关注生存阶段　　　　　　　　B. 关注情境阶段
C. 关注学生阶段　　　　　　　　D. 关注自我阶段

2. 幼儿园教师专业发展的要求

① 对学前儿童的发展有深刻的理解，并能在日常保教实践中加以应用。
② 能够观察、评估和分析学前儿童的发展及日常行为表现，并作为活动设计、实施的依据。
③ 能够根据《纲要》的要求，为学前儿童设计并实施促进他们德、智、体、美、劳全面发展的适宜的保教活动计划。
④ 能根据学前儿童的发展需要创设安全、健康的幼儿园学习环境。
⑤ 善于同学前儿童建立良性的互动关系。
⑥ 能够同家庭、社区等建立良好的协作关系。
⑦ 具有敏锐的专业意识、专业分析判断力和不断专业化学习的自觉性。

（二）幼儿园教师专业发展的途径

幼儿园教师专业成长的过程是艰辛而漫长的，促进个人专业化成长的途径是多维度的，主要有终身专业学习和实践反思两种。

1. 终身专业学习

终身专业学习是伴随终身教育理念而出现的。"终身教育"概念兴起于20世纪60年代，概念的首创者是保罗·朗格朗，其主要思想是教育应当贯穿于每个人的一生。

终身教育和终身学习是教育发展和社会进步的共同要求。幼儿园教师同样也面临终身教育和终身学习理念的渗透和挑战。幼儿园教师和社会所有的其他成员一样,一劳永逸获取知识的时代已成为过去。幼儿园教师在职前与职后、校内与校外等不同路径的学习都融入终身教育的体系之中。对幼儿园教师而言:① 在幼儿园教师的培养过程中,应增设提高学习能力的训练课程,以提高自学能力,学会学习;② 有专业成长规划,唤起自身学习的主动性、积极性和创造性,增强学习动机;③ 为教师提供终身专业学习的制度安排;④ 积极参与幼儿园教研共同体的专业研究与学习。

历年真题

【3.17】每年王老师都给自己制订读书计划,并严格执行。这体现了王老师注重(   )。

A. 团结协作   B. 教学创新
C. 终身学习   D. 循循善诱

【3.18】幼儿园拟派工作多年、任劳任怨的胡老师去外地参加理论研修班,胡老师对园长说:"年轻人喜欢玩,让他们去吧,而且照顾小孩子,都是些穿衣吃饭的琐事,耐心点就行,不需要太多的理论。"这表明胡老师(   )。

A. 关心年轻教师专业成长,甘为人梯   B. 不服从园里的安排,我行我素
C. 忽视自身的专业发展,盲目奉献   D. 积极参与园内管理,合理建议

2. 实践反思

幼儿园教师对自己的保教实践进行反思,开展行动研究,是促进专业成长的有效方法。幼儿园教师不能仅仅满足于完成日常的保教任务,面对不断出现的保教问题,应积极反思,成为实践的反思者、行动的研究者,通过观察、分析,提出自己的解决设想,并通过自己的现场保教实践加以检验、调整。在这种反思、行动研究的过程中,新的问题不断被克服,幼儿园保育和教育活动的效果获得改善,幼儿园教师也获得专业成长的锻炼机会,专业水平更在实践反思中得到提升。

历年真题

【3.19】骨干教师闵老师在年终的同行测评中得分不高,很郁闷,活动中幼儿出一点差错他就大发雷霆。闵老师应该(   )。

A. 严格待生,专注教学   B. 保持个性,坚持自我
C. 注重反省,调试自我   D. 迎合同事,搞好关系

重点提示

幼儿园教师的专业人员身份主要是由其职业特点决定的。幼儿园教师作为专业人员,其专业素质的提升是核心,需要从专业理念与师德、专业知识及专业能力等层面不断完善自己。幼儿园教师专业发展的路径包括终身专业学习和实践反思。

本章结构

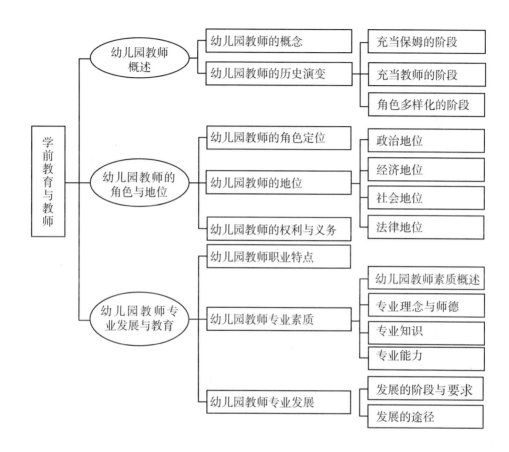

第四章

学前教育课程

学习目标

- 了解学前教育课程的基本概念，熟悉主题与领域课程设计与指导的理论知识。
- 掌握设计、实施与评价学前教育课程的基本方法，并能运用这些方法解决学前教育课程中出现的问题。
- 了解学前教育课程理论主要流派的基本观点及其代表人物，并从这些理论中获得启发。

学习重点

- 主题与领域课程的设计与指导理论知识。
- 学前教育课程理论主要流派的基本观点，尤其是蒙台梭利课程和瑞吉欧课程。
- 着重掌握设计、实施与评价学前教育课程的基本方法。

知识要点与学习方法

本章主要对学前教育课程的基本概念进行概述，帮助学习者熟悉主题与领域课程的设计与指导理论知识，熟悉和掌握学前教育课程设计、实施与评价的基本方法，了解学前教育课程理论主要流派，这样有利于学习者从整体上形成有关学前教育课程的整体认知。本章的知识点主要属于记忆与理解层次，学生应适当注意各种理论在学前教育实践中的运用。

【案例导入】

在一次大班集体教学中，张老师出示了一张图画，上面画着一只老虎在追几只兔子，张老师请小朋友们想办法帮助兔子不被老虎吃掉。这时，宁宁说："赶快给猎人打电话，让猎人来打老虎。"明明立即站起来反对："不行！老虎是一级保护动物，不能打！""对！应该让老虎吃一只兔子，不然，老虎会饿死的！"鹏鹏大声附和。这时班里炸开了锅，小朋友们围绕"该不该让老虎吃兔子"的主题热烈地争论起来。这时，老师大声说："好了！好了！都别争了！咱们刚才的任务是什么来着？想办法帮助兔子！我看谁想的办法好！娟娟，你来说！"教室里的声音小了下来，但争论却没有停止，有几个小朋友一直在说："老虎是吃肉的，必须吃小动物，什么都不让吃就饿死了，就没法保护了。"

在上述案例中，教师预设的课程目标和活动过程与课程实施中幼儿的关注点存在明显冲突，这是教师在课程设计组织过程中常有的现象。如何有效地解决这些问题，需要教师对幼儿园课程有全面而深入的理解。例如，课程设计主要内容有哪些？教师如何进行课程设计？如何处理课程设计与实施的关系问题？

第一节 学前教育课程概述

"高质量发展是全面建设社会主义现代化国家的首要任务。"① 党的二十大报告为我国教育事业发展指明了方向,要"坚持以人民为中心发展教育,加快建设高质量教育体系,发展素质教育,促进教育公平"②。课程作为教育的核心要素,建设高质量教育体系需以高质量课程为支撑。因此,在教育追求高质量发展的当下,加强学前教育课程建设、完善幼儿园课程体系已成为关系学前教育质量提升的关键所在。作为新时代的学前教育工作者,应从师范教育阶段起转变学前教育课程理念、扎实掌握科学的课程理论知识、磨砺课程改革建设能力,为将来从事学前教育工作打下良好的基础。在学校教育活动中,课程具有重要的作用,是人们经常使用的概念。课程以课程资源为依托,只有明晰了课程的概念,才能对与课程有关的知识理论有更好的把握。

一、学前教育课程的概念

(一)什么是课程

1. 课程的词源

在我国,"课程"一词最早见于唐代,唐代孔颖达为《诗经·小雅·小弁》中的"奕奕寝庙,君子作之"句注疏:"教护课程,必君子监之,乃得依法制。"宋代朱熹《朱子全书·论学》也多次提到课程"宽著期限,紧著课程""小立课程,大作功夫"。

"课程"的英文为 curriculum,源于拉丁文 currere,即 race course,原意为"跑道"或"奔跑",即学习的过程。1859 年,英国著名哲学家、教育家赫伯特·斯宾塞(Herbert Spencer)在其发表的文章《什么知识最有价值》中,提出"课程"一词,把教学内容的系统组织称为 curriculum,这是西方国家最早提出"课程"一词。

2. 课程的定义

在探讨课程本质内涵时,学者们所持的哲学观、社会学观等各不相同,对课程本质的理解自然各异,从而导致对课程本质内涵的限定出现诸多分歧的现象。总的来说,对课程的定义有以下几种代表性观点。

(1)课程即学习的科目

这种观点典型的特点是将课程看作教学或学习的科目,即学科,或把课程看作是教材。强调向学习者传授系统的学科知识体系。关注教师"教什么",关注教学科目、学科知识体系,不关注儿童的兴趣、需要,不关注儿童的情感及完整人格的发展。

---

① 习近平. 高举中国特色社会主义伟大旗帜 为全面建设社会主义现代化国家而团结奋斗:在中国共产党第二十次全国代表大会上的报告[R/OL]. (2022-10-16)[2023-04-15]. http://www.gov.cn/gongbao/content/2022/content_5722378.htm.

② 同①。

(2) 课程即儿童在学校获得学习经验

这种观点典型的特点是"课程是儿童在教师指导下所获得的一切经验"①。课程重心由"学科""教师"转到"学习者",实现了课程本质由"客体"到"主体"的转变,关注儿童的兴趣、需要及学习对他们个人的意义。

(3) 课程即预期的学习结果或目标

这种观点典型的特点是认为"课程是学校所担负的所有预期的学习结果"②。强调目标、结果在课程设计中的重要性,课程的重心从手段转移到了目标,体现了课程的预期性与可控性。

(4) 课程即教学计划

这种观点典型的特点是把课程看作培养人的计划,包括课程目标、内容与组织、课程评价,忽视了课程实施。课程是"学习者在学校指导下所获得全部经验的计划和方案"③。

(5) 课程即学校组织的学习活动

这种观点认为,活动产生经验,经验依赖于活动。儿童是在与环境相互作用的过程中获得各种经验的,而活动是儿童与环境相互作用的形式。课程是按照学校所要实现的教育目标而计划和指导学习者的所有学习活动。

(二) 学前教育课程的内涵

学前教育课程与其他课程一样关注社会文化和知识,不同的是学前教育课程更关注儿童的发展。对学前教育课程概念的认识在我国基本可以分为三个时期。第一个时期:20世纪初,我国对学前教育课程的界定更倾向于活动、经验。如张雪门认为:"幼稚园的课程是什么?就是给三足岁到六足岁的孩子所能够做而且喜欢做的经验的预备。"④ 张宗麟认为:"幼稚园课程者,由广义的说之,乃幼稚生在幼稚园一切之活动也。"⑤ 第二个时期:20世纪50年代以后,学前教育课程较多关注学习者知识和技能的获得,较多关注课程预设目标的完成。第三个时期:20世纪80年代后,幼儿园课程开始更多地关注学习者的经验,关注课程的过程价值。⑥

经过一百多年的发展,教育界对学前教育课程本质认识发生了一系列变化。目前,学术界普遍认为,学前教育课程是实现幼儿园教育目的的手段,是在幼儿园一日生活活动中使儿童获得有益的学习经验,促进其身心和谐发展的各种活动的总和。

二、学前教育课程常见的模式

课程模式即课程类型,是指教师为实现教育目标所设计的课程组织形式。我国常见的课程模式有学科课程、综合课程、活动课程等。

---

① 朱家雄,赵俊婷. 幼儿园课程概论 [M]. 北京:北京出版社,2014:3.
② 同①。
③ 同①:4.
④ 戴自俺. 张雪门幼儿教育文集:上卷[M]. 北京:北京少年儿童出版社,1994:24.
⑤ 张沪. 张宗麟幼儿教育论集[M]. 长沙:湖南教育出版社,1985:31.
⑥ 朱家雄. 幼儿园课程 [M]. 2版. 上海:华东师范大学出版社,2011:10.

1. 学科课程

学科课程是指以文化知识为基础，按照一定的价值标准，从不同的知识领域选择一定的内容，根据知识的逻辑体系，将所选出的知识组织为学科而形成的课程，如语文、数学、历史、音乐等。

2. 综合课程

综合课程是一种主张整合若干相关联的学科而成为一门更广泛的共同领域的课程，是指打破传统分科课程的知识领域，组合两个或两个以上的学科领域构成的课程。

3. 活动课程

活动课程也称经验课程或儿童中心课程，是指以儿童主体性活动的经验为中心组织的课程。

三、学前教育课程理论

（一）中国学前教育课程理论与思想

自1903年中国第一个公共的学前教育机构产生以来，中国学前教育课程已经走过了120余年的历程。虽然我国学前教育课程发展的历史还不长，但在我国学前教育史上，同样产生了一些著名的教育家。他们在长期实践探索的基础上，不断总结经验，提出了不少既符合学前儿童学习与发展特点，又适合中国实际情况的课程理论与思想。

1. 陈鹤琴的学前教育课程理论与思想

陈鹤琴是我国现代教育史上著名的儿童心理学家和学前教育专家。1923年，陈鹤琴在南京创办了鼓楼幼稚园，不久又建立了我国第一个幼儿教育研究中心。他与张宗麟等人一起进行了幼稚园课程中国化和科学化实践，提出了"活教育"思想，极大地推动了中国幼稚园课程的改善和发展，是我国学前教育课程改革的先驱。他还发起并组织幼稚教育研究会，创办了我国最早的幼稚教育研究刊物《幼稚教育》，协助教育部制定了我国历史上第一个《幼稚园课程标准》。

（1）课程应为教育目标服务

教育目标是一切教育活动的方向，它指导着人们的具体教育行为。学前教育课程是为学前儿童设计的课程。培养什么样的人，用什么来培养，采用什么方式去培养，这是学前教育课程研究需要解决的主要问题。

陈鹤琴认为，教育目标首先要解决"做怎样的人"的问题，他以"做人、做中国人、做现代中国人"为教育目标，并将其具体归结为道德发展、身体发展、智力发展和情绪发展四个方面。

（2）课程内容的选择应注重儿童的生活环境，以大自然、大社会为中心

课程内容是实现教育目标的载体。陈鹤琴提出"大自然、大社会都是活教材"的观点。他认为，学前儿童是在周围的环境中学习的，应该以大自然、大社会为中心组织课程。学前儿童周围的环境包含两个方面：大自然和大社会。自然环境包括动物、植物和各种自然现象，如春天的桃花、杏花、杨花、柳絮，夏天的雷鸣电闪、蜻蜓荷花，秋菊冬雪等。社会环境是人类精神活动的环境，是人文环境，对学前儿童的发展具

有更大的作用。在与人的相互交往与作用中，学前儿童学习与人交往的经验和知识，并实现人与人之间的感情交流，习得文化的特征，进行对其发展更为重要的社会化过程。

(3) 课程结构以"五指活动"为基本成分

课程结构应该促进学前儿童整体发展，应具有整体性特点。为此，陈鹤琴以人的五根连为一体的手指做比喻，创造性地提出了课程结构的"五指活动"理论。他认为，五指活动包括以下五个方面：

① 健康活动：饮食、睡眠、早操、游戏、户外活动、散步等。
② 社会活动：朝夕会、周会、纪念日、集会、每天的谈话、政治常识等。
③ 科学活动：栽培植物、饲养动物、研究自然、认识环境等。
④ 艺术活动：音乐（唱歌、节奏、欣赏）、图画、手工等。
⑤ 语文活动：故事、儿歌、谜语、读法等。①

这五个方面是相互联系的，就像人一只手上的五根手指，共同构成了具有整体功能的手掌。学前教育课程的全部内容均包含在这五指活动之中，但是这五个方面是有主次之分的。陈鹤琴认为，儿童健康是幼稚园课程中第一重要的。强国需先强种，强种先要强身，强身先要重视儿童的身体健康。身体强健的儿童，性格活泼，反应敏捷，做事容易。为了儿童的现在和将来，幼稚园的教育应注意儿童的健康。为了培养儿童健壮的身体，幼稚园应十分注意培养儿童良好的行为习惯。陈鹤琴认为："人类的动作十分之八九是习惯，而这种习惯又大部分是在幼年养成的；所以幼年时代，应当特别注意习惯的养成。"②

(4) 课程实施应采用"整个教学法"、游戏式和小团体式教学法

陈鹤琴在对学前儿童心理和教育长期研究的基础上，提出了适合学前儿童发展的课程组织法，这就是"整个教学法"。"整个教学法，就是把儿童所应该学习的东西整个、有系统地去教儿童学。"③ 因为学前儿童的生活是"整个的"，学前儿童的发展也是整个的，外界环境的作用也是以整体的方式对学前儿童产生影响的，所以为学前儿童设计的课程也必须是整个的、相互联系的，而不能是相互割裂的。

游戏法是整个教学法的具体化。游戏具有整合作用，在游戏中，学前儿童能充分锻炼身体，展开丰富的想象，缓解紧张的情绪，体验活动的乐趣；游戏是学前儿童最喜欢的活动。学前儿童在游戏中、在活动中学习，能收到事半功倍的效果，有利于其健康发展。

由于学前儿童都是具有差异的个体，每位学前儿童都是相对独立的，他们的智力发展水平不一，兴趣不同，应采用小团体式教学，使处于不同发展水平的学前儿童在相互学习中都获得进步。

(5) 学前教育课程编制的十大原则和三种具体方法

1951年，陈鹤琴发表了《幼稚园的课程》一文。在这篇文章中，他批判了欧美国家所实行的完全从儿童出发，缺乏系统性的单元教学的课程编制模式，提出了适合我国

---

① 朱家雄. 幼儿园课程[M]. 2版. 上海：华东师范大学出版社，2011：248-251.
② 北京市教育科学研究所. 陈鹤琴全集：第二卷[M]. 南京：江苏教育出版社，1989：120.
③ 同②：224.

国情的幼稚园课程编制应遵循的十大原则,以及三种课程编制的具体方法。

课程编制的十大原则如下:

① 课程的民族性:课程应是民族的,不是欧美的。
② 课程的科学性:课程应是科学的,不是封建迷信的。
③ 课程的大众性:课程应是大众的,不是资产阶级的。
④ 课程的儿童性:课程应是儿童化的,不是成人化的。
⑤ 课程的连续发展性:课程应是连续发展的,不是孤立的。
⑥ 课程的现实性:课程应符合实际需要,不能脱离现实。
⑦ 课程的适合性:课程应适合儿童身心发展,促进儿童健康。
⑧ 课程的教育性:课程应培养儿童五爱、国民公德和团结、勇敢等优良品质。
⑨ 课程的陶冶性:课程是陶冶儿童性情,培养儿童情感的。
⑩ 课程的言语性:课程应培养儿童说话技能,以表达自己的情感和思想。

根据以上十大原则,陈鹤琴修订了原定的教育单元,加入了五爱教育内容,形成了由九项内容构成的课程结构:节日、五爱教育、气候、动物、植物、工业、农业、儿童玩具、儿童卫生。

三种课程编制的具体方法有圆周法、直进法和混合法。

① 圆周法:圆周法是指幼稚园每个年龄班预定的教育单元内容相同,研究的事物也相同,但所选教材的难度和分量应根据儿童年龄的不同而有所变化,各班要求由浅入深。

② 直进法:直进法是指将儿童在生活中接触的事物,按照事物的性质和内容的深浅而分布在各个不同的年龄班中。即不同班的课题和要求都不相同。

③ 混合法:混合法是指在编制课程的时候,以上两种方法均可采用,混合法是编制课程时采用最多的一种方法。

2. 张雪门的学前教育课程理论与思想

张雪门一生潜心研究学前教育,写出了近 200 万字的教育著作。在他的著作中,有关幼稚园课程方面的理论与思想占据极其重要的位置。这些著作主要包括《幼稚园的研究》《幼稚园课程编制》《课程组织法》《幼稚园教育概论》《幼稚园教材研究》《幼稚教育新论》《中国幼稚园课程研究》《增订幼稚园行为课程》等。

(1) 课程的本质是经验与行为

张雪门认为:"课程是经验;是人类的经验,用最经济的手段,按有组织的调制,用各种的方法,以引起孩子的反应和活动。"① 20 世纪 60 年代,张雪门在《增订幼稚园行为课程》中提出了"行为课程"的概念,并系统论述了他关于行为课程的思想。何为行为课程?"生活就是教育,五六岁的孩子们在幼稚园生活的实践,就是行为课程。""这份课程包括了工作、游戏、音乐、故事等材料,也和一般的课程一样,然而这份课程,完全根据于生活:它从生活而来,从生活而开展,也从生活而结束。不像一般的完全限于教材的活动。"② 行为课程"首先应注意的是实际行为,凡扫地、抹桌、熬糖、

---

① 戴自俺. 张雪门幼儿教育文集:上卷[M]. 北京:北京少年儿童出版社,1994:24.
② 戴自俺. 张雪门幼儿教育文集:下卷[M]. 北京:北京少年儿童出版社,1994:1088.

炒米花以及养鸡、养蚕、种玉蜀黍和各种小花，能够实际行动的，都应让他们实际去行动。从行动中所得的认识，才是真实的知识；从行动中所发生的困难，才是真实的问题；从行动中所获得的胜利，才是真实的制驭环境的能力。游戏、故事、唱歌等教材虽然也可以表演，然而代表不了实际行为"①。

（2）课程和教材来源于儿童直接的活动

课程是经过选择的有价值的经验，是儿童的直接的、实际的行为和活动。课程是儿童生长需要的材料，幼稚园课程来源于学前儿童直接的活动。张雪门认为，可以构成儿童课程来源的直接的活动有如下四种：① 儿童自发的活动；② 儿童与自然界接触而产生的活动；③ 儿童与人事界接触产生的活动；④ 人类流传下来的经验，而合于儿童需要的部分。②

根据这四种活动及其要求，张雪门把幼稚园课程划分为游戏、自然、社会等具体内容，这些具体内容就形成了幼稚园的教材。张雪门确定了选择幼稚园教材的标准或条件。他认为，真正适合儿童发展的教材，应该符合以下四个条件：① 教材必须合于现实社会生活的需要；② 教材必须合于社会普遍生活的标准；③ 教材必须合于儿童目前生长阶段的需要；④ 教材必须合于儿童目前的学习能力。

（3）幼稚园课程的特点和编制

幼稚园课程是为幼稚园的儿童所设计和准备的，应能促进儿童健康活泼地发展。因此，幼稚园课程必须适合儿童的年龄特点。那么，这样的课程应该具有什么特点呢？

符合儿童年龄特点的课程应该是整个的、直接的并且偏重于个体发育的。

幼稚园的课程不能像中学和大学的课程一样采用分科组织，而是"一种具体的整个活动"。在幼稚园，各种科目都变成儿童生活的一面，不能分而且不必分。"不独这科与那科不分，有时候甚至一种科目当作儿童自己生活之表现，科目与人都无法分了。"③

中小学的课程多偏重于间接经验，而幼稚园的课程应注重儿童的直接经验。让儿童通过亲身活动来获得经验，对儿童具有更大的发展价值。

幼稚园时期，儿童正处于6—7岁以下，其身体的发展比其他任何时候都迅速，而且儿童的情绪、兴趣、性情等心理的发展，都与这个时期有密切关系。所以，幼稚园课程应更多地重视儿童本体，而不是较多地强调社会制约性，同样不能过多地强调间接经验和知识。

根据幼稚园课程的特点，张雪门构建了幼稚园课程结构和相应的教育目标。他认为，幼稚园课程应由游戏、自然、社会、工作与美术、故事和歌谣（言语与文学）、音乐、常识等方面组成。每一个方面都包括许多具体的内容。

3. 张宗麟的学前教育课程理论与思想

张宗麟是我国学前教育史上第一位男幼儿园教师，是我国著名的学前教育专家。张宗麟一生写下了大量关于幼儿教育方面的著作，被后人编撰为《张宗麟幼儿教育论集》。学前教育课程思想是张宗麟幼儿教育思想的重要组成部分。他对学前教育课程本质的探讨，以及关于学前教育课程内容、编制方面的研究具有巨大的价值，是学前教育

---

① 戴自俺. 张雪门幼儿教育文集：下卷[M]. 北京：北京少年儿童出版社，1994：1088.

② 朱家雄. 幼儿园课程[M]. 2版. 上海：华东师范大学出版社，2011：251-253.

③ 戴自俺. 张雪门幼儿教育文集：上卷[M]. 北京：北京少年儿童出版社，1994：474.

课程改革的重要参考文献。

(1) 课程的本质是活动

张宗麟认为："一切教材，科目，幼稚生之活动。"① 关于幼稚园课程的划分，他认为按照儿童的活动划分，课程包括开始的活动、身体活动、家庭的活动、社会活动及技能活动五个部分。① 开始的活动，即幼稚生初入园时必须养成的习惯，也就是人生最基本的习惯，如放手巾、认识教师和同学，以及初步的礼节等；② 身体活动，即强健身体的习惯与技能，如各种卫生习惯、跑步、跳、爬等；③ 家庭的活动，如反映家人之间的关系、礼仪，以及家庭事务的活动；④ 社会活动，即养成公民素质的教育活动，包括各种节日、同伴关系的活动等；⑤ 技能活动，是培养儿童适当表现自己的活动。另一种是按学科划分课程。"总之，无论以儿童活动分类或以科目为课程之单位，教师决不可拘泥于某时当教何种课程，致使削足适合履之讥也。"②

(2) 幼稚园课程的来源及其特点

幼稚园课程的设置，是为了满足幼稚生的需要及社会的希望。张宗麟认为课程内容来源有四个方面：① 儿童自发的活动；② 儿童与自然界接触而产生的活动；③ 儿童与人事界接触产生的活动；④ 人类流传下来的经验，合乎儿童需要的部分。这四个方面的活动共同构成一个整体，具有完整的目的，形成合理的课程。

幼稚园的课程应有什么特点？张宗麟把"生活便是教育，整个的社会便是学校"作为厘定一切学校课程的总纲领。③ 幼稚园课程的厘定也要根据一般的课程标准，但是，由于幼稚生的生理与心理还不成熟，厘定课程时还应注意以下四个方面：① 多注意动的工作，为儿童提供充分的动的机会；② 鼓励幼稚生多与自然界接触，保持他们对大自然的浓厚兴趣；③ 要多注意儿童个体的小社会，为儿童提供充分的"自我表现"的机会；④ 多注意儿童的直接经验。

根据以上原则，编制课程时应注意以下几点：① 幼稚园的课程不能用科目来编制；② 教师对幼稚园的课程要有一个通盘计划，在充分观察自然界和人事界的基础上，决定课程内容；③ 每个课程单元，长短不拘，但要段落分明；④ 教师的责任是拟订大纲，预备教材，指导儿童进行活动，而不是强迫儿童去做，也不是代替儿童去做。

(3) 社会化的幼稚园课程思想

张宗麟在 20 世纪 30 年代出版的《幼稚园的社会》一书中，提出了他的社会化的幼稚园课程思想。他认为，幼稚园课程中应增加"社会"科目，因为幼稚园的一切活动都具有社会性，幼稚园的儿童之间也已进行社会性交往。而且"幼稚园的一切活动，由广义说来，都是'社会'。其中最有独立性的只有'自然'，但是幼稚园的'自然'决不是'纯粹的自然研究'，必定是'与人生有密切关系的自然元件'。涉及人生也就是'社会'了"④。

那么，确立幼稚园社会化课程的根据是什么？张宗麟指出："无论哪级教育的课程，只有两个根据，好像人类只生了两只脚。这两个根据，一个是成人的生活——社

---

① 张沪. 张宗麟幼儿教育论集[M].长沙：湖南教育出版社，1985：31.
② 同①：44.
③ 徐丹，郑刚. 张宗麟幼稚园社会化课程思想及其启示[J]. 教育导刊（下半月）.2017（5）：20.
④ 同①：285.

会；一个是孩子的生活。"① 儿童需要在直接经验的基础上"领悟任何人生的、物质的，以及社会集团的、现代状况的一切，这种种领悟的能力，只有他自己的经验所能给予"②。因此，设计幼稚园课程的社会科目，需要了解幼稚生的社会。张宗麟指出，幼稚园儿童的社会不同于成人的社会，它实际上是幼稚生的"生活状况"，是由直接经验组成的社会。

社会化课程的内容主要包括七类活动：① 关于生活卫生、家庭邻里、商店邮局，以及其他公共设施和名胜古迹等方面；② 日常礼仪的学习和演习；③ 节日和纪念日活动；④ 身体的认识活动和基本卫生活动；⑤ 健康和清洁活动；⑥ 认识党旗、国旗等活动；⑦ 各种集会和社团活动。

张宗麟从教育学、心理学方面寻找理论根据，提出了应遵循的教育学原则和心理学原则：① 将学校生活与实际生活打成一片；② 既注意儿童的个别学习，又注意儿童之间的互助与合作；③ 教师要做儿童的朋友；④ 使儿童获得成功；⑤ 通过继续不断的学习养成良好的习惯；⑥ 激发儿童进行良好社会性行为的兴趣，达到教育目的；⑦ 要注意对儿童社会性行为的交替培养。

除了上述几点原则之外，张宗麟还就开展社会性活动之前和与儿童共同开展社会性活动时的具体做法提出了自己的观点。他认为，在开展社会性活动之前，教师要留心儿童的动作，根据情况予以帮助和指导；注意儿童临时的遭遇；对必须要儿童领会的事情，教师要通过有目的、有计划的活动，向儿童进行相应的引导，促进儿童的社会性发展。在与儿童开展活动时，教师要为儿童准备丰富的原材料和适当的工具，原材料比现成的玩具有用，不必多买现成的玩具；鼓励儿童积极自由地活动，但教师要适当指导，引导儿童思考；教师要掌握好活动的过程，适时地结束和总结活动。

（二）国外学前教育课程理论与思想

在早期教育课程理论和实践的发展过程中，西方也曾出现许多课程模式和方案，对当地及其他国家和地区产生了深刻的影响。从国内来看，曾经对我国产生一定影响的西方学前教育课程模式和方案主要有以下几种。

1. 斑克街早期教育方案

斑克街（Bank Street）模式由美国教育理论与实践工作者露茜·斯普拉格·米切尔（Lucy Sprague Mitchell）于1916年建立，现在仍是美国学前教育领域中的重要课程模式。斑克街早期教育方案可以追溯至1916年米切尔创办的名为"教育实验局"的教育机构和1919年由约翰森（Johnson）建立的斑克街学校，后来在该教育机构和学校的基础上成立了斑克街教育学院。1928年后，该教育机构将重点更多地放在学前儿童教育上，为斑克街早期教育方案参与美国"开端计划""随后计划"等国家教育项目做了许多有价值的工作。

（1）斑克街早期教育方案的理论基础

斑克街早期教育方案的基本思想是只要为儿童提供一个良好的成长环境，他们就

---

① 张沪. 张宗麟幼儿教育论集[M]. 长沙：湖南教育出版社，1985：283.
② 同①：284.

能选择适宜的活动并从中不断学习。这个模式并不是以向儿童传授烦琐的新概念为目的,而是帮助他们更为深刻地理解自己已经知道的事物。

斑克街早期教育方案的理论基础包括:

① 将儿童发展置于社会背景中的心理动力学理论(代表人物:弗洛伊德)。
② 儿童认知发展的心理学理论(代表人物:皮亚杰、温纳)。
③ 一些教育理论和实践工作者(代表人物:杜威、约翰森、米切尔等)。
④ 其他心理学家和教育家的想法(代表人物:勒温、拜巴等)。

(2)方案特点:"发展-互动"

"发展-互动"是斑克街早期教育方案的主要特点,也是它与其他教育方案的主要区别。"发展"是指儿童生长的样式,以及对儿童和成人成长特征的理解、反应的方式。"互动"首先强调的是儿童与环境,然后指的是认知发展和情感发展的交互作用。

(3)斑克街早期教育方案的目标

斑克街早期教育方案的设计者认为,教育的目标应依据发展的过程,而不是特定的学业成就。因此,该方案的教育目标有以下几点:

① 培养儿童有效地作用于环境的能力,包括各方面的能力以及运用这些能力的动机。
② 促进儿童自主性和个性的发展,包括自我认同、自主行动、自行抉择、承担责任和接受帮助的能力。
③ 培养儿童的社会性,包括关心他人、成为集体的一员、友爱同伴等。
④ 鼓励儿童的创造性。①

(4)教育内容

① 课程主题。"社会学习"是斑克街早期教育方案的核心,具体的主题设置取决于儿童的年龄和兴趣,也取决于儿童的生活经验和社会要求儿童掌握的知识、技能。斑克街早期教育方案的设计者们相信,对于儿童而言,最有意义的不是相互割裂的经验,而是那些相互联系的经验,且最有效的方法是允许他们以自己的方式作用于这些经验。

② 课程方式。斑克街早期教育方案围绕主题以综合性课程形式展开。例如,3岁的儿童在美术、音乐、数学、科学、语言、运动、搭建积木等活动中已有经验,课程以综合的方式整合这些经验,以帮助儿童对自己的世界加以理解。

③ 课程分类。斑克街早期教育方案的课程围绕主题分为六大类:人类与环境的互动;人类为生存而产生的从家庭到国家的各级社会单位及其与人的关系;人类世代相传;通过宗教、科学和艺术等,了解生命的意义;人体和群体的行为;变化的世界。

④ 课程整合内容。斑克街早期教育方案整合的内容包括:围绕社会学习主题的音乐、阅读、书写、数学、戏剧和美术等不同的课程经验;身体、社会、情绪情感和认知等儿童发展的各个方面;第一手经验以及再创这些经验的机会;儿童在家庭和在托幼机构的经验。

(5)方法

课程轮是课程设计和实施中常用的方法。课程轮的中央是主题,轮辐间的空间可

---

① 朱家雄. 幼儿园课程[M]. 2版. 上海:华东师范大学出版社,2011:204.

以由教师设计各个活动区或活动种类的内容，允许教师根据需要加以更改、增加或删除斑克街早期教育方案。课程实施分为七个步骤，即选择主题、确定目标、教师学习与主题有关的内容并收集资料、开展活动、家庭参与、高潮活动、观察和评价。①

（6）评价

评价是斑克街早期教育方案"发展-互动"模式的有机组成部分。评价的主要作用：为教师了解儿童如何学习和成长提供了手段，也为教师提供了课程计划和决策的原则；为儿童提供了一系列表达自己的理解的机会。评价的基本要求是严格、系统地对儿童活动的行为进行观察和记录。

（7）教师的作用

在斑克街早期教育方案中，教师的作用主要体现在儿童社会情感发展与儿童认知发展两个方面。在儿童社会情感发展方面，教师是儿童世界的协调者。在儿童认知发展方面，教师可以引导儿童达到新的水平。

（8）与家庭的共同工作

在斑克街早期教育方案中，方案的设计者认为家庭是"成人和儿童的各种组合体"，家庭可以是父母中的一个人、两个家庭的母亲或两个家庭的父亲、继父母、神父、养父母、叔叔和婶婶、兄弟姊妹、堂（表）兄弟姊妹，或是曾做过家庭日托的邻居。

与家庭的共同工作使早期教育机构的教师同儿童生活中有意义的其他成人之间建立起双向的关系。同时教师通过这种关系能将儿童花在教室内和家庭中的时间联系起来，是与家庭的共同工作的宗旨。与家庭的共同工作，包括教师深入家庭、家长参与教育机构工作等，可以有许多种不同的形式。斑克街早期教育方案十分重视在家庭与教师之间建立伙伴关系，并认为这是让每个儿童获得安全感，支持儿童成长和发展的基础。

2. 高瞻课程

高瞻课程，又叫海伊斯科普课程或高宽课程，始于1962年，是由美国儿童心理学家戴维·韦卡特（David Weikart）创立的海伊斯科普教育研究机构研制，是美国"开端计划"中第一批通过帮助处境不利的学前儿童摆脱贫苦的学前教育方案，在全世界范围内得到推广和运用。它的基本目的是帮助这些儿童在未来的学校学习中获得成功。该课程的理论基础是皮亚杰的儿童发展理论。

（1）高瞻课程的发展历程及目标

第一个阶段：高瞻课程的设计者们关注为儿童进入小学做好知识和技能学习方面的准备，教师有明确的教学目标。

第二个阶段：高瞻课程的设计者们开始运用皮亚杰儿童发展理论组织课程的进程，强调根据每一个儿童的发展水平去促进其发展。但是，在这一阶段儿童还没有获得真正意义上的主动。

第三个阶段：高瞻课程的设计者们将儿童看成是主动学习者，认定儿童能在其自己计划、进行和反应的活动中获得较好的学习。其总目标依然是认知性的，与上一阶

---

① 朱家雄. 幼儿园课程 [M]. 2版. 上海：华东师范大学出版社，2011：205.

段相比较，课程目标中增加了"主动学习"这一部分，具体的目标领域也发生了一些变化，并考虑了儿童社会情感方面的目标。

（2）高瞻课程的内容

高瞻课程的设计者们根据"主动学习是儿童发展过程的核心"这一观念和皮亚杰论述的前运算阶段儿童最为重要的认知特征，确定了49条关键性经验。关键性经验是指儿童应该掌握的知识技能、品性。

（3）高瞻课程的实施

高瞻课程的实施是由"计划—工作—回忆"三个环节以及其他一些活动组成的。"计划—工作—回忆"这三个环节是课程实施的最重要部分，通过这些环节，儿童有机会充分地表达自己所参与活动的想法，也能使教师密切地参与到整个活动过程之中。

① 计划时间：教师给予儿童表达自己想法的机会，通过让儿童做自己决定做的事，使儿童体验独立工作的感受以及与成人、同伴一起工作的快乐。简单来说，就是教师和儿童一起决定每天的活动可以做些什么。

② 工作时间：工作时间在日常活动中时间最长，在这一过程中，教师的身份应该是观察者、指导者、参与者与支持者。

③ 回忆时间：在该时间段中，儿童通过多种多样的适应身心发展的方式来描述他们的学习活动的经验，重温儿童在活动中所遇到的问题。

（4）高瞻课程中教师的作用

教师是儿童学习的支持者、协助者与引导者。教师是课程的开发者，包括制订教育计划的过程和制订教育计划的依据两个方面。

3. 蒙台梭利课程模式

蒙台梭利早年从事医学工作，研究有智力缺陷的儿童的心理教育问题。1907年，蒙台梭利在罗马的贫民区开设了第一所"儿童之家"，将对有智力缺陷的儿童的教育方法运用于正常儿童。蒙台梭利课程认为儿童具有发展的内在冲动力，在发展过程中存在敏感期和阶段性。今天，蒙台梭利在儿童教育中仍然有着广泛的影响，蒙台梭利课程在许多国家仍然可以见到。

重点提示

语言敏感期（0—3岁）　　　秩序敏感期（2—4岁）

感官敏感期（0—6岁）　　　对细微事物感兴趣的敏感期（1.5—4岁）

动作敏感期（1—4岁）　　　社会规范敏感期（2.5—4岁）

文化学习敏感期（3—6岁）　数学敏感期（4岁后）

音乐敏感期（4岁后）

（1）教育目标

蒙台梭利课程模式以培养儿童成为身心均衡发展的人格为目标，通过作业的方式，让儿童自我纠正，把内在的生命力表现出来，在作业过程中培养儿童的注意力，使儿童在为其设置的环境中成为具有特质的人。①

（2）教育内容

蒙台梭利课程模式的教育内容主要包括以下四个方面：

第一，感官教育。感官教育是蒙台梭利课程模式的主要教育内容，主要包括视觉、听觉、触觉、味觉、嗅觉等感官的训练，目的是让儿童在考察、辨别、比较和判断的过程中提高自己的能力，增进经验。

第二，日常生活练习。日常生活练习主要包括：儿童的自我服务，儿童初步的动作练习，管理家务的工作。这种练习的目的是培养儿童的独立自主能力和精神，学习实际生活的技能，并促进儿童的注意力、理解力、协调力、意志力的发展以及良好的生活习惯的养成。

第三，语言教育。蒙台梭利把语言机制看作高级心理活动的先决条件，认为语言能促进儿童智力的发展。语言教育包括三个部分：一是听说的教育，包括口语经验的发展、口语表达与理解力的发展；二是写的教育，包括书写的预备与书写的练习；三是读的教育，包括阅读练习与语言常识。

第四，数学教育。数学教育旨在提升儿童的逻辑思考、推理及解决问题等能力。蒙台梭利主张通过数学教育的教具，帮助儿童学习数学。在数学教育方面，除了运用感官教育的教具外，蒙台梭利还特意设计了一套数学教育的教具。

（3）教育内容的组织与过程的组织

蒙台梭利课程模式教育内容的组织与过程的组织主要包括以下两个方面内容：

第一，教育内容的组织以教具为中心。教具依据儿童各个敏感期的特点设计，其顺序性很清楚，儿童只要照自己的进度去操作，按自己的能力去发展即可。

第二，教育过程的组织以环境为基础。蒙台梭利认为，任何教育计划的实施，首要的是为儿童提供安全、真实且适合儿童年龄的环境，以激发儿童发现自己的进步，尤其是帮助儿童引起自我知觉、自我支配的动机。"有准备的"环境应该具备以下特点：有利于儿童自由充分地发挥其内在生命力；丰富而安全；儿童能够独立地活动，自然地表现；有规律和秩序；促进儿童智力的发展；可培养儿童的社会性行为。②

4. 瑞吉欧学前教育体系

瑞吉欧·艾米里亚是意大利东北部的一座城市，自20世纪60年代以来，意大利幼儿教育家洛利斯·马拉古齐（Loris Malaguzzi）和当地的幼教工作者一起兴办并发展了当地的学前教育，形成了一套"独特与革新的哲学和课程假设，学校组织方法以及环境设计的原则"，人们称这个综合体为"瑞吉欧·艾米里亚教育体系"。自20世纪80年代初期以来，马拉古齐带领团队在欧洲各国举办巡回展览。这个名为《儿童的百种语言》的展览获得巨大成功，使瑞吉欧的精神、理念与教育经验得到各国教育界、学界和政治界人士的赞赏。

（1）瑞吉欧学前教育体系的主要特色

① 提倡学前教育是全社会的教育，需要社会的支持和家长的参与。

---

① 朱家雄. 幼儿园课程 [M]. 2版. 上海：华东师范大学出版社，2011：209.
② 侯莉敏. 幼儿园课程与教学理论 [M]. 北京：高等教育出版社，2016：236.

第一，瑞吉欧·艾米里亚市的学前教育是全社会的事。社会在育儿方面给予家庭有力的支持，素来是意大利文化中集体主义的一种表现。在瑞吉欧·艾米里亚市，0—6岁儿童的保育和教育是一项十分重要的市政工程，享有12%的政府财政拨款。许多由社区公民自发组织起来的民间组织对地方政府施加实质性影响，即对政府的这一项工作进行监督，以保障与改善该地区学前儿童的家庭教育和正规教育。

第二，家长在学校中起到种种实质性的作用。在全市所有的儿童学校中，家长都有权参与学校所有环节的一切事务，并自觉承担起这一责任。例如，家长要讨论学校的各项政策，研究有关儿童身心发展的状况，参与课程的计划与实施，并给予一定的评价。

② 学校管理风格——民主与合作。

瑞吉欧学前教育体系是一个以儿童为中心的联盟，是使教师与儿童同样能获得"家一样的感觉"的地方。所有的学校由一位主管直接向市政府汇报工作，负责组织协调一群教研员进行宏观的决策、计划和研究，并对各所学校进行具体的指导。学校每个班配备两名教师（儿童的数量：婴儿班12人，托儿班18人，幼儿班24人），实行三年一贯制跟班教学，以使教师和儿童之间保持长期、稳定的联系。同时，每所学校都有一名在艺术方面受过专业训练的艺术教员，他除了自身在艺术教育方面的工作外，还要协助教师发展课程并做好课程、教学与儿童活动的记录。

③ 方案教学——弹性课程与研究式的教学。

方案教学是对该学校的课程与教学最全面准确的概括，又被称为"项目活动"。这种活动的基本要素包括解决真实生活中的问题，小群体共同进行长期、深入的专题研究等。

④ 儿童学习与表达的手段——百种语言。

儿童的自我表达和相互交流是指在小组内围绕着一个共同的"项目"开展活动时进行的两种基本活动。在瑞吉欧看来，在绝大多数情况下，儿童的学习、探索和表达是许多"语言"的综合。即儿童的学习、探索和表达，除了人特有的语言符号，还应包括动作、手势、姿势、表情、绘画、雕塑等一切表达方式。

⑤ 教师的成长——合作学习和反思实践。

教师们一直孜孜不倦地努力提升自己对儿童的认识和对学前教育的理解是瑞吉欧全部教育过程与效果得以有效进行和保证的最关键要素。教师成长的途径有两个：第一，教师是通过在与儿童、与家长、与其他教师、与教研员等建立的环境关系中学习的，这些环境关系支持教师们合作建构关于儿童、关于学习过程以及关于教师角色的知识。第二，在与儿童合作开展的活动中，教师不断地观察儿童，并采用多种方式记录、保存学习过程和"产品"，为儿童建立"档案"。这个过程不仅为教师本人计划和实施课程提供了充分的信息基础，而且成为教师自我反思和同家长、其他教师、教研员进行交流、共享的宝贵资源。

⑥ 学校的第三位教师——开放的环境。

瑞吉欧的教师们将儿童的学校环境称为"我们的第三位教师"，其环境创设的宗旨是促进儿童之间的游戏性交往。教师们竭力创造机会，要在学校的每一个角落为儿童创造充分的交往机会，便于儿童之间的沟通。

在瑞吉欧教育体系中，儿童、教师和家长这三种"主角"，在共同活动中所表现的积极参与、主动探索、团结互助、友好合作的精神，所营造的自由表达、通融理解、开放民主的氛围，所焕发出的责任心和想象力，以及在长期的合作中所结成的共同体，无不向人们展示了儿童教育中永恒的为真、为善、为美的景象。

（2）方案教学的基本过程及特点

方案教学是瑞吉欧学前教育体系中的主要教育活动。它是在综合了多种心理学和教育学的理论基础上，按照一定的步骤发生、准备、实施、完成和评价的，构成了富有特色的幼儿园教学组织和儿童活动模式。

① 活动主题的产生。一个方案活动主题的产生随机性较强，既可源于成人的建议、儿童的讨论，也可以是一些突发事件等。但是活动主题必须依据儿童的兴趣和需要产生，而且要能够让儿童在活动主题的提议、选择和决定上承担起主要的责任。

② 活动的准备。这一阶段的儿童由好奇心发展为理智的兴趣，由感官的兴奋发展为探究的愿望，调动儿童与所定主题有关的原有经验是该阶段活动的核心任务，进而形成初步目的和大致活动步骤。教师在这一阶段重要的任务是组织、参与儿童的讨论与表达，并对活动中可能出现的问题、需要的知识技能以及可能的行动计划有充分的准备。

③ 活动的实施与进行。这一阶段的主要任务是让儿童获取直接经验。在进入主题变化的情节过程中，儿童验证自己的假设、探讨问题和事实的真相，对客观环境加以有目的的改造。教师在本阶段的任务是提供丰富而恰当的资源，提供暗示性和建议性的指导。

④ 活动的结束与评价。在活动结束时，儿童的各种作品将会在教室中展列。展列可以分阶段完成，也可以作为一个全程的系统反思过程融入整个方案教学中，且有多种活动形式：如儿童个别讲述、介绍自己的经验，召开集体报告会等。

（3）教育启示

① 重视在儿童的活动中自然而然地生成课程。在采用瑞吉欧学前教育体系的学校里，他们没有固定的课程计划，有的只是灵活的、深入而富有成效的方案活动。课程是在具体的情境中逐步生成的，活动的发展方向是由教师根据活动中儿童的反应以及活动的进程来确定的，可以说是教师和学生共同建构和协商的结果。在这种生成的课程中，儿童兴致盎然，内在的动机使他能够有足够的兴趣、坚持力和成就意识，在众多的可能性中做出选择，并坚持到自己成功。

② 让教师成为儿童的合作研究者。瑞吉欧学前教育体系的教师与儿童是平等的，他们共同参与到活动中，成为观察者和记录者。教师重视倾听儿童、发现儿童和认识儿童，允许儿童自主、自由地探索，同时亲自参与到活动中，给儿童以反馈、建议和支持，引导儿童拓展自己的想法。在这种系统的观察、记录、说明和评价的过程中，教师成为儿童的合作研究者，"尊重儿童"和"发挥儿童的主体性"成为促进儿童发展的重要动力。

③ 促进学校、社会和家庭的合作。瑞吉欧学前教育体系的管理采用的是一种民主而开放的方式，社区参与管理机制的建立，能够适应文化和社会的变迁，也能够促进教育者、儿童、家庭和社区的互动和交流。事实上，在个体的成长中，家庭、社会和学校是同样重要的。儿童的教育需要多方合作，这样才足以保证教育的一致性和一贯

性。最重要的是，家庭和社会的参与意味着教育环境的扩大和教育资源的丰富，意味着儿童处处可以接受教育，时时在学习，反映出终身学习的时代特色。

第二节 学前教育课程的设计

一、学前教育课程的目标

学前教育课程的目标是学前教育工作者对儿童在一定学习期限内的学习效果的预期。它是幼儿园教育目的的具体化。课程目标是幼儿园教育课程的"指南针"和"方向盘"，它既是课程设计的起点，又是课程设计的终点；它既是选择课程内容、课程组织方式和教学策略的依据，又是课程评价的标准。

（一）学前教育课程目标的来源与依据

一般认为，儿童发展、社会生活和人类知识是制定课程目标的依据，同时也是课程目标的来源。因此，要科学地制定学前教育课程目标，就必须研究儿童、研究社会、研究人类知识，从三个方面的研究信息中寻求支持。

1. 对儿童的研究

学前教育课程是为支持、帮助、引导儿童学习，促进其身心的全面和谐发展而设置的，课程目标是对儿童在一定期限内的学习效果即发展状况的期望。为了建立合理的期望，学前教育课程必须研究儿童，了解他们身心发展的规律，尤其是关注他们的发展需要。这里所谓的发展需要是指"理想的发展"与"现实的发展"之间的距离，即"应该或能够是怎样的"和"实际是怎样的"之间的差距，它是学前教育课程能有效发挥引导、促进儿童学习和发展作用之处。

2. 对社会的研究

学前教育课程的基本职能之一是让儿童在度过快乐而有意义的童年的同时，为积极适应未来的社会生活做准备。因此，在考虑学前教育课程的目标时，课程设计者必须研究社会对儿童成长的期望和要求，理解各种政策法规，尊重家长的合理要求，把握社会生活的变化。以此为基础制定课程目标，可以提高幼儿园教育对社会的适宜性，培养出既符合社会的需要，又能因主动适应而体验成功、自主和自信的人。

3. 对人类知识的研究

知识是人类智慧的结晶。知识可以帮助儿童更好地认识自然、认识社会、认识自己，形成判断是与非、对与错、美与丑的标准，掌握有效的行动方式与行动方法。因此，人类知识是课程必不可缺的内容。从知识的角度考虑学前教育课程目标时，课程设计者最为关心的应该是"该学科领域与儿童的身心发展有什么关系，它能促进儿童哪些方面的发展"。

综上所述，对儿童、社会、人类知识的研究都可以成为教育目标的来源，从对每一个来源的研究中我们都可能获得一大批有关课程目标的信息。在教育目标体系中，三个来源的信息需要经过过滤、筛选、协调等处理。

（二）学前教育课程目标的层次与结构

1. 学前教育课程目标的层次

学前教育课程目标的层次也称纵向结构。学前教育课程目标有多种层次，从上到下一般可分为四个层次。第一个层次为学前教育课程的总目标与课程领域目标。在我国，《幼儿园工作规程》所规定的保育教育目标也就相当于学前教育课程的总目标。这类目标一般比较宏观，表述得相对比较抽象、概括，提纲挈领。第二个层次为幼儿园年龄阶段目标，即小、中、大三个年龄班的一年性目标。第三个层次为单元目标。这个"单元"，既可以是主题活动的"单元"，又可以是时间"单元"。第四个层次为教育活动目标，即某一个教育活动所期望达成的效果。一般来说，课程研究人员负责制定的是第一层、第二层的课程目标，而幼儿园教师参与制定的课程目标主要是第三层、第四层的，有时也要参加第二层课程目标的制定工作。

2. 学前教育课程目标的结构

美国当代心理学家、教育家本杰明·布鲁姆（Benjamin Bloom）等人的《教育目标分类学》以人的身心发展的整体结构为框架，为建立教育目标体系提供了一个较为规范化、清晰化的形式标准。这个框架中教育目标分为三大领域，每一个领域又按其性质由简到繁、由易到难、由具体到抽象、由低级到高级分为若干层次。主要有以下内容：

① 认知领域：包括知识的掌握和认知能力的发展。
② 情感领域：包括兴趣、态度、习惯、价值观念和社会适应能力的发展。
③ 动作技能领域：包括感知动作、运动协调、动作技能的发展。

（三）制定学前教育课程目标的原则

1. 整体性原则

学前教育课程目标的涵盖面要尽量周全，指向儿童的全面发展。这里的全面发展不仅包括德、智、体、美、劳各方面，而且每一方面都要尽量涵盖认知、情感态度、动作技能的内容。

2. 系统性原则

课程目标要具有连续性和一致性。第一，阶段性目标之间要相互衔接，体现儿童心理发展的渐进性。第二，下层目标与上层目标之间、局部目标与整体目标之间要协调一致，每层目标都应该是上一层目标的具体化，以保证每一个具体目标的实现都朝实现总目标前进一步，都成为实现上层目标的有效环节。

3. 可行性原则

课程目标的制定要充分考虑本地区、本幼儿园、本班儿童的实际情况。所定目标应该是经过教师和家长的工作能引导儿童达到的，即在儿童的"最近发展区"内。

4. 时代性原则

课程目标应该体现时代性。制定目标的时代性原则要求我们要关注社会，关注社会的发展，在了解社会发展趋势的基础上预测未来社会所需要的人才标准。国际21世纪教育委员会在名为《教育——财富蕴藏其中》的报告中明确地提出，面对未来社会的发展，教育必须围绕四种基本学习来重新设计、组织。这四种基本学习是：学会认知，学会做事，学会共同生活，学会生存。这四种基本学习无疑也可以看作是面向21世纪的课程的基本目标。

5. 缺失优先原则

缺失优先原则即"补偿性"原则。一般来说，由政府或课程专家们制定的学前教育课程总目标是一种理想的目标，儿童现实的发展与这种理想目标之间必然存在着差距。但不同群体、不同个体与理想目标各方面的差距可能是不完全一样的。在制定地方课程纲要或园本课程时，特别要在课程目标中把儿童现实发展中不足的，但又是理想发展所必需的方面凸显出来，并在课程的各个环节中给予特别的关注，以保障儿童基本的学习权和发展权。例如，不少调查发现，大城市儿童的小肌肉动作发展较好，大肌肉动作较差；而农村、山区的儿童正好相反。因此，在城市、农村的课程中动作发展目标的重点就要有所不同，以发挥教育"长善救失"的作用。

6. 辩证性原则

课程设计中处处应该体现辩证性原则，课程目标的制定尤其如此。辩证性原则不仅应表现为协调社会要求、儿童需要和学科知识之间的关系，平衡认知、情感态度、动作技能之间的关系，而且应表现为处理好一些具体的目标，尤其是社会性发展方面的目标。因为这方面的目标往往既是个性心理品质，又是社会心理品质；既指向个人，又与他人密切相关，特别具有"辩证性"。例如，当提出"互相帮助"时，不要漏掉"自己能做的事自己做"；当涉及"竞争"时，不能忘记"合作"等。

二、学前教育课程的内容

如果说目标是课程的灵魂，那么内容可以比作课程的心脏，它是课程生命活力的源泉。课程内容要解决的是"教或学什么"的问题，这个问题可以说是课程设计中的关键，也是课程设计中的一个难点。

（一）学前教育课程内容的含义

学前教育课程是实现幼儿园教育目标的手段，是帮助儿童获得有益的学习经验，促进其身心全面和谐发展的各种活动的总和。从这一课程定义出发，我们认为，幼儿园的课程内容是根据幼儿园的课程目标和儿童相应的学习经验选择的，蕴含或组织在儿童的各种活动中的基本态度、基础知识、基本技能和基本行为方式等。

（二）学前教育课程内容的意义和作用

1. 有助于儿童获得基础知识

知识是智慧和文化的结晶，知识具有多种价值。它不仅能帮助儿童认识自己生活的环境，而且还能让儿童通过这种认识影响其行动，如避开危险、从事有利于自己和他人健康的活动等。同时，知识还具有发展价值，是智力发展、能力提高和情感态度培养的基础与前提。

2. 有助于儿童掌握基本活动方式

人无时无刻不在活动，活动是人存在的形式，也是人发展的方式。儿童的基本活动从大类上看，也无非是生活、交往、学习等，具体又可分为自我服务、身体锻炼、游戏、观察、探索、交流、表达等。各种活动都包含着一些基本的方式方法、技能技巧。儿童需要了解和掌握的基本活动方式往往存在于他们经常进行的活动中。教师只要具有这样一种意识，就可以随时抓住教育的时机，指导儿童的学习。

3. 有助于发展儿童的智力和能力

发展儿童的智力和能力是幼儿园教育的主要目的之一，因此，课程内容中必须包含这一部分，而且应占有相当的比例。智力（核心是思维能力）和能力的特性之一是"问题性"。也就是说，智力和能力只有在解决问题的过程中、在实际"做"的过程中才体现并活跃起来。儿童的智力和能力常常表现在如何解决活动时所遇到的问题，并在解决问题的过程中得到发展。

4. 有助于培养儿童情感态度

这里的情感态度是指对人、对事、对己的一种倾向性，它构成行为的动机，影响人的行为。情感态度是伴随着活动过程而产生的体验，类似的体验积累得多了，就形成了比较稳定的倾向性。因此，选择的内容或组织的学习活动应该有趣、有"悬念"，能使儿童获得认识上的满足感；与儿童愉快的情绪体验有关联；能够引起儿童的探索等。

（三）选择学前教育课程内容的原则

如何选择具体的课程内容呢？什么内容是适宜的呢？这就需要以一定的原则或标准为选择依据。

1. 合目的性原则

所谓合目的性，是指选择的课程内容必须符合并有助于实现课程目标。因为课程内容是实现课程目标的手段，课程目标一旦确定，就要选择与之相符的内容来保证它的实现。

2. 基础性原则

基础性是学前教育最基本的特征。学前教育课程的内容应该立足于儿童基础素质的全面发展，并为其一生的可持续发展奠定坚实的基础。因此，幼儿园的课程内容应该涉及人生发展最基本的问题，帮助他们学会生活、学会做人做事、学习知识及学会学习。

3. 价值性原则

有效的学习首先依赖于有价值的学习内容，课程内容选择的本质就是价值判断。如就儿童的认知学习来说，有价值的内容一般应具有的特点包括：贴近儿童的生活，是他们经常接触的事物或现象；有利于儿童认识事物的本质以及事物之间的关系和联系；能够让儿童"研究"，并有利于儿童学习和掌握基本的研究方法；挑战儿童的能力并包含需要合作才能解决的问题。

4. 发展适宜性原则

发展适宜性原则是指课程内容既要符合儿童已有的发展水平，又能促进其进一步发展，即难度水平处在儿童的"最近发展区"之内。同一年龄阶段的儿童既有共同的"最近发展区"，又有各自不同的"最近发展区"。因此，课程内容的选择既要适合儿童的一般年龄特点，又要适合儿童的个体差异。即了解本地区、本园、本班儿童的一般发展需要和特殊需要，是选择适宜的课程内容所必需的前提。

5. 兴趣性原则

兴趣是最好的老师。兴趣具有一种动机力量，能使人进入一种"情感性唤醒状态"，产生吸收信息、扩展自己的倾向，为观察、探索、追求和创造提供可能性。

6. 直接经验性原则

儿童认识活动的具体形象性，使得他们的学习具有直接经验性的特点。因此，幼儿园的课程内容应该具有直观性、情境性和活动性，使儿童能够通过直接感知、操作和体验，将学习内容转化为自己的直接经验。

7. 兼顾"均衡"与"优先"的原则

课程内容的均衡是指构成课程内容整体的各个部分之间的比例要适当。课程内容均衡与否的判断标准，既可以从内容领域的角度考察，又可以从为儿童各种潜能发展提供的学习机会的角度考察。真正均衡的课程，尤其要考虑儿童发展的需要。

三、学前教育课程内容的组织

(一) 学前教育课程内容的组织形式

1. 以学科为中心的组织形式

这类组织形式考虑问题的出发点是知识本身的逻辑性和系统性。虽然在知识分类的标准（强调分类的严格程度）上有很大的差别，但着重知识本身仍是它们的共同点。按知识分类的强弱程度，课程内容的组织形式可分为分科形式、广域形式、综合形式。

2. 以儿童为中心的组织形式

以儿童为中心的课程也是以经验为中心的课程。这种组织形式强调个体的兴趣和需要，注重让儿童在生活情境中学习。教师的任务是为儿童提供学习材料和学习机会，创设一个富有教育性的环境，让他们在与环境的相互作用中自发地发现和掌握知识。活动课程是这类组织形式的典型代表。

3. 以社会问题为中心的组织形式

这一课程形式是围绕有关的"社会问题"来组织内容的，目的在于加强课程与生活的联系，让儿童在探索和解答这些问题的过程中学习、了解自己的生活环境，并努力适应或改善它。对儿童来说，所谓社会问题也就是他们生活中的各种问题，包括认识、情感、交往等方面的问题。核心课程是这类组织形式的典型代表。

以上介绍了几种不同的课程内容组织形式。应该说，每一种组织形式都有其优势和劣势，都有其适用范围，不存在绝对的好或坏。但一般来说，学习者的年龄越小，越适合采用弱化知识分类、强调心理逻辑的课程内容组织形式。如果想使课程获得最优教育效果，课程内容应采用两种或两种以上组织形式的混合型或融合型。

(二) 学前教育课程内容的组织原则

1. 逻辑顺序和心理顺序

逻辑顺序组织原则是指根据材料本身的系统及其内在联系组织课程内容的原则，更强调学科本身的逻辑顺序，较少考虑这种逻辑顺序与儿童有何联系。心理顺序组织原则是指以适合儿童心理特点的方式组织课程内容的原则，更强调儿童的发展特点及兴趣、需要和能力，而较少考虑学科逻辑顺序。按照逻辑顺序或心理顺序组织学前教育课程内容各有其长处和短处，两者各自取长补短，以达到和谐统一是最有益于学前教育课程内容组织的一种做法。

2. 纵向组织与横向组织

纵向组织是指按课程组织的某些准则，以先后顺序排列课程内容，强调知识与技能的层次性，有益于儿童的学习从简单到复杂、从具体到抽象依次推进。横向组织是指打破传统知识体系，使课程内容与儿童已有经验连为一体，强调各种知识的融合和运用，这种组织方式与儿童的发展特征、学习方式更为接近。

3. 直线式组织与螺旋式组织

直线式组织是指将课程内容组织成一条在逻辑上前后联系的直线，前后内容不重复，有益于按逻辑性思考问题。螺旋式组织是指在不同的阶段，课程内容会重复出现，但这些重复出现的内容在深度和广度上都有所加强，有益于儿童在与环境的交互作用中逐步获得经验。这两种方式各有所长，在学前教育课程内容的组织中，教师可以根据需要相互结合。

第三节 学前教育课程的实施与评价

一、学前教育课程的实施

（一）学前教育课程实施的实质

课程实施是指把静态的课程方案转化为动态的课程实践的过程，也是教师以课程计划为依据而组织儿童的活动的过程。课程实施的实质是什么？怎样理解课程计划与课程实施之间的关系？目前主要有以下三种不同的观点：

① 课程计划（包括具体的教育活动方案）是由教师自己或者他人预先拟订的，教师实施时严格地按照计划进行。这是一种忠实取向的课程观，课程实施就等于忠实执行课程计划。

② 课程计划（包括具体的教育活动方案）是由教师自己或者他人（包括各种出版的"教育活动方案"的编制者）预先拟订的，教师在实施时基本体现原设计的意图，但可以加入自己的理解或想法，也可以根据实施时的具体情况而加以灵活调整。这是课程实施相互调适取向的核心观点。

③ 课程计划首先是由教师和儿童一起"商定"的，既可以是教师或儿童一起讨论决定主题或基本内容，也可以是教师根据对儿童的观察、了解，发现他们的兴趣和需要之后做出决定。但这个计划只是一个大体框架，而不是将实施具体步骤也设计出来的精密而严谨的方案。课程实施的过程是师生共同围绕这个主题或内容而相互作用、合作学习、不断生成新的学习机会的过程，其中充满教师的智慧和创造性的劳动。这种观点是课程的创生取向。

通常认为，课程设计者在制订课程计划时，总是会尽量考虑得周全一些，设计得完善一些，以便为儿童提供更好的学习或发展机会。但是，再完善的计划也不可能把课程实施过程中的所有问题都预测得清楚而准确。因此，课程实施中教师的作用不应该像一个工匠那样"忠实"而机械、呆板地执行计划，而应该充分发挥自己的主体性，根据实际情况及时调整课程，使课程与教学更好地为儿童的学习或发展服务。所以，课程实施本质上是一个课程的"再设计"过程，是教师富有创造性的劳动。

> **历年真题**
>
> 【4.1】简答题：列出幼儿园课程生活化的实施要求，并分别举例说明。

（二）学前教育课程实施的途径

幼儿园课程是通过幼儿园一日生活中的教育活动来实施的，课程实施者对主要教育活动类型的理解、课程实施途径的明确，是有效实施幼儿园课程的前提。幼儿园课程实施的途径具体来说有以下三个方面。

① 生活活动。幼儿园生活活动是指幼儿园一日活动中满足儿童基本生活需要的活动，主要包括入园与晨间活动的组织、盥洗与如厕的组织、进餐与点心的组织、户外活动的组织、午睡与自我整理环节的组织等，是学前教育课程的重要组成部分。

② 游戏活动。游戏是儿童的基本活动之一。教师要为学前儿童的游戏创设一个轻松、愉快的环境，并保证每次游戏的时间不少于30分钟。同时，教师的指导在儿童的游戏过程中起着非常重要的作用，教师指导儿童游戏的方式主要有平行式参与、合作式参与及指导式参与三种方式。

③ 教学活动。教学活动是指教师按照明确的课程目标和课程内容，有计划、有组织、循序渐进地引导儿童获得有益的学习经验的一种教育活动，它是幼儿园课程实施的主要途径。教师在组织幼儿园教学活动时要注意组织形式的多样化，组织过程要开放、灵活，要注意建立和谐的师生关系。

二、学前教育课程的评价

2020年，中共中央、国务院印发《深化新时代教育评价改革总体方案》，提出要完善幼儿园评价，对幼儿园保育教育质量评价提出了明确要求。党的二十大报告也明确指出："完善学校管理和教育评价体系。"这对构建中国式教育评价体系、加快推进教育现代化、建设教育强国、办好人民满意的教育具有重要意义①。课程评价事关课程的发展方向，是课程组织实施的"指挥棒"，是教育质量提升的"助推器"。学前教育课程的评价，是指对学前教育课程进行考察和分析，以确定其价值和适宜性的过程。课程评价在整个课程系统工程中占有举足轻重的地位，因为它既是课程运作的"终点"，又是继续发展的起点，而且贯穿于课程运作的全过程。

---

① 郑淼. 以二十大精神为指引，构建中国式教育评价体系［J］. 新西部，2022（10）：33-34.

（一）学前教育课程评价的基本问题

学前教育课程评价要解决的基本问题是：为什么要评价？评价什么？谁来评价？以什么为标准来评价和怎样评价？这几个问题构成了课程评价的结构要素。

1. 课程评价的目的

课程评价的目的是什么，是评价工作首先需要明确的。课程评价的目的大体分为以下两类：

（1）完善原有课程或者开发新课程

完善原有课程是学前教育课程评价最常见的目的。由于评价具有诊断功能，能帮助教师及时发现课程的不足或问题，找出问题的原因和影响因素，因此，它可以为调整、改进课程提供依据。研究的结果不仅能发展和完善原有课程，而且能开发新课程，使评价者自身的专业水平得到发展和提高。

（2）管理课程

管理课程包括选择、推广课程和幼儿园教育质量鉴定。一种课程模式是否可以选择、是否值得推广，以及推广中应该注意什么问题，要通过对课程方案的理性分析，或者对其实际效果的评定，对课程的性质、特点、适用范围等的价值判断来决定。无论是对国内流行的课程，还是对从国外引进的课程，都需要进行这种鉴别，然后决定取舍。课程评价具有这种鉴别功能，这使得课程评价还常常用于管理幼儿园教育的课程。

2. 课程评价的内容

课程评价的目的明确之后，接着就需要确定课程评价的内容，即评价什么。学前教育课程评价的内容可以分为三个大部分，即评价课程方案、评价课程实施过程和评价课程效果。

① 评价课程方案，主要是了解两个方面：第一，方案及其中的各个要素、部分是否依据科学的原理、原则，是否以正确的课程理论为指导等；第二，课程结构是否合理，各个要素之间是否具有较高的内部一致性，是否符合原先的指导思想。①

② 评价课程实施过程，主要是了解儿童在课程活动中的反应（主动性、参与程度、情绪等），教师的态度和行为（对儿童的控制程度、管理方式、教育机制和技巧等），师生互动的质量，学习环境（条件和利用方式等），等等。通过对课程实施过程的评价，教师一方面可以获得课程方案对儿童的适宜性的信息，另一方面可以了解影响课程效果的因素。

③ 评价课程效果，主要是了解儿童学习后的发展状况，发展状况与课程目标的符合程度，产生了哪些非预期的结果，教师的变化和提高，等等。

3. 课程评价的主体与客体

（1）课程评价的主体

课程评价的主体即评价者。管理人员、教师、儿童以及家长均是学前教育课程的评价者。课程评价过程是他们共同参与、相互支持与合作的过程。

---

① 冯晓霞. 幼儿园课程［M］. 2版. 北京：北京师范大学出版社，2001：114.

（2）课程评价的客体

课程评价的客体即评价的对象。课程评价的对象就是前面所提及的课程方案、课程实施过程和课程效果三部分内容。但由于课程方案是由教研人员、教师编制的，教育活动是教师组织、儿童参与的，课程实施效果是通过儿童（也包括教师）的变化体现的，因此，课程评价不可避免地要涉及对人的评价。

4. 课程评价标准的功能与特征

评价任何事物都要有一个衡量的尺度。课程评价标准是衡量课程设计、实施状况及其效果的尺度或"标尺"。而这种"标尺"首先是一种"价值标尺"，即衡量课程价值取向的尺度。制定评价标准是一项十分严肃而重要的工作，一定要遵循国家的教育方针，学前教育的目的和任务。

（1）课程评价标准的功能

① 强化功能：科学、合理的评价标准，可以使课程改革者坚定信心，坚持正确的课程观念和做法，排除外界各种思想观念的干扰。

② 导向功能：提高学前教育工作者的主动性、自觉性，更好地调控、完善课程规范评价活动，使各种不同的评价角度、评价方式在价值取向上保持一致。

③ 规范功能：保证评价的科学性与合理性，公正地判断课程的价值和意义。

④ 鉴定功能：发现其优点与不足，做出恰当的评判。同时，评价标准也是制定具体的评价指标的指南。

（2）科学的课程评价标准的基本特征

① 准确性，即评价标准应能保证所获得的信息是需要的、可靠的。

② 有用性，即评价结果具有实用价值，能向各类对象提供丰富的信息，并对课程的发展、应用和推广有一定的影响作用。

③ 合法性，即评价过程应符合社会道德准则，尊重机构或个人的权益。

④ 可行性，即切实可行，投入的人力、物力适宜有效。①

课程评价标准的具体化就是确定评价指标。课程评价标准的制定和向评价指标转化的工作是一项难度较大的工作。评价时可以借鉴已有的评价工具，并根据需要做一些调整。

（二）学前教育课程评价的程序

学前教育课程评价的程序依次为：确定目的、搜集信息、组织材料、分析材料、报告结果。

第一，确定学前教育课程评价的目的。幼儿园课程评价的目的主要是为了完善原有课程或者发展新课程，同时评价也便于课程的管理。落实到幼儿园具体的课程评价中，还需要课程评价者根据学前教育相关政策文件、学前儿童身心发展水平以及目标课程的性质、内容等，确定他们具体要评价什么，并由此设计评价方案，选择评价工具。同时，课程评价者在评价前，要详细说明评价的目的，评价的政策要求，评价的课程范围及评价组织实施的流程、时间安排、人员分工等。

第二，搜集学前教育课程评价的信息。课程评价者要根据评价的目的厘清评价所

---

① 王坚红. 学前教育评价 [M]. 北京：人民教育出版社，2010：275.

需的信息来源，以及搜集这些信息所需要的方法、途径和手段。根据评价的目的、内容，尽可能综合地采用观察、谈话、测验、作品分析、调查等多种方法搜集资料。同时，应尽可能有意识地积累评价过程本身的资料，以便使评价工作更科学、更客观。

第三，组织学前教育课程评价的材料。通过多种途径搜集到的原始材料往往是无序的、杂乱的，因此在进行课程评价之前，课程评价者要对所搜集到的信息进行编码、组织、储存和提取，使之有效地应用于评价。

第四，分析学前教育课程评价的材料。课程评价者根据评价的目的，使用科学的评价工具，选择和运用适当的分析方法，对收集的材料进行评价与分析，得出评价结果。

第五，报告学前教育课程评价的结果。课程评价者要根据课程评价的目的，决定课程评价报告的性质，明确课程评价的反馈对象、反馈形式等。要注意的是，评价虽然重要，但其结果的解释和运用更为重要，应尽量避免单一的等级性结果的反馈，而转向发展性评价反馈。评价应有利于调动和发挥教师、园长及其他有关人员改进课程的主动性、积极性，帮助幼儿园切实明确课程存在的问题，并能分析原因，找到解决问题的行之有效的方法。

（三）课程评价的价值取向

课程评价的价值取向是指每一种课程评价所体现的特定的价值观。课程评价的取向支配或决定着评价的具体模式和操作取向。从取向的维度看，我们可以把迄今为止纷繁复杂的课程评价归纳为三种，即目标取向的评价、过程取向的评价、主体取向的评价。

1. 目标取向的评价

目标取向的评价是把评价视为将课程计划或教学结果与预定课程目标进行对照的过程。① 在这里，预定课程目标是评价的唯一标准。这种评价取向的主要代表是被称为"当代教育评价之父"的美国著名教育家拉尔夫·泰勒（Raiph Tyler）及其学生布鲁姆等人。目标取向的评价的基本方法论就是"量化研究"方法以追求评价的客观性和科学化。为了使评价结果客观准确，这种取向的评价往往将预定的课程目标以行为目标的方式来陈述。这种评价的直接目的是获得被评价的课程计划或教学结果是否"达标"的数据。

2. 过程取向的评价

过程取向的评价强调把教师与学习者在课程开发、实施以及教学运行过程中的全部情况都纳入评价的范围，强调评价者与具体评价情境的交互作用，主张凡是具有教育价值的结果，不论是否与预定课程目标相符合，都应当受到评价的支持与肯定。这种取向的评价取向以美国教育家、心理学家迈克尔·斯克里文（Michael Scriven）和英国课程理论家劳伦斯·斯滕豪斯（Lawrence Stenhouse）等为代表。在方法论上，这种取向的评价既倡导"量化研究"方法，也给了"质性研究"方法一定的位置。

3. 主体取向的评价

主体取向的评价认为课程评价是评价者与被评价者、教师与学习者共同建构意义

---

① 朱家雄. 幼儿园课程 [M]. 2 版. 上海：华东师范大学出版社，2011：192.

的过程。这种价值取向的评价认为评价是一种价值判断的过程,但这种价值判断是多元的。在评价情境中,不论评价者还是被评价者,都是平等的主体。这种取向的评价认为教师作为课程与教学情境的"内部人员",在评价中具有主体性;学习者也是评价的主体,是意义建构过程中不可或缺的组成部分。这种取向的评价反对量化的评价方法,主张使用质的评价方法。主体取向的评价在本质上强调评价者与被评价者、教师与学习者在评价过程中是一种"交互主体"的关系,评价过程是一个民主参与、协商和交往的过程,所以"价值多元、尊重差异"就成为主体取向的评价的基本特征。毫无疑问,主体取向的评价体现了课程评价的时代精神。

(四)学前教育课程评价的类型

1. 序列性评价体系

按照布鲁姆提出的序列性评价体系分类,学前教育课程评价可分为诊断性评价、形成性评价和总结性评价。

① 诊断性评价,是指在课程编制或课程实施之前进行的评价,目的是考查课程开发和实施的准备状况,从而使课程计划及实施具有针对性和可行性。

② 形成性评价,也称过程评价,是指在课程编制或课程实施尚处于发展和完善阶段时所进行的评价,其主要目的在于提高课程与教学的效果,搜集课程编制或课程实施中的资料,并将其作为进一步修订和完善课程计划的依据。

③ 总结性评价,也称结果评价,是指在课程编制和课程实施完成之后所进行的评价。它与形成性评价相对应,主要目的在于搜集课程完成情况的资料和信息,从课程整体进程判断,从而决定是推广还是修订完善课程计划。

诊断性评价、形成性评价和总结性评价作为课程评价和学习者学习成绩评价的序列性评价手段,在很多国家受到了重视,这三种评价方式的提出改变了以往只注重在课程实施之后进行评价的方式,突出了课程评价的诊断性和形成性的意义。

2. 内部评价与外部评价

这两种评价主要是根据评价的主体来划分的。

① 内部评价,也称内部人员评价。课程开发者为评价主体,课程实施者参与其中,通过调查和测验等手段对课程编制和课程实施的效果进行鉴定。这种评价方法主要用于形成性评价。

② 外部评价,也称外部人员评价。它的评价主体是除课程开发者之外的人员,通过对学校教育效果和学习者学业情况的考查而进行,着眼于课程实施结果对教育目标所达到的程度。这种评价方法主要用于总结性评价。

3. 目标本位评价与目标游离评价

① 目标本位评价。目标本位评价是以课程或教学计划的预定目标达成情况为依据而进行的评价。它有一套明确的评价标准,易于把握是目标本位评价的优点,缺点是过于关注目标的达成情况而忽视了对达到目标的过程和对目标之外的教育结果的评价。

② 目标游离评价。目标游离评价要求脱离预定目标,以课程计划或活动的全部实际结果为评价对象,尽可能全面客观地展示这些结果。它是一种课程评价的理念和指

导原则，拓展了课程评价的视野。

（五）学前教育课程评价应该注意的问题

1. 评价应有利于改进与发展课程

学前教育课程评价的目的在于调整和改进课程计划，不断提高教育质量。课程评价的根本任务是为了发现课程中的问题并找出原因，提出改进的建议和措施，从而解决问题，完善课程。因此，要着重发挥课程评价诊断、改进课程的作用，不宜把课程评价仅仅作为一种对教师工作或儿童发展水平的鉴定手段。如果忽略课程评价的主要目的，处理不好评价者与被评价者的关系，就会使被评价者产生消极抵触情绪和应付行为，产生不良影响。

2. 评价中要以自评为主，充分发挥教师的主体性

幼儿园教育实践中的课程是有生命的，要经过"设计—实施—评价—研讨—再设计"的循环往复而不断发展、不断完善。评价的过程，是教师运用儿童发展知识、学前教育原理等专业知识，审视教育实践，发现、分析、研究、解决问题的过程。课程评价也是教师不断学习、不断提高的重要途径。因此，学前教育课程评价应该强调以教师自评为主，园长、其他教师参与评价，发挥教师群体的作用，使教师群体共同研究、共同提高。评价应有利于调动和发挥教师、园长及其他有关人员改进课程的主动性、积极性，提高他们的研究精神，这是课程评价的总原则。

3. 评价要有利于儿童的发展

涉及儿童的学习情况与发展水平的课程评价，要特别注意以下几点：

① 要全面了解儿童的发展状况，防止教育的片面性，尤其要避免只重知识技能的掌握，而忽略情感、社会性和实际能力的培养倾向。

② 应承认和尊重儿童的个体差异，最好以儿童自己的早期表现与现在的情况作比较，让儿童看到自己的优点和进步，增强儿童的自信心。

③ 评价应在日常活动与教育教学过程中，采用自然的方法进行，使儿童感到舒适自然，没有压力。

④ 注意多渠道、多方面地搜集资料，包括对儿童连续的定期观察和记录、家长提供的资料、儿童的学习作品等，并对资料客观地加以整理和分析。

⑤ 除用作课程设计和课程改进之外，要慎用课程评价结果。与家长沟通情况时，教师要考虑怎样才能有利于"家园合作"，共同促进儿童的发展，特别注意不要伤害家长的教育热情和他们对自己孩子的信心。

4. 评价应该科学、有效

① 科学的评价首先要有正确的指导思想和评价标准。学前教育课程评价的指标要与《幼儿园工作规程》的精神和原则一致，防止用不适宜的评价指标干扰学前教育课程。

② 学前教育课程评价是一个涉及课程方方面面的工作。虽然涉及儿童发展评价，但儿童发展评价不能完全代表学前教育课程评价，更不能代替对学前教育课程本身的评价，不要把二者等同起来。

③ 课程评价应讲求实效性。为改善和提高教育质量提供有用的信息，防止形式化，一些幼儿园评价资料记录有几十箱，只为了应付上级检查，却不注意利用，这就

是一种形式化的做法。这种做法不仅会造成很大的浪费,而且会腐蚀教师的思想,使教师形成弄虚作假的不良作风。

④ 评价虽然重要,但其结果的解释和运用更为重要。这需要教师、园长、教研员及有关人员的通力合作,只有这样才能达到改进课程及帮助儿童进行有效学习的目的,否则将前功尽弃。

总之,有效的课程评价主要取决于评价者的专业素养与技能,如果评价者对有关教育政策、课程理论、儿童发展与学习的特点、教育心理学等都能有系统性的了解,再加上勤于思考和探索的态度,相信课程评价必然发挥出积极的作用。

历年真题

【4.2】活动设计题:菊花开了,枫叶红了。幼儿园准备组织大班幼儿去秋游。园里已经联系好公园和车辆,要求各班老师写出自己班的工作计划。

要求:如果你是大二班的老师,请写出你班的工作计划,包括内容、目的、方法等。

第四节 主题与领域课程

一、主题课程

(一) 主题课程的概念

主题课程是指在一段时间内围绕一个中心内容即主题来组织的教育教学活动,也称综合主题活动。"主题"是主题教育活动的核心,是活动设计的起点和灵魂。它既表明了学前儿童将要参与的系列活动,又表明了他们将从中获得的关键经验。它同时又是教师选择组织学习内容、展开教育过程、创设教育环境的引航灯。

(二) 主题课程的特点

主题课程是一种以某一主题为核心,师生共同建构、共同完成的课程。它强调幼儿园、家庭、社区的互动,强调儿童在主题活动中多种多样形式的对主题认知的表达,是一种既强调过程与结果,又强调经验与分享的活动。

(三) 主题课程的设计流程

1. 选择、确定主题,列出单元名称、选择的理由和需要的时间

选择、确定主题需要考虑儿童的兴趣与需要、主题的教育价值、可行性等内容。这一步是十分重要的,它可以帮助我们思考这一主题的选择是否合适。

2. 确定单元活动总目标

由于选择单元活动的主题时已经进行了多方面的考虑,设计者已经相当了解该主

题的教育价值，所以将这种价值转化成目标不是一件困难的事。由于一个单元活动往往需要在较长的时间里才能完成，所以要特别注意目标的全面性。

3. 设计单元活动内容，拟订单元活动纲要

这一环节即考虑组成单元的系列活动具体有哪些、内容是什么、涉及哪些教育领域，每个活动可能有助于达到哪些单元总目标。一个单元活动可能针对某个目标而进行设计，也可能针对某几个目标；而某个目标则可能通过几个活动共同实现。如果总目标中的某些条目没有对应的活动，那就必须考虑增加相应的内容。

4. 逐一设计每个活动

活动设计的内容包括：活动的名称、目标、准备（包括材料、情境等方面的准备）、内容、方法和大概的实施步骤、注意事项等。如果没有特别需要注意的事项，注意事项也可以不写。

5. 检核或评估方案

主题教育活动方案设计好以后，可以作一个预先的检核评估，并可根据评估结果修订活动方案。对活动方案的评估可参考以下项目进行：

① 主题的选择是否符合学前儿童的兴趣与需要、是否包含多方面的教育价值、是否有助于达成多项教育目标、是否涉及各个学习领域、是否具有可行性；

② 活动的目标是否符合学前教育的目的和课程总目标，是否符合学前儿童的发展水平，是否包含认知、情感态度、动作技能三大教育目标领域，是否与具体活动的目标相吻合；

③ 活动的内容是否与目标相对应、是否符合学前儿童的发展程度（即难易度是否合适）、是否符合学前儿童的兴趣与需要、是否包含主要课程领域、是否动静活动均衡、是否注意到季节性与地方性、是否注意到文化的传承与介绍；

④ 活动的方法是否能充分反映内容的性质、是否符合学前儿童的学习方式和特点，活动流程的转换是否合宜，教具或资源的使用是否合宜，对活动过程中可能出现的问题是否有所考虑。

历年真题

【4.3】活动设计题：最近，大三班的许多小朋友用大大小小的纸盒制作小汽车等物品。马老师发现，制作的汽车装饰不太一样，但结构差不多，往往只有车厢、车轮、车灯等。马老师认为可以根据这种情况生成一个"汽车"主题活动，引发幼儿的深度学习。请帮助马老师设计"汽车"主题活动。

要求：

（1）写出主题活动的总目标。

（2）围绕主题设计三个子活动。写出其中一个子活动的具体活动方案，包括活动名称、目标、准备和主要环节。

（3）写出另外两个子活动的名称、目标。

【4.4】活动设计题：某幼儿园的院子里有几种高大的树，也有一些比较低矮的灌木。请你结合院子里的这些资源，设计一个题为"幼儿园的树木"的中班主题活动方

案（含三个子活动），要求写出总目标，每个子活动的名称、目标和主要环节。

【4.5】活动设计题：请围绕"有用的工具"为大班儿童设计主题活动，包含三个子活动。

要求：

（1）写出主题活动的总目标。

（2）写出一个子活动的具体活动方案，包含活动的名称、目标、准备和主要环节。

（3）写出另外两个子活动的名称、目标。

二、领域课程

（一）幼儿园领域课程的概念

幼儿园领域课程是指按儿童学习领域划分学前教育内容的一种课程类型，这类课程把学科体系改造为儿童的经验体系，使之不仅贴近儿童生活实际，而且不失系统性。

（二）领域课程活动设计与指导

幼儿园的教育内容是全面的、启蒙性的，可以相应划分为健康、语言、科学、艺术、社会五个领域。

1. 幼儿园健康教育

《指南》第一部分"健康"提出："健康是指人在身体、心理和社会适应方面的良好状态。幼儿阶段是儿童身体发育和机能发展极为迅速的时期，也是形成安全感和乐观态度的重要阶段。发育良好的身体、愉快的情绪、强健的体质、协调的动作、良好的生活习惯和基本生活能力是幼儿身心健康的重要标志，也是其他领域学习与发展的基础。"

（1）幼儿园健康教育的目标

《纲要》中提出的健康教育的目标有：

① 身体健康，在集体生活中情绪安定、愉快；

② 生活、卫生习惯良好，有基本的生活自理能力；

③ 知道必要的安全保健常识，学习保护自己；

④ 喜欢参加体育活动，动作协调、灵活。

（2）内容与要求

① 建立良好的师生、同伴关系，让幼儿在集体生活中感到温暖，心情愉快，形成安全感、信赖感。

② 与家长配合，根据幼儿的需要建立科学的生活常规。培养幼儿良好的饮食、睡眠、盥洗、排泄等生活习惯和生活自理能力。

③ 教育幼儿爱清洁、讲卫生，注意保持个人和生活场所的整洁和卫生。

④ 密切结合幼儿的生活进行安全、营养和保健教育，提高幼儿的自我保护意识和能力。

⑤ 开展丰富多彩的户外游戏和体育活动，培养幼儿参加体育活动的兴趣和习惯，增强体质，提高对环境的适应能力。

⑥ 用幼儿感兴趣的方式发展基本动作，提高动作的协调性、灵活性。

⑦ 在体育活动中，培养幼儿坚强、勇敢、不怕困难的意志品质和主动、乐观、合作的态度。

（3）指导要点

① 幼儿园必须把保护幼儿的生命和促进幼儿的健康放在工作的首位。树立正确的健康观念，在重视幼儿身体健康的同时，要高度重视幼儿的心理健康。

② 既要高度重视和满足幼儿受保护、受照顾的需要，又要尊重和满足他们不断增长的独立要求，避免过度保护和包办代替，鼓励并指导幼儿自理、自立的尝试。

③ 健康领域的活动要充分尊重幼儿生长发育的规律，严禁以任何名义进行有损幼儿健康的比赛、表演或训练等。

④ 培养幼儿对体育活动的兴趣是幼儿园体育的重要目标，要根据幼儿的特点组织生动有趣、形式多样的体育活动，吸引幼儿主动参与。

历年真题

【4.6】根据《幼儿园教育指导纲要（试行）》，幼儿园体育的重要目标是（　　）。
A. 获得比赛奖项　　　　　　　　B. 培养运动人才
C. 培养幼儿对体育活动的兴趣　　D. 训练技能

2. 幼儿园语言教育

《指南》第二部分"语言"提出："幼儿期是语言发展，特别是口语发展的重要时期。幼儿语言的发展贯穿于各个领域，也对其他领域的学习与发展有着重要的影响：幼儿在运用语言进行交流的同时，也在发展着人际交往能力、理解他人和判断交往情境的能力、组织自己思想的能力。通过语言获取信息，幼儿的学习逐步超越个体的直接感知。"

（1）幼儿园语言教育的目标

《纲要》提出的语言教育的目标有：

① 乐于与人交谈，讲话礼貌；

② 注意倾听对方讲话，能理解日常用语；

③ 能清楚地说出自己想说的事；

④ 喜欢听故事、看图书；

⑤ 能听懂和会说普通话。

（2）内容与要求

① 创造一个自由、宽松的语言交往环境，支持、鼓励、吸引幼儿与教师、同伴或其他人交谈，体验语言交流的乐趣，学习使用适当的、礼貌的语言交往。

② 养成幼儿注意倾听的习惯，发展语言理解能力。

③ 鼓励幼儿大胆、清楚地表达自己的想法和感受，尝试说明、描述简单的事物或过程，发展语言表达能力和思维能力。

④ 引导幼儿接触优秀的儿童文学作品，使之感受语言的丰富和优美，并通过多种活动帮助幼儿加深对作品的体验和理解。

⑤ 培养幼儿对生活中常见的简单标记和文字符号的兴趣。

⑥ 利用图书、绘画和其他多种方式，引发幼儿对书籍、阅读和书写的兴趣，培养前阅读和前书写技能。

⑦ 提供普通话的语言环境，帮助幼儿熟悉、听懂并学说普通话。少数民族地区还应帮助幼儿学习本民族语言。

（3）指导要点

① 语言能力是在运用的过程中发展起来的，发展幼儿语言的关键是创设一个能使他们想说、敢说、喜欢说、有机会说并能得到积极应答的环境。

② 幼儿语言的发展与其情感、经验、思维、社会交往能力等其他方面的发展密切相关，因此，发展幼儿语言的重要途径是通过互相渗透的各领域的教育，在丰富多彩的活动中去扩展幼儿的经验，提供促进语言发展的条件。

③ 幼儿的语言学习具有个别化的特点，教师与幼儿的个别交流、幼儿之间的自由交谈等，对幼儿语言发展具有特殊意义。

④ 对有语言障碍的幼儿要给予特别关注，要与家长和有关方面密切配合，积极地帮助他们提高语言能力。

历年真题

【4.7】下列属于幼儿园语言教育目标的是（　　）。
A. 能认读拼音字母　　　　　　　　B. 能清楚地说出自己想说的事
C. 能认读一定量的汉字　　　　　　D. 能正确书写常用汉字

3. 幼儿园社会教育

《指南》第三部分"社会"提出："幼儿社会领域的学习与发展过程是其社会性不断完善并奠定人格基础的过程。人际交往和社会适应是幼儿社会学习的主要内容，也是其社会性发展的基本途径。儿童在与成人和同伴交往的过程中，不仅学习如何与人友好相处，也在学习如何看待自己、对待他人，不断发展适应社会生活的能力。良好的社会性发展对幼儿身心健康和其各方面都具有重要影响。"

（1）幼儿园社会教育的目标

《纲要》中提出的社会教育的目标有：

① 能主动地参与各项活动，有自信心；

② 乐意与人交往，学习互助、合作和分享，有同情心；

③ 理解并遵守日常生活中基本的社会行为规则；

④ 能努力做好力所能及的事，不怕困难，有初步的责任感；

⑤ 爱父母长辈、老师和同伴，爱集体、爱家乡、爱祖国。

（2）内容与要求

① 引导幼儿参加各种集体活动，体验与教师、同伴等共同生活的乐趣，帮助他们正确认识自己和他人，养成对他人、社会亲近、合作的态度，学习初步的人际交往技能。

② 为每个幼儿提供表现自己长处和获得成功的机会，增强其自尊心和自信心。

③ 提供自由活动的机会，支持幼儿自主地选择、计划活动，鼓励他们通过多方面的努力解决问题，不轻易放弃克服困难的尝试。

④ 在共同的生活和活动中，以多种方式引导幼儿认识、体验并理解基本的社会行为规则，学习自律和尊重他人。

⑤ 教育幼儿爱护玩具和其他物品，爱护公物和公共环境。

⑥ 与家庭、社区合作，引导幼儿了解自己的亲人以及与自己生活有关的各行各业人们的劳动，培养其对劳动者的热爱和对劳动成果的尊重。

⑦ 充分利用社会资源，引导幼儿实际感受祖国文化的丰富与优秀，感受家乡的变化和发展，激发幼儿爱家乡、爱祖国的情感。

⑧ 适当向幼儿介绍我国各民族和世界其他国家、民族的文化，使其感知人类文化的多样性和差异性，培养理解、尊重、平等的态度。

(3) 指导要点

① 社会领域的教育具有潜移默化的特点。幼儿社会态度和社会情感的培养尤应渗透在多种活动和一日生活的各个环节之中，要创设一个能使幼儿感受到接纳、关爱和支持的良好环境，避免单一呆板的言语说教。

② 幼儿与成人、同伴之间的共同生活、交往、探索、游戏等，是其社会学习的重要途径。应为幼儿提供人际间相互交往和共同活动的机会和条件，并加以指导。

③ 社会学习是一个漫长的积累过程，需要幼儿园、家庭和社会密切合作，协调一致，共同促进幼儿良好社会性品质的形成。

历年真题

【4.8】《幼儿园教育指导纲要（试行）》中的教育目标多使用"体验""感受""喜欢""乐意"等词汇，这表明幼儿园教育强调（　　）。

A. 知识取向　　　　　　　　　　B. 情感、态度取向
C. 能力取向　　　　　　　　　　D. 技能取向

4. 幼儿园科学教育

《指南》第四部分"科学"提出："幼儿的科学学习是在探究具体事物和解决实际问题中，尝试发现事物间的异同和联系的过程。幼儿在对自然事物的探究和运用数学解决实际生活问题的过程中，不仅能获得丰富的感性经验，充分发展形象思维，而且初步尝试归类、排序、判断、推理，逐步发展逻辑思维能力，为其他领域的深入学习奠定基础。"

(1) 幼儿园科学教育的目标

《纲要》提出的科学教育的目标有：

① 对周围的事物、现象感兴趣，有好奇心和求知欲；

② 能运用各种感官，动手动脑，探究问题；

③ 能用适当的方式表达、交流探索的过程和结果；

④ 能从生活和游戏中感受事物的数量关系并体验到数学的重要和有趣；

⑤ 爱护动植物，关心周围环境，亲近大自然，珍惜自然资源，有初步的环保意识。
（2）内容与要求
① 引导幼儿对身边常见事物和现象的特点、变化规律产生兴趣和探究的欲望。
② 为幼儿的探究活动创造宽松的环境，让每个幼儿都有机会参与尝试，支持、鼓励他们大胆提出问题，发表不同意见，学会尊重别人的观点和经验。
③ 提供丰富的可操作的材料，为每个幼儿都能运用多种感官、多种方式进行探索提供活动的条件。
④ 通过引导幼儿积极参加小组讨论、探索等方式，培养幼儿合作学习的意识和能力，学习用多种方式表现、交流、分享探索的过程和结果。
⑤ 引导幼儿对周围环境中的数、量、形、时间和空间等概念产生兴趣，建构初步的数概念，并学习用简单的数学方法解决生活和游戏中某些简单的问题。
⑥ 从生活或媒体中幼儿熟悉的科技成果入手，引导幼儿感受科学技术对生活的影响，培养他们对科学的兴趣和对科学家的崇敬。
⑦ 在幼儿生活经验的基础上，帮助幼儿了解自然、环境与人类生活的关系。从身边的小事入手，培养初步的环保意识和行为。
（3）指导要点
① 幼儿的科学教育是科学启蒙教育，重在激发幼儿的认识兴趣和探究欲望。
② 要尽量创造条件让幼儿实际参加探究活动，使他们感受科学探究的过程和方法，体验发现的乐趣。
③ 科学教育应密切联系幼儿的实际生活进行，利用身边的事物与现象作为科学探索的对象。

历年真题

【4.9】下列不宜作为幼儿科学领域学习方式的是（　　）。
A. 直接感知　　　　B. 实际操作　　　　C. 亲身体验　　　　D. 概念解释
【4.10】在科学活动《奇妙的气味》中，教师准备了分别装有水、食醋、酱油等液体的瓶子，请幼儿看一看，闻一闻。幼儿在活动中使用了什么方法？（　　）
A. 实验　　　　　　B. 参观　　　　　　C. 观察　　　　　　D. 讲述

5. 幼儿园艺术教育

《指南》第五部分"艺术"提出："艺术是人类感受美、表现美和创造美的重要形式，也是表达自己对周围世界的认识和情绪态度的独特方式。每个幼儿的心里都有一颗美的种子。幼儿艺术领域学习的关键在于充分创造条件和机会，在大自然和社会文化生活中萌发幼儿对美的感受和体验，丰富其想象力和创造力，引导幼儿学会用心灵去感受和发现美，用他们自己的方式去表现和创造美。"

（1）幼儿园艺术教育的目标
《纲要》提出的艺术教育的目标有：
① 能初步感受并喜爱环境、生活和艺术中的美；

② 喜欢参加艺术活动，并能大胆地表现自己的情感和体验；
③ 能用自己喜欢的方式进行艺术表现活动。

（2）内容与要求

① 引导幼儿接触周围环境和生活中美好的人、事、物，丰富他们的感性经验和审美情趣，激发他们表现美、创造美的情趣。

② 在艺术活动中面向全体幼儿，要针对他们的不同特点和需要，让每个幼儿都得到美的熏陶和培养。对有艺术天赋的幼儿要注意发展他们的艺术潜能。

③ 提供自由表现的机会，鼓励幼儿用不同艺术形式大胆地表达自己的情感、理解和想象，尊重每个幼儿的想法和创造，肯定和接纳他们独特的审美感受和表现方式，分享他们创造的快乐。

④ 在支持、鼓励幼儿积极参加各种艺术活动并大胆表现的同时，帮助他们提高表现的技能和能力。

⑤ 指导幼儿利用身边的物品或废旧材料制作玩具、手工艺品等来美化自己的生活或开展其他活动。

⑥ 为幼儿创设展示自己作品的条件，引导幼儿相互交流、相互欣赏、共同提高。

（3）指导要点

① 艺术是实施美育的主要途径，应充分发挥艺术的情感教育功能，促进幼儿健全人格的形成。要避免仅仅重视表现技能或艺术活动的结果，而忽视幼儿在活动过程中的情感体验和态度的倾向。

② 幼儿的创作过程和作品是他们表达自己的认识和情感的重要方式，应支持幼儿富有个性和创造性的表达，克服过分强调技能技巧和标准化要求的倾向。

③ 幼儿艺术活动的能力是在大胆表现的过程中逐渐发展起来的，教师的作用应主要在于激发幼儿感受美、表现美的情趣，丰富他们的审美经验，使之体验自由表达和创造的快乐。在此基础上，根据幼儿的发展状况和需要，对表现方式和技能技巧给予适时、适当的指导。

历年真题

【4.11】下列有关幼儿美术教育的做法，不正确的是（　　）。

A. 支持幼儿表达自己对美术作品的独特情感
B. 出示范画让幼儿模仿
C. 鼓励幼儿用自己的方法表现美
D. 为幼儿的美术创作提供丰富的材料

【4.12】幼儿园艺术教育的主要目标是（　　）。

A. 发展幼儿的艺术技能
B. 培养幼儿的艺术感受和表达能力
C. 丰富幼儿的艺术知识
D. 拓展幼儿的逻辑思维能力

第四章 学前教育课程

本章结构

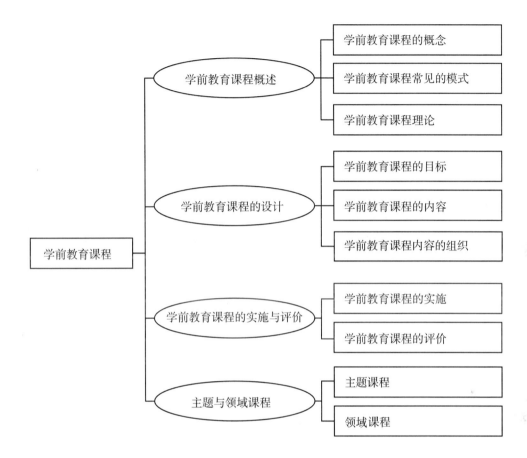

第五章

幼儿园教学活动与学前儿童游戏

学习目标

- 了解幼儿园教学活动的基本含义，熟悉幼儿园教学活动的原则与方法。
- 掌握幼儿园教学活动的组织形式，并能够运用所学知识分析教学组织形式的利与弊。
- 能运用所学知识为幼儿园教学活动中出现的各类问题进行必要的指导。
- 熟悉幼儿园儿童游戏的类型及各类游戏的特点和主要功能。
- 了解各年龄阶段儿童游戏的特点，并根据所学知识对幼儿园儿童游戏中出现的问题进行指导。

学习重点

- 各种教学活动组织形式的利与弊。
- 教师对幼儿园教学活动的组织与指导。
- 学前儿童游戏的类型及其特点。
- 不同年龄阶段儿童游戏的特点及教师的指导策略。

知识要点与学习方法

　　幼儿园教学活动是儿童全面发展的基本手段，也是教师有组织、有计划地实施教与学的正式活动，而游戏是幼儿园教学活动的基本形式，把两者放到一起是为了让学生对幼儿园教学活动有一个更清晰的认识。

　　通过本章的学习，学生能够对幼儿园教学活动有清晰的认识，能够根据不同的情况对不同的教学组织形式进行分析，并作出合理选择；学生学习时能掌握各种不同类型的儿童游戏，能够在理解儿童身心发展水平和特点的前提下，对儿童游戏中出现的各类问题进行及时的指导，从而让儿童得到全面、协调的发展。

【案例导入】

　　某幼儿园中班儿童正在进行区域游戏，有个小朋友在玩拼插游戏，他一个人独自坐在桌子旁边，看着自己搭的"作品"，一会说："好了，时间到了，小羊可以出门吃草了。"过了一会儿，又说："时间到了，小羊该回家了。"这样循环往复了三次，这时候老师走过来对他说："你看看你搭的什么呀，你看看子萌拼的小花多漂亮啊，快点拼个小花吧。"这个小朋友不情愿地把自己的"羊圈"拆了，开始偷偷看邻座子萌的小花，并开始尝试拼插。

　　游戏是幼儿园活动中的重要组成部分，在这个过程中，教师如何指导，如何发挥儿童的积极性、主动性，是一名幼儿园教师值得思考的问题。

第一节　幼儿园教学活动

一、幼儿园教学活动概述

从字面上看，教学指的是教师的教和学生的学两个方面。换句话说，教学即是由教师的教与学生的学共同组成的一种教育活动。通过教学，学生在教师有计划、有步骤的引导下，积极主动地掌握系统的科学文化知识和技能，发展智力、体力，陶冶品德，养成全面发展的个性。我国教育家黄人颂曾对教学这样定义："教学指的是在某一特定的文化背景和社会环境中，由教育者有目的地指导受教育者开展的学习活动，进而获得发展的过程。"①

在幼儿园中，教学常常被称为教学活动，主要是指集体（全班或分组）的课堂教学活动以及教师对个别幼儿的专门指导，这些活动与幼儿的日常生活、游戏、区域活动和自发活动等多种多样的学习活动有机结合、相互联系形成。

二、幼儿园教学活动的原则与方法

（一）幼儿园教学活动的原则

教学活动的原则是进行有效教学必须遵循的基本原则，它既指导教师的教，也指导学生的学，贯彻于教学过程的各个方面。幼儿园教学活动的原则不仅是根据教学过程的客观规律总结出来的，而且也是幼儿园教师长期工作经验的总结，是幼儿园进行有效教学必须遵循的基本要求。

1. 发展性原则

发展性原则是指在教学活动设计中，教师要准确地把握幼儿原有的基础和水平，并在此基础上促进幼儿的身体、认知、情感、个性以及社会性等方面全面而整体的发展。发展性原则主要包括两个方面：一方面，幼儿园教学活动设计应以促进幼儿的发展为出发点，把握幼儿的发展水平。教学活动的目标和内容要以幼儿已有的发展水平为基础，既不任意拔高，又不盲目滞后，要注重幼儿的学习准备。另一方面，幼儿园教学活动设计应以促进幼儿的发展为落脚点，始终贯彻以发展作为教学活动设计的核心，促进每个幼儿在现有水平的基础上获得充分的、最大限度的发展，幼儿园教学活动的设计、组织和实施都应该着眼于促进幼儿的发展。

2. 主体性原则

主体性原则是指在幼儿园教学活动中，教师一定要处理好教师的教和幼儿的学之间的关系，既要发挥教师的主导作用，更要尊重幼儿的人格、尊重幼儿的需要，激发幼儿的主动性。在教育教学过程中，教师要充分扮演好环境创设者、幼儿学习观察者和引导者的角色，注重自己的引导作用，把主体地位还给幼儿，让幼儿真正成为活动

---

① 黄人颂. 学前教育学[M]. 3版. 北京：人民教育出版社，2016：64.

的主人。贯彻这一原则需要注意以下两点：

① 主体性原则要求教师必须遵循和体现幼儿的主体地位，不管是活动内容的选择，还是活动形式的安排，都应该以幼儿的兴趣和需要为出发点，尊重幼儿的学习特点，为幼儿主动学习提供机会。

② 主体性原则还要求教师发挥主导作用，即在活动的组织和实施中，要正确认识和把握自身的重要作用，发挥自己的积极主动性。

3. 整合性原则

整合性原则，又称渗透性原则，是指教师在教学活动设计中将教育活动的目标、内容、形式、过程与教育资源进行有机融合，将其作为一个完整的系统来看待。贯彻这一原则需要注意以下四点：

① 活动目标的整合。目标的确定不能只追求知识技能的获得，更应该全面考虑幼儿的情感态度、习惯个性、知识经验、技能与能力等综合素质的培养和提高，即活动教育的主要目标应该是整个人的发展。党的二十大报告明确指出："教育是国之大计、党之大计。培养什么人、怎样培养人、为谁培养人是教育的根本问题。"活动设计中，活动目标要明确，不能单纯地只追求某一个目标的达成，要立足于整个人的发展。

② 活动内容的整合。幼儿园教学活动内容主要包括健康、语言、社会、科学、艺术五大领域的各个方面，教师在设计教学活动时，要把这些内容以一定的形式加以整合，使其在一个或者几个教学活动中相互补充、渗透。例如，进行社会领域的教学活动时，内容的选择上不仅要注重社会领域，而且也要关注健康、语言、科学、艺术各领域的内容，使其整合到一起。党的二十大报告强调中华文化的学习。对于学前阶段的幼儿来说，传统文化的学习尤为重要，教师在教学过程中，要注重传统文化的整合。

③ 活动形式的整合。活动形式的整合主要包括两个方面：一方面，在幼儿园教育活动过程中，将集体的、正式的教育活动形式与个别选择的、非正式的教育活动形式相互渗透和融合；另一方面，在一个教育活动的设计中将不同的学习形式与方法进行相互的渗透和组合，让幼儿体验不同的学习形式，如操作、实验、游戏等，以便获得更好的学习体验。

④ 教育资源的整合。教育资源的整合主要是指教师要充分利用学前教育机构、家庭及社区中丰富的教育资源，并进行有机整合，使其能够相互协调，进而对幼儿的健康成长产生积极、有效的影响。

4. 生活性原则

生活性原则即教学生活化，是指幼儿园教学活动要立足于幼儿的生活，而不能脱离幼儿的生活，要寓教于生活中，从幼儿生活中发现教学内容，并在幼儿能获得直接体验的生活中开展教育，真正做到从生活中来，到生活中去。这是由幼儿的认知水平和特点决定的，只要与幼儿生活相关的，幼儿需要的、感兴趣的，都可以作为幼儿教学活动的内容。

5. 开放性原则

教育目标是教学活动的出发点和归宿，因此，幼儿园教学活动离不开教育目标。教师要根据一定的目标和要求进行教学活动，但是这个过程并不是一成不变的，教师要根据本班幼儿的情况及时调整，为教学活动的设计留出足够的空间，这种空间是随时随地为幼儿偶发的、自然生成的活动而准备的。因此，幼儿园教学活动是一个动态的过程，具有开放性。

历年真题

【5.1】材料分析题：毛毛是一个活泼的孩子。这学期体检时，毛毛被检查出弱视，需要戴眼镜治疗。李老师发现毛毛戴眼镜后变得沉默了，还时不时把眼镜摘下来。李老师关心地问毛毛，毛毛说怕被小朋友笑话，所以不想戴。于是李老师组织了一次"眼睛生病怎么办"的集体活动。活动后，幼儿都知道了眼睛生病要治疗，毛毛戴眼镜也是为了治疗，毛毛又戴上了眼镜，又和往常一样活泼好动了。

问题：

（1）李老师组织这次活动要解决的问题是什么？

（2）李老师的做法哪些方面值得学习？

（二）幼儿园教学活动的方法

教学活动的方法是为了完成特定的教学任务，达到一定的教学目标，教师和学生在教学活动中采取的方法，既包括学的方法，又包括教的方法。幼儿园教学活动的方法主要有观察法、游戏法、实验法、操作法、参观法和口授法。

1. 观察法

观察法是指教幼儿学会用多种感官（视觉、嗅觉、听觉、味觉、触觉等）去认识观察对象的方法。这是幼儿获得感性经验的主要途径，主要包括在教师指导下进行的有目的性观察和幼儿自发进行的非目的性观察。教师在运用观察法时需要注意，不仅要让幼儿知道观察的结果，而且更要注意让幼儿掌握观察这一方法，能够灵活运用自己的感官去观察事物。

2. 游戏法

游戏法是指教师在教育教学过程中借助游戏的方法来完成教学任务，把幼儿的学习寓于游戏中的方法。我们都知道，由于幼儿的认知水平和心理特点，游戏是幼儿园教学活动的基本形式，因此，在幼儿园教学活动中，游戏法是基本教学方法。需要注意的是，教学活动中的游戏要为教学活动服务，避免为了游戏而游戏，不能为了追求兴趣和热闹场面而偏离原定的教学目标和教学任务。

3. 实验法

实验法是指幼儿利用生活中常见的物品和材料，通过自己的操作和尝试进行探索，进而获得知识和经验的方法。例如，幼儿进行物体的吸水实验时，要想让幼儿明确什么物体能吸水、什么物体不能吸水，教师就要为幼儿提供不同材质的物品，让幼儿进行尝试，自己去发现，自己得出结论。

4. 操作法

操作法是指在教学活动中，教师提供给幼儿与教学内容相关的实物材料，通过创设一定的环境，引导幼儿按照一定的要求和程序积极主动地进行实践操作活动的方法。幼儿特殊的认知水平决定了其要通过直接感受的方式去认识世界，因此，他们获得各种知识就不能仅靠间接方法或者成人灌输获得,而是要靠自身的操作。例如,在进行认识数字"3"的活动时,教师要给幼儿提供生活中的实物材料,如树叶、积木、水果等,让幼儿通过对实物的直接感知,真正认识到数字"3"的含义。

5. 参观法

参观法是指教师根据教育目标的要求,组织幼儿走出幼儿园,走进大自然、社区、学校等场所学习,以获得直接知识和经验。参观法使幼儿能够看到在幼儿园里看不到的事物,能够通过对周围的实际事物和现象进行观察、探究而获得直接知识和经验。例如,在"美丽的春天"这一主题活动中,教师可以组织幼儿走出幼儿园,走进公园,让幼儿真正在大自然中感受春天的气息。

6. 口授法

口授法是指教师通过语言进行教学活动的方法。它主要包括两种方法:讲述法和谈话法。

① 讲述法主要是指教师通过对某一事物、现象或者作品进行语言描述、讲解,让幼儿学习知识的方法。这是幼儿园教师常用的教学方法。

② 谈话法主要是指教师与幼儿针对某一问题相互问答、讨论,让幼儿自由发表自己的想法、意见,表达自己感受的方法。谈话法是互动性很强的一种教学方法,能够提高幼儿的认知、情感与行为水平,能够很好地发挥幼儿的主动性。

三、幼儿园教学活动的组织与指导

(一)幼儿园教学活动的组织形式

幼儿园教学活动除了注重教学内容和教学方法以外,还要注重组织形式。一般把幼儿园教学活动的组织形式分为集体教学活动、小组活动和个别活动三种。

1. 集体教学活动

集体教学活动是指在教师的指导、带领下,全班幼儿一起进行的有计划、有目标的活动形式。这种活动的特点是集中性和统一性强,即活动是全员参与的,并有统一的活动目标和活动要求。集体教学活动的优点是面对全体幼儿,能够保证每个幼儿在有限的时间和空间内,利用有限的教育资源,提高教育教学的效率。面对当前我国幼儿园中幼儿多、教师少的情况,这种活动形式是比较合适的,因此,现在被广泛采纳。而且在集体教学活动中,幼儿能够学会倾听,同时也能够大胆地表达自己的想法,懂得了规则,也学会了约束自己,这些对于幼儿的社会性发展是至关重要的。但是,这种教学活动形式也有不足,主要体现在让全体幼儿于同一时间内以同等的速度学习同样的内容,教师难以关注幼儿的个性和差异,易忽视幼儿的独特性,不能做到因材施教。因此,教师需要利用小组活动和个别活动来加以补充,以促进幼儿的共同发展。

历年真题

【5.2】简答题:简述幼儿集体教学的利与弊。

2. 小组活动

小组活动是指教师根据教学需要或者幼儿的不同发展水平、兴趣爱好，把全班幼儿分成两个或两个以上的小组，根据每个小组的不同特点有针对性地进行教育的一种教学形式。小组活动的优点是：有利于教师对幼儿的活动情况进行了解，能够针对不同的幼儿特点进行较为细致、有针对性的指导，有利于因材施教；有利于幼儿之间的相互交往和合作，为幼儿提供更多的交流和操作机会，使其减少等待时间。其缺点是：同时开展多种教学活动，分散了教师的精力，不利于发挥整体教学活动的效果，同时也对幼儿园、资金和设备提出了更高的要求。

历年真题

【5.3】在幼儿教育活动中，最能为幼儿提供机会的组织形式是（　　）。
A. 小组活动　　　　　　　　　　B. 班集体活动
C. 全园活动　　　　　　　　　　D. 个别活动

3. 个别活动

个别活动是指幼儿的自我学习活动或者教师对幼儿的个别教育活动，是根据幼儿个体的不同兴趣爱好、不同发展水平开展的有针对性的教学活动。个别活动的优点主要是：教师可以关注到每个幼儿的个体差异，能够做到因材施教。其缺点主要是：费时费力，对班内人数有比较严格的限制，人数过多的话，个别活动是无法展开的。

上述三种教学活动的组织形式都是幼儿园教学活动重要的组织形式，各有利弊。当教师在组织教学活动时，要灵活运用这三种不同的组织形式，最大限度地避免单一组织形式的不足，以达到最佳的教育效果。

（二）幼儿园教学活动的指导策略

为了保证幼儿园教学活动的质量，提高教学水平，学前教育工作者要认真研究幼儿园教学活动的组织策略，使教师教得更有效，让幼儿学得更好。

① 活动主题的选择要符合幼儿的兴趣和需求。在幼儿园教学活动中，幼儿是活动的主体，因此，教师在选择活动的主题时，一定要考虑幼儿的兴趣和需求，这样才能激发幼儿的活动兴趣，培养幼儿的积极性和主动性。

② 活动目标要具有针对性和可操作性。在确定幼儿园教学活动目标时，教师要考虑幼儿的年龄发展和身心发展水平，不同年龄阶段的幼儿对于同一主题的接受程度不同，因此，活动目标的提出要具有针对性。此外，教师在制定目标时，还应该结合教育内容，从幼儿的生活实际出发来确定活动目标，切不可泛泛而谈，要具有可操作性。

③ 活动内容要符合幼儿的生活实际。由于幼儿的特殊认知发展水平，活动内容不能脱离幼儿的生活，要与幼儿的已有生活经验紧密联系在一起，只有选择的活动内容符合幼儿的生活，才能激发幼儿活动的兴趣，才能激发幼儿的探究欲望，进而促进幼儿的全面协调发展。

④ 活动过程要考虑完整性和互动性。一般而言，幼儿园教学活动包括三个部分：

开始、过程和结束。教师在组织教学活动时，要按照这个顺序完整地进行，保持活动的完整性。在此过程中，还需要注意教师和幼儿的互动。互动的方式多种多样，如可以采用语言或非语言的方式进行。没有师幼互动的教学活动常常是无效或者低效的。

⑤ 活动反思应采取个人和集体相结合的方式。活动结束后，教师要及时进行活动反思，在反思过程中，除了个人反思外，还应该重视集体反思。通过集体反思，教师能够发现活动的优点，也可以发现活动的不足，以便及时改正。

历年真题

【5.4】从生活中选择幼儿感兴趣的事物和问题作为教学内容的主要原因是（　　）。
A. 教师容易制作教具　　　　　　　　B. 便于教师教学
C. 符合家长的希望　　　　　　　　　D. 符合幼儿的学习特点

第二节　学前儿童游戏

《指南》"说明"中的第四条第3点提到："幼儿的学习是以直接经验为基础，在游戏和日常生活中进行的。要珍视游戏和生活的独特价值，创设丰富的教育环境，合理安排一日活动，最大限度地支持和满足幼儿通过直接感知、实际操作和亲身体验获取经验的需要。"《纲要》中也明确规定，幼儿园教育应"以游戏为基本活动"。这充分体现了游戏在幼儿园的重要价值，教师要重视游戏的重要作用，充分发挥游戏的教育价值，进而促进幼儿的健康全面和谐发展。

一、学前儿童游戏概述

（一）学前儿童游戏的含义

很多研究者发现，由于游戏涉及的现象错综复杂，因此要给游戏下一个准确的定义是相当困难的。当前大多数学者比较认同《教育大辞典》中对游戏的定义，认为游戏是"儿童的基本活动，是适合儿童年龄特点的一种有目的、有意识的、通过模仿和想象，反映周围现实生活的一种独特的社会性活动"。这样的定义强调以下两点：第一，游戏是儿童的基本活动，与儿童的生活密切相连、不可分割；第二，游戏是儿童的一种独特的社会活动，强调学前儿童游戏的社会性本质。

一般而言，我们认为学前儿童游戏是一种无拘无束的活动，不能强求，没有外在目的，是儿童根据自己的需要和兴趣，按照自己的能力和体力而进行的一种自愿而且自主的活动。

（二）学前儿童游戏的特征

1. 自主性

游戏是儿童自己主动进行的活动，之所以游戏，是因为游戏是符合他们的需要的，是由儿童内部动机驱使产生的，不是来自外部的命令或者要求的，是儿童自觉自愿的活动，是"我要玩"，而不是"要我玩"。荷兰著名学者约翰·赫伊津哈（Johan Huizinga）在《游戏的人：文化中游戏成分的研究》一书中提到："一切游戏都是自愿的行为，被迫游戏就不再是游戏，它至多也不过是游戏的一个强制模拟而已。"因此，自主性是学前儿童游戏的主要特征。

此外，儿童在游戏中还可自主决定玩什么、怎么玩、需要什么材料、在什么地方玩、与哪些人玩以及玩多久等，在没有任何外在压力的情况下，儿童尽情、自由、自主地做自己喜欢的事情，能够使自己始终处于积极主动的状态，这正是游戏的魅力所在。所以，游戏一定要尊重儿童的意愿，发挥他们的主动性。

2. 愉悦性

游戏给儿童带来了愉悦的感受，这是游戏的一个重要的特点。一是游戏中的内容、情节、角色、玩具等，都是儿童喜欢、感兴趣的，儿童常常从成功和创造中获得愉悦的体验；二是在游戏过程中，没有外在的、强制的社会义务，没有任何心理负担，儿童不用担心游戏以外的任何奖惩，并且可以按照自己的意愿进行。因此，儿童在游戏中是轻松的、自由的，处于愉悦的状态的。

3. 虚构性

游戏是在假想的条件下完成的一种反映儿童现实生活的活动，不是他们的真实生活。在游戏中，儿童都知道"这不是真的""只是玩玩"，游戏只是一种愿望和要求的满足，是一种获得愉快体验的手段。在游戏中，儿童往往通过想象和模仿来表现周围的生活，例如，在游戏中扮演"爸爸""妈妈"，把枕头当作"宝宝"，把笔想象成"针"，模仿爸爸妈妈带着生病的宝宝去医院打针的生活情境。

4. 规则性

儿童在游戏中并非毫无约束和限制，任何游戏都是有规则的，在看似忙乱、毫无限制的游戏中，儿童都在遵守着一定的规则，体现出一定的有序性。在一个游戏中，既有儿童所扮演角色、行为表征等游戏本身的"内隐"规则，又有儿童为了游戏的顺利开展而设定的"外显"规则。因此，在游戏中，每一个个体都有一定的自我约束，也正是这种约束，把儿童的游戏带入一种和谐、有序的情境中。

5. 社会性

学前儿童的游戏与生活息息相关，周围的现实生活是他们游戏内容的源泉。例如，在建构游戏中，儿童建构的汽车、高楼、公园等，都来自他们的生活；在"娃娃家"中照顾"小朋友"，情境往往来自实际生活中父母对自己的照顾；在角色游戏中，儿童扮演医生、护士给人看病打针，往往是模仿自己在医院看病的生活经验。儿童的游戏就是他们社会生活的侧影。

6. 非功利性

非功利性又称非生产性，是指学前儿童游戏没有实用的社会生产价值，不直接创造财富，游戏本身就是目的，而不是为了其他的目的。学前儿童参加游戏，不是为了学习知识，也不是为了获得某种物质利益，单纯就是为了游戏本身，更加关注过程而不是目的和结果。

（三）有关游戏的理论

1. 早期传统理论

19世纪下半叶到20世纪30年代左右，是研究学前儿童游戏的初兴阶段，在这一时期出现了最早的关于学前儿童游戏的理论，被称为早期传统理论，又称经典的游戏理论，主要有以下几种观点。

（1）剩余精力说

剩余精力说的典型代表人物是德国思想家弗里德里希·席勒（Friedrich Schiller）和英国哲学家、教育家斯宾塞。他们认为，高级动物除了维持生存所必须消耗的精力外，他们还有剩余精力，这种剩余精力就要找出路消耗、发散出来，否则就会像不透气的蒸汽锅，要发生爆炸，于是就用自然的、无目的的活动形式——游戏，以获得快乐，所以就产生了游戏。席勒认为，在幼儿期，儿童没有任何事情可以做，所以只能通过游戏才能消耗自己的剩余精力。斯宾塞指出，生物都有维护自己生存的能力，儿童在维持自己正常生活以外，还有剩余精力，这些剩余精力需要发泄出来，就产生了游戏。

剩余精力说似乎反映了一个我们熟知的常识，当我们在工作或者学习以后，如果觉得还有时间和精力，往往就会选择游戏来打发时间和精力。剩余精力说试图说明游戏的物质前提，在游戏理论领域起着拓荒者的作用，但是剩余精力说缺乏以实验为依据的证明，无法解释儿童在玩到筋疲力尽时继续游戏的现象。

（2）松弛说

松弛说的代表人物是德国哲学家莫里茨·拉察鲁斯（Moritz Lazarus）和帕特里克（Patrick），他们认为，游戏不是发泄精力，相反，它是在工作疲劳后，消除疲劳、恢复精力的一种方式。对于儿童来说，由于身心发展水平的限制及生活经验的缺乏，面对复杂的外部世界难以适应，很容易产生疲劳，这就需要游戏来放松一下，以便恢复精力。拉察鲁斯认为，艰苦的劳动使人在身心两个方面都筋疲力尽，这种疲劳需要一定量的休息和睡眠才能解除。游戏或消遣娱乐性的活动，就是这种具有精力恢复作用的活动。

松弛说更好地解释了成人的工作和游戏，反映了这样一个生活经验，那就是为什么我们在工作和学习感到疲劳时，会选择游戏来放松一下自己，以使得身心得到调整。但是根据这个观点，成人工作越多越应该通过游戏放松自己，但事实并非如此。

（3）预演说

预演说的代表人物是德国哲学家卡尔·格罗斯（Karl Gross）。他认为，游戏是儿童对未来生活的一种无意识的准备，是练习本能的一种手段。儿童有天生生存的本能，但本能不能适应将来复杂的生活，要有一个准备生活的阶段，在天赋本能的基础上进行练习，锻炼自己为生存竞争所必需的能力。越是高等的动物，将来的生活就越复杂，所以游戏期就越长。

这种观点认为高等动物仅凭天生的"本领"是不能适应生活的，必须经过后天的学习和练习，这一点是符合事实的，而且对于改变人们的儿童观、扭转当时人们对儿童游戏价值的传统观念具有积极的意义。但是，这种理论不能很好地解释成人为什么需要游戏并继续游戏的现象。

(4) 生长说

生长说的提出者是美国学者阿普利登（Appleton）。他认为，游戏是学前儿童能力发展的一种模式，游戏是生长的结果，是机体练习技能的一种手段。美国学者奇尔摩（Gilmore）还指出，学前儿童通过游戏可以生长，游戏是练习生长的内驱力。

(5) 复演说

复演说的主要代表人物是美国心理学家斯坦利·霍尔（Stanley Hall）。他认为，游戏是人类生物遗传的结果，学前儿童游戏是重现祖先生物进化的过程，是重现祖先进化过程中产生的动作和活动。游戏的发展过程同种族的演化过程相吻合，儿童通过游戏重演史前的人类祖先到现代人类进化过程的各个发展阶段，在游戏中根除史前状态的动物残余，让个体摆脱原始的、不必要的本能动作，为当代复杂的活动作准备。霍尔提出"儿童的游戏是对人类祖先生活的'回忆'"。例如，儿童玩打猎的游戏，就是在重复原始人打猎的生活；儿童喜欢拿着棍子追打着玩，就是在重复祖先战斗的生活场景；儿童喜欢玩水，就是在重复祖先在水中寻找食物的场景。

(6) 成熟说

成熟说的代表人物是荷兰生物学家、心理学家博伊千介克（Buytenclijk）。他认为，游戏不是为未来生活做准备的，相反，学前儿童操作某些物品以进行活动，不是单纯的一种机能，而是幼稚动力的一般特点表现。他的理论是游戏动力理论的一种。

以上几种早期传统理论是人类历史上较早对游戏做出的解释，提供了历史上成人对学前儿童游戏的看法，为以后现代游戏理论的发展奠定了基础，具有重要的意义。但早期传统理论都有局限性，只能解释学前儿童的部分游戏行为，不能解释全部的行为，缺乏科学研究的基础。

历年真题

【5.5】认为"游戏是为未来生活做准备"的游戏理论是（　　）。
A. 预演说　　　　　　　　　　　B. 剩余精力说
C. 复演说　　　　　　　　　　　D. 松弛消遣说

2. 现代游戏理论

现代游戏理论是指在20世纪初期以后出现的游戏理论，主要有精神分析学派游戏理论、认知发展游戏理论、社会文化历史学派游戏理论等。

(1) 精神分析学派游戏理论

在现代西方心理学流派中，精神分析学派是最重视游戏问题的一个派别，精神分析学派的主要代表人物是奥地利精神病医生、心理学家弗洛伊德和美国心理学家爱利克·埃里克森（Erik Erikson），他们从精神分析学派的基本理论出发，对游戏进行解释，重视游戏问题的研究。

弗洛伊德对于游戏的观点主要涉及以下三个方面：第一，游戏使得儿童发泄情感、减少焦虑，补偿现实生活中不能满足的欲望；第二，儿童参加游戏就是为了追求快乐，坚持唯乐主义原则；第三，游戏的时期是短暂的。

埃里克森从积极的方面发展了弗洛伊德的观点。他认为，游戏是自我的一种机能，是一种自我过程与社会性过程同步的企图，游戏可以降低焦虑，使愿望得到补偿性满足，游戏是情感和思想的一种健康的发泄方式。

（2）认知发展游戏理论

认知发展游戏理论又称认知发展阶段游戏理论，主要代表人物是皮亚杰。认知发展游戏理论是认知发展理论的组成部分，是皮亚杰在研究学前儿童象征性功能的形成和发展时产生的。他认为，很多游戏理论不能很好地解释学前儿童这一特殊现象的主要原因是把游戏看成了一种孤立的机能或者活动。皮亚杰指出，游戏是学前儿童智力活动的一个方面，要把游戏放到学前儿童智力发展的总背景中去考察，认为游戏是学习新的复杂客体和事物的方法，是巩固和扩大概念与技能的方法。

（3）社会文化历史学派游戏理论

社会文化历史学派游戏理论的代表人物有苏联心理学家维果茨基、列克谢·列昂节夫（Alexei Leontyev）和亚历山大·鲁利亚（Alexander Luria）等。该学派强调，在成人的教育和引导下，掌握以语言符号系统为载体的社会文化历史经验在幼儿心理发展中的重要作用。维果茨基指出，儿童的游戏，无论就其内容还是结构来说，都在根本上不同于幼小动物的游戏，它具有社会历史的起源，而不是生物学的起源。该理论无论是在我国还是在西方都产生了重要的影响。

各种游戏理论都是从不同的视角对游戏进行了分析，各有优势也各有不足，但是无论是从哪个视角进行分析，都是对游戏的认可，都认为游戏对于人尤其是幼儿期的人的发展具有重要意义。

二、学前儿童游戏的功能与分类

游戏是童年期特有的一种活动，是童年生活中的快乐，是最适合学前儿童的一种活动形式。游戏对学前儿童的成长和发展有着不可替代的价值。

（一）学前儿童游戏的功能

1. 游戏促进学前儿童身体的发展

① 游戏促进学前儿童身体的生长发育。在游戏中，学前儿童能够进行运动，使其各种器官得到活动，促进机体的新陈代谢，促进骨骼和肌肉的发展。例如，跑、跳、攀爬、推拉等大肌肉活动可以加快血液循环，促进新陈代谢，使得动作更加协调，身体更加结实、健康；绘画、拼图、玩水等小肌肉活动的游戏能够训练学前儿童的手腕、手指的灵活性，锻炼手眼的协调能力，这些都对学前儿童身体的生长发育有重要的作用。

② 游戏促进学前儿童的基本动作和基本技能的发展。例如，跑、跳、攀爬、推拉等以大肌肉活动为主的体育游戏，能够锻炼学前儿童的大肌肉活动能力；穿珠、拼插等以精细动作为主的游戏，能够发展学前儿童手部小肌肉的活动能力，促进手眼协调。此外，很多游戏是在户外进行的，在这个过程中，学前儿童能够直接接触到阳光和新鲜空气，可以增加学前儿童对环境变化的适应能力，能迅速做出反应，从而变得更加敏捷。

2. 游戏促进学前儿童认知能力的发展

① 游戏帮助学前儿童认识周围事物。游戏是学前儿童认识事物的途径，在游戏

中，学前儿童能够接触各种各样的游戏材料，加深其对外部世界的认识。例如，在玩水的游戏中，学前儿童在游戏中认识了水，感受到了水的流动、溶解等基本性质，感受到干和湿的对比，并且通过游戏也认识了喷壶、水桶、碗等盛水工具。又如，在小医院的游戏中，学前儿童通过角色扮演，知道了在医院等公共场合需要注意的问题，知道了应该遵守的规则等。多种多样的游戏为学前儿童提供了丰富的知识和经验。

② 游戏促进学前儿童智力的发展。幼儿期是智力发展的最佳时期，游戏为学前儿童提供了智力发展的最佳途径。在游戏中，学前儿童通过观察、比较、分类、想象、思考等心理活动，通过操作、探索各种材料和玩具，能够了解物体的各种性能、认识事物之间的关系，使得学前儿童的知识和技能都得到了发展。例如，在小超市的游戏中，教师单纯教学前儿童认识水果、蔬菜时，学前儿童可能不感兴趣；但是，如果是在游戏中，学前儿童可能会乐此不疲，通过这样的游戏，学前儿童能够在愉悦的氛围中认识水果和蔬菜的名称、外形特征等，并能够学会基本的数学运算。

③ 游戏激发学前儿童的想象力。虚构性是学前儿童游戏的重要特征，游戏为学前儿童提供了充足的想象空间，因此，想象是学前儿童游戏中不可或缺的部分。在游戏中，材料或者玩具可以通过"以物代物"在想象中使用，学前儿童自身也可以通过在"以人代人"的想象中进行。例如，在游戏中，学前儿童可以把一支笔想象成"针""筷子""梳子"等，也可以把自己想象成"医生""爸爸""妈妈""宝宝"等。

④ 游戏发展学前儿童的思维能力。游戏能够推动学前儿童去思考和创作。例如，在建构游戏中，学前儿童在玩积木的过程中，会自然而然地进行思考和想象，再根据已有的经验进行再创作。此外，学前儿童在游戏中会不断地探索、发现，同样一个玩具，学前儿童在游戏中可以发现其不同的玩法等。因此，我们可以看出，游戏可以为学前儿童提供分析、判断、推理、概括和总结的机会，发展其抽象逻辑思维能力。

⑤ 游戏培养学前儿童的语言能力。游戏为学前儿童提供了语言表达和交流的机会，并使学前儿童产生了迫切的语言交流需要，他们会把自己在游戏中看到的、想到的说出来，运用语言表达自己的想法，这就使得学前儿童扩大了词汇量，加深了他们对词义的理解，激发使用语言的积极性，也能够使他们从中理解他人的语言。例如，在建构游戏中，几位学前儿童在一起玩积木，他们会一边建一边跟小伙伴讨论，这个地方是什么、应该怎么建等。在角色游戏中，学前儿童通过语言表达自己的想法，与其他的小伙伴进行交流，推动着游戏的发展。

3. 游戏促进学前儿童创造力的发展

① 游戏促进学前儿童创造性思维的发展。在游戏中，学前儿童可以按照自己的意愿操作和摆弄物品，能变化出不同的方式来对待这些物品，可以对同一个物品做出不同的设想和行为，产生多种新颖的想法，进而培养了创造性思维。

② 游戏可以为学前儿童创造并提供宽松、自由的氛围。游戏是学前儿童自主进行的，不受教师或者其他成人的约束，学前儿童在游戏中非常放松，因此，在游戏中学前儿童的奇思妙想不仅可以得到实现，而且还有可能得到其他人的认可或者赞赏，这就为学前儿童提供了创造的空间和条件，进而促进了其创造力的发展。

4. 游戏促进学前儿童情感的发展

① 游戏丰富学前儿童积极的情绪。学前期是个体情绪情感发生发展的重要时期，游

戏是学前儿童自主的活动，是学前儿童按照自己意愿进行的，因此，游戏的氛围是比较宽松、自由的，在这样的环境中，没有强制的目标和任务，减少了学前儿童要完成任务的紧张和焦虑。此外，通过游戏满足了学前儿童的需要和愿望，使其感到快乐、自信、满足等，这些都丰富了学前儿童的积极情感，进一步促进了学前儿童情感的发展。

② 游戏能宣泄学前儿童消极的情绪。由于身心发展水平的限制，在社会生活中，学前儿童处于弱势地位，因此，在现实生活中，学前儿童可能会感到紧张、焦虑，如果长期处于紧张、焦虑的状态，会对学前儿童的身体发展产生不利的影响。游戏恰恰能够为学前儿童提供这样一个出口，使得学前儿童能够宣泄自己的不满、紧张、害怕等消极的情绪。例如，学前儿童害怕打针，但学前儿童往往会喜欢玩"小医院"的角色游戏，因为在这种角色游戏中，通过"情景再现"，减少了学前儿童对于打针的恐惧，而且学前儿童通过扮演"医生"给别人"打针"这种游戏，排解了自己对医生和打针的恐惧，这些对于宣泄学前儿童消极情绪都具有重要意义。

5. 游戏促进学前儿童社会性的发展

① 游戏促进学前儿童社会交往能力的发展。游戏与玩具是学前儿童交往的媒介，通过游戏，学前儿童实现了与同伴的交往，发展了自身的社会交往能力。例如，在一个游戏尤其是角色游戏中，学前儿童在游戏开始之前会对游戏的主题、角色的分工、情节和玩法等进行交流、讨论，需要大家共同协商，这就促进了学前儿童社会交往能力的发展。

② 游戏有助于学前儿童克服自我中心意识。游戏特别是角色游戏对发展学前儿童从他人的角度看问题的能力起着重要的作用。通过角色游戏中扮演他人，学前儿童学会发现自我以及自我与他人的区别，明白"我"和"你"的区别与联系，学会如何与他人交往、如何满足自己和他人的需要，这极大地克服了学前儿童的自我中心意识。

③ 游戏有助于学前儿童社会角色的学习。在游戏中，学前儿童对角色的多样性和稳定性的理解与体验，有助于学前儿童在现实生活中的角色扮演和转换，加深对社会角色的认识，掌握社会性规范，增强社会适应能力。例如，通过"小超市"的游戏，学前儿童知道了"售货员"的职责，知道了作为"顾客"要遵守秩序、要排队结账等；在"司机""行人"的游戏中，学前儿童知道了要遵守交通规则，红灯停，绿灯行；在"娃娃家"的游戏中，学前儿童知道了"妈妈"和"爸爸"要照顾"宝宝"的生活起居等。在游戏中，学前儿童都在遵守着游戏中的规则，这些实质就是社会行为规范的缩影，这样的游戏极大地促进了学前儿童对社会角色的学习。

④ 游戏有助于学前儿童社会规范的掌握。"理解并遵守日常生活中基本的社会行为规范"是《纲要》对学前儿童在社会领域提出的发展目标。由于学前儿童的年龄特点和发展水平的限制，对学前儿童进行社会规范的说教得到的效果微乎其微。而在社会性的游戏中，学前儿童可以潜移默化地区分是非、善恶，能够懂得什么是该做的、什么是不该做的，进而掌握社会规范，形成良好的品德。

⑤ 游戏有助于学前儿童自制能力的培养。在游戏中，学前儿童必须遵守游戏规则，哪怕是自己不愿意做的，也要坚持控制自己，在游戏中学会了自我控制、延迟满足等。例如，在"小医院"的游戏中，学前儿童要坚持照顾生病的"宝宝"；在"我是木头人"的游戏中做到坚持不动等。

第五章　幼儿园教学活动与学前儿童游戏

> 历年真题

【5.6】简答题：简述游戏对幼儿发展的作用。

（二）学前儿童游戏的分类

长期以来，学前儿童游戏的分类没有一个明确的结论，不同的学者持有不同的观点，当前主要从以下几个角度进行分类。

1. 依据学前儿童认知发展阶段进行的分类

从学前儿童认知发展阶段的角度对游戏进行分类，最早始于皮亚杰，他认为学前儿童的游戏水平受其认知发展水平的影响，并与认知发展阶段相适应。学前儿童在不同的认知发展阶段会出现不同水平、不同类型的游戏，主要有以下四种。

（1）练习性游戏

练习性游戏又称技能性游戏或实践性游戏，主要是由简单的重复动作组成，学前儿童进行这样的游戏主要是为了获得某种愉快的体验而单纯重复某种活动或者动作，如摇铃、拍水、反复敲打桌子等。这类游戏对应感知运动阶段，是游戏发展的最初形式，主要出现在0—2岁。

> 历年真题

【5.7】幼儿反复敲打桌子，在房间里跑来跑去，在椅子上摇来摇去，这类游戏属于（　　）。
　　A. 结构游戏　　　　　　　　B. 象征性游戏
　　C. 规则游戏　　　　　　　　D. 技能性游戏

【5.8】儿童最早玩的游戏类型是（　　）。
　　A. 练习性游戏　　　　　　　B. 规则游戏
　　C. 象征性游戏　　　　　　　D. 建构游戏

（2）象征性游戏

象征性游戏最主要的特征就是"假装"，是指学前儿童对事物的某些方面做"想象的改造"，即实现"以物代物""以人代人"，从而反映周围现实生活的游戏形式。例如，学前儿童把树叶当作食物、把自己当作"妈妈"等。

象征性游戏是学前儿童典型的游戏形式，2岁以后开始大量出现，4岁以后是比较成熟的发展阶段，5岁达到高峰。

> 历年真题

【5.9】幼儿拿一根竹竿当马骑，竹竿在这个游戏中属于（　　）。
　　A. 表演性符号　　　　　　　B. 工具性符号
　　C. 象征性符号　　　　　　　D. 规则性符号

（3）结构性游戏

结构性游戏是指学前儿童按照一定的计划或者目的来组织不同结构的材料，使之呈现出一定的形式或者结构的活动，主要包括搭积木、插积塑、手工游戏、泥工、拼图、玩沙、堆雪等。

结构性游戏是我国幼儿园里最常见的一种游戏形式，出现在前运算阶段，2岁发生，学前教育阶段随着年龄的增长有发展的趋势。

历年真题

【5.10】幼儿以积木、沙、雪等材料为道具来模仿周围现实生活的游戏是（　　）。
A. 表演游戏　　　　　　　　　　　　B. 结构游戏
C. 角色游戏　　　　　　　　　　　　D. 规则游戏

【5.11】简答题：简述积木游戏对幼儿发展的影响。

（4）规则性游戏

规则性游戏是指一种至少由两人参加、按游戏规则判胜负的竞赛性游戏，这种规则可以是由成人事先制定的，也可以是按照故事情节设定的，还可以是学前儿童按照游戏的发展自己设定的。规则性游戏一般分为两类，包括智力性质的竞赛（如下棋、打牌）和运动技巧方面的游戏（如拔河、跳房子等）。这类游戏多在4—5岁开始萌芽，大量出现在学前儿童中晚期，即具体运算阶段。

2. 依据游戏的社会交往水平进行的分类

美国心理学家帕登（Parten）根据学前儿童（2—6岁）在游戏中的社会交往水平，将游戏划分为以下六种类型。

（1）无所事事的行为或偶然的行为

学前儿童无所事事、独自发呆，行为缺乏目标，并不实际参加游戏。他们到处乱晃、爬上爬下、东游西荡，偶尔会看看别人。

（2）袖手旁观的行为

学前儿童大部分时间都是在看别人游戏，在过程中，偶尔会与他人交流，有时候会提出一些问题或建议，但并不介入他人的游戏。

（3）单独的游戏

常见于婴幼儿时期的游戏。学前儿童的注意力集中在自己的玩具上或专注于自己的操作活动，不注意也不关心别人的游戏。这个阶段的学前儿童往往旁若无人地玩自己的玩具，这类游戏一般出现在0—2岁。

（4）平行的游戏

平行的游戏是指两人以上的、在同一空间内进行的、玩着基本相同的游戏内容或者相同玩具的个人独自的游戏。在平行游戏中，学前儿童之间相互靠近，能够意识到别人的存在，相互之间会有眼神的接触，甚至有可能模仿同伴，但是在这个阶段，幼儿之间没有共同的目的，也没有合作的行为。常见于儿童初期，大约2—3岁的儿童游戏。

> **历年真题**

【5.12】当教师以"病人"的身份进入小班"医院"时,有6位"小医生"同时询问病情,每个孩子都积极为教师看病、打针,忙得不亦乐乎,结果教师一共被打了6针。对小班幼儿这种游戏行为最恰当的解释是( )。

A. 过于重视教师身份 B. 角色游戏呈现合作游戏的特点
C. 在游戏角色定位上出现混乱 D. 角色游戏呈现平行游戏的特点

(5) 联合的游戏

联合的游戏又称分享游戏,是指两位以上的学前儿童一起进行相似但不同的游戏,没有分工,也没有按照具体目标或者结果组织活动。在联合游戏中,不同的学前儿童可能会相互交换材料或者语言交流,甚至对他人的活动进行评论。从表面上看,在这类游戏中,学前儿童之间发生了联系,但实际上,他们之间没有共同的目标,每个人仍然是按照自己的兴趣来参加游戏的,不会为了集体的兴趣放弃自己的兴趣。

(6) 合作的游戏

这种游戏有共同的主题,儿童之间往往形成小组,合作玩游戏,参与者以集体共同的目标为中心,分配角色,协商游戏任务的分工,讨论活动方案或方法,以完成集体共同的目标。这类游戏具有组织性,有明显的集体意识,合作的游戏是社会性程度最高的游戏。

3. 依据游戏的内容和性质进行的分类

根据游戏的内容和性质,学前儿童游戏可以分为两类:创造性游戏和规则性游戏。这种分类也是当前我国幼儿园常用的游戏分类方法。

(1) 创造性游戏

创造性游戏是指学前儿童以想象为中心,主动、自主地反映现实生活的游戏。这类游戏更多地体现学前儿童的主动性、创造性,突出学前儿童的自主自愿的特性。创造性游戏一般包括角色游戏、结构游戏和表演游戏等。

① 角色游戏。角色游戏是指学前儿童通过角色扮演,运用想象,创造性地反映个人生活的一种游戏。这种游戏一般有特定的主题,如娃娃家、医院、超市等,角色游戏是幼儿期最典型、最有特色的游戏。

② 建构游戏。建构游戏又称结构游戏、建筑游戏,是指学前儿童利用各种建构材料或玩具(泥、沙、积木、积塑等)进行建构活动的一种游戏形式。这种游戏对学前儿童精细动作及思维能力的发展有着重要的意义,因此,建构游戏又被称为"塑造工程师的游戏"。

③ 表演游戏。表演游戏是指学前儿童按照文学作品中的内容扮演某一角色,再现文学作品的一种游戏形式。表演游戏一般分为桌面表演、木偶表演、戏剧表演等。

(2) 规则性游戏

规则性游戏又称有规则游戏,是指成人为发展学前儿童的各种能力而编写的、有明确规则的游戏。规则性游戏主要包括体育游戏、音乐游戏和智力游戏。

关于学前儿童游戏的分类还有很多，但是需要注意的是，无论哪一种分类，都有一定的标准和依据，以上游戏的分类并不是绝对的。它们之间可能相互包含。

历年真题

【5.13】活动设计题：大班的江老师出差两天，回来以后，孩子们都过来告亮亮的状，说亮亮总是搞破坏。亮亮说："我不是在搞破坏，我是孙悟空，我在打妖怪。"晶晶说："我不是妖怪，我是唐僧，其他孩子也说我不是妖怪，我是玉皇大帝。还有的说我也是孙悟空，我要扮演孙悟空。"孩子七嘴八舌，早就忘记了告状这件事。都在讨论自己要扮演什么。

问题：请设计谈话活动，从孙悟空的行为目的和意义开始，将幼儿的破坏性扮演行为引导成为表演性游戏行为。要求写出名称、目标和活动过程。

三、学前儿童游戏的组织与指导

学前儿童游戏水平的发展和提高离不开教师的组织与指导，教师对游戏活动的组织和指导水平直接决定了学前儿童游戏的水平，因此，要想推动学前儿童游戏水平的进步就要提高教师组织和指导游戏的水平。

（一）教师组织与指导学前儿童游戏的策略

教师是学前儿童游戏的组织者和指导者，在学前儿童游戏中起着重要的作用，教师如何介入学前儿童游戏进行指导是一个很关键的问题。一般而言，教师介入游戏可以从以下几个方面思考。

1. 教师介入的角色

教师以什么样的身份介入游戏是一个值得思考的问题，如果教师以合适的身份介入能极大地促进游戏的深入和发展，如果身份定位不合适，反而会收到反效果。一般教师介入游戏有两种角色：支持性角色和非支持性角色。

（1）支持性角色

① 旁观者。当学前儿童在玩游戏时，教师在一旁观察，用言语或者非言语（微笑、点头等）形式来表示对他们游戏的关注、对他们行为的支持。

② 舞台管理者。教师不参与游戏，但是积极地为学前儿童游戏做准备，并时刻准备着为游戏提供帮助。例如，为学前儿童准备游戏材料，协助学前儿童布置环境，适当提出建议以深化游戏的进行等。

③ 共同游戏者。教师作为游戏伙伴参与游戏，通过一些策略间接对游戏产生重要影响。但需要注意的是，教师作为共同游戏者参与游戏时，一定不能安排学前儿童进行游戏，要让学前儿童始终处于游戏的主导地位。

④ 游戏带头人。由于学前儿童身心发展水平的限制，他们在进行游戏时，可能会出现游戏无法拓展或者深入的情况，这时候教师要积极介入，可以通过提议新的游戏主题、介绍新的道具等对学前儿童游戏进行指导。

(2) 非支持性角色

① 不参与者。我们在幼儿园里经常会见到这种情况，学前儿童在玩游戏时，教师不参与学前儿童的游戏，往往是处理自己的事情，对学前儿童的游戏不进行任何干预。

② 导演者。教师在学前儿童游戏中起着导演的作用，教师决定着学前儿童在游戏中玩什么、怎么玩等，完全控制学前儿童的游戏，使得学前儿童没有任何自主性。

2. 教师介入的时机

学前儿童游戏的实践证明，教师和学前儿童一起玩游戏可以大大提高游戏的水平，提高游戏的质量，具有重要意义。但是教师应该在何时介入，这就需要其把握好介入游戏的时机，一般教师可以在以下情况发生时介入。

① 学前儿童在玩游戏出现困难时。由于学前儿童身心发展水平的限制和制约，学前儿童在游戏中可能出现不知道如何深入或者不知道应该做什么游戏、如何做游戏的情况，这时教师要及时介入。

② 游戏秩序受到威胁时。如果在游戏过程中，学前儿童出现了矛盾或者冲突，使得游戏的秩序及规则受到威胁或者学前儿童出现危险，教师可以用游戏口吻及时制止学前儿童的行为，保证学前儿童的安全，促进游戏的正常进行。

③ 当学前儿童对游戏失去兴趣或者准备放弃时。当学前儿童因为各种原因对游戏失去兴趣或者准备放弃时，教师的介入可以帮助学前儿童拓展游戏内容、提高游戏技能，从而进一步激发学前儿童的兴趣。

④ 在游戏内容发展或技巧方面出现困难时。在这种情况下，教师可以作为游戏同伴介入游戏，通过给予学前儿童帮助，也可以鼓励或者激发学前儿童之间相互启发、相互影响，共同克服困难，促进游戏的发展。

历年真题

【5.14】在教育活动中，幼儿园老师总是主动为幼儿提供丰富的游戏，并指导幼儿开展游戏活动。下列关于该行为的理由不正确的是（　　）。

A. 游戏能促进幼儿同伴关系的建立

B. 游戏是教师自发自主的行为

C. 游戏需要教师的综合指导

D. 游戏是幼儿学习的基本形式

3. 教师介入的方式

教师一旦介入学前儿童的游戏，就要针对具体的情况选择合适的方式进行指导，给予学前儿童有针对性的指导，从而提高学前儿童的游戏水平。

(1) 以游戏者的身份介入

在学前儿童玩游戏过程中，教师可以借助游戏者的身份介入。例如，在学前儿童玩"小医院"的游戏时，如果仅仅是学前儿童自己玩，往往会使游戏无法深入、学前儿童无所事事，这时候教师就可以扮演病人，假装自己在家肚子疼，引导学前儿童将病人与救护车联系起来，从而拓展游戏内容。一般而言，教师以游戏者的身份介入游戏主要有两种方法——平行介入法和交叉介入法。

平行介入法主要是指教师为了引导学前儿童游戏，在学前儿童附近玩相同或者不同材料的游戏，以引导学前儿童进行模仿，这种指导方式是隐性的，起暗示作用。交叉介入法是指教师以游戏者的身份参与到游戏中，与学前儿童共同游戏，直接推动游戏的进展。

（2）以游戏材料为媒介介入

游戏材料是学前儿童游戏得以正常、顺利进行和发展的物质基础。在学前儿童玩游戏的过程中，教师可以为学前儿童玩游戏提供材料，同时要根据学前儿童游戏的不同及时调整游戏材料，引发学前儿童游戏的兴趣，促进游戏的延续和提升。

（3）以语言为媒介介入

在游戏中，教师可以通过建议、鼓励、询问等口头语言，也可以通过眼神、手势、表情等肢体语言进行指导。

教师介入学前儿童游戏的方式有很多种，需要注意的是教师要根据学前儿童的游戏情况，灵活、综合地使用多种语言形式，促进游戏的进行。

（二）教师对学前儿童各类游戏的组织和指导

当前，角色游戏、建构游戏、表演游戏和规则性游戏是我国幼儿园游戏的主要形式，下面主要以这四类游戏为例讨论教师如何对学前儿童游戏进行组织和指导。

1. 角色游戏的组织和指导

角色游戏是学前儿童游戏最主要的游戏活动类型，对儿童的发展具有很重要的作用。教师若想更好地发挥角色游戏的重要作用，就要对角色游戏进行组织和指导。

（1）角色游戏的组织策略

① 丰富儿童的生活经验。角色游戏与儿童的生活紧紧联系在一起，儿童通过角色游戏反映现实生活，儿童所掌握和积累的知识和经验越多，游戏的内容就越丰富。因此，教师要想让儿童的角色游戏进行得丰富多彩，就要不断地丰富其生活体验。例如，教师可以组织儿童去户外，参观了解成人的各种活动，也可以要求家长配合，多带孩子参加各种社会活动，这些都极大地丰富了儿童的生活经验。

② 提供适合的场地和丰富的材料。第一，教师要为儿童提供安全、独立的空间，供儿童进行游戏，这种场地最好是相对固定的，有条件的幼儿园甚至可以设置专门的游戏室供儿童进行角色游戏。第二，教师要为儿童提供不同的、能够激发儿童游戏的材料。巧妙、恰当地运用游戏材料可以激发儿童的游戏兴趣，为儿童带来游戏灵感。教师可以为儿童提供逼真的游戏材料，如小车、娃娃、床、听诊器等；也可以为儿童提供相似的材料，让儿童通过想象实现"以物代物"，充分发挥儿童的想象力；也可以为儿童提供半成品材料，或与儿童一起动手制作材料。

③ 提供充足的游戏时间。学前儿童游戏时间的长短直接影响了游戏的质量：如果时间过长，儿童会对游戏感到疲惫；如果时间过短，则游戏无法深入开展，儿童感受不到游戏的快乐。一般来说，游戏的时间不得少于30分钟。

④ 教会儿童分配游戏角色。角色的分配是角色游戏中重要的一环，儿童往往会因为角色的分配产生争执或者耗费太多的时间，教师要教给儿童一些分配角色的方

法，如抽签、轮流、报名先后等，让儿童逐渐学会如何较好地分配角色，这样不仅有利于游戏的顺利进行，而且也有利于儿童的社会性发展。

⑤ 根据儿童的表现给予适当的引导。在游戏中，儿童有较多的主动权，始终处于主体地位，但是教师应在合适的时机选择适宜的方式进行介入，针对儿童的不同差异进行不同的指导，做到因材施教。

（2）角色游戏的指导策略

不同的年龄阶段学前儿童的游戏水平差异比较大，教师要针对其不同年龄特点进行有针对性的指导。角色游戏中，学前儿童不同年龄阶段的特点及相应的指导策略详述如下。

① 小班角色游戏。

儿童特点：小班的儿童处于独自游戏、平行游戏的高峰期，主要与玩具或者游戏材料发生作用；角色意识差，游戏内容主要是重复操作、摆弄玩具，情节简单；学前儿童之间的交往比较少。

指导策略：教师要为儿童提供种类少、数量多的成型玩具，避免儿童因争抢玩具而发生纠纷，进而满足其平行游戏的需要；教师以游戏者的身份介入游戏，引导儿童；教师要注重培养儿童的规则意识，让儿童在游戏中逐渐学会独立和自我管理；通过游戏评价不断丰富儿童的游戏经验。

② 中班角色游戏。

儿童特点：随着年龄的增长，学前儿童认知范围逐渐扩大，中班角色游戏的内容、情节都要比小班丰富；中班儿童处于联合游戏阶段，想尝试所有的游戏主题，因此他们的游戏主题丰富，但是不稳定；有了与别人交往的愿望，但是缺少交往技能，常与同伴发生冲突；角色意识较小班有了很大的提高，能够按照自己选定的角色进行游戏。

指导策略：教师要为儿童准备丰富的材料，鼓励他们玩多种主题或相同主题的游戏；仔细观察并分析儿童出现纠纷的原因，以平行游戏或者合作游戏的方式指导，解决儿童之间的纠纷；引导儿童分享游戏经验，丰富游戏的主题和内容；指导儿童学会并掌握交往技能和社交规则，促进儿童与同伴交往，学会解决游戏中的简单问题。

③ 大班角色游戏。

儿童特点：大班儿童处于合作游戏阶段，喜欢与同伴一起游戏；大班儿童能够按照自己的愿望主动选择主题，并能够按照计划有条不紊地进行游戏；大班儿童在游戏中独自解决问题的能力增强。

指导策略：教师要引导儿童一起准备游戏材料和场地，侧重语言引导，培养儿童的自主性；观察儿童在游戏中的行为，及时给儿童提供开展游戏的练习机会和必要的帮助；允许并鼓励儿童进行创造，培养儿童的创造性；通过讲评让儿童之间相互学习，扩展思路，不断提高角色游戏的水平。

历年真题

【5.15】材料分析题：角色游戏中，大（二）班在教室里开展"理发店"主题游戏，教师为了提升幼儿的游戏水平，主动为幼儿制作了理发店的价目表（见表5.1）。

表 5.1　理发店价目表

美发区		美容区	
洗发	10 元	牛奶洗脸	10 元
剪发	10 元	美白面膜	15 元
烫发	30 元	造型设计	20 元
染发	30 元	身体按摩	20 元

问题：请结合你对角色游戏的理解，分析教师提供价目表这一做法是否适宜，并提出建议。

【5.16】简答题：简述角色游戏活动中教师的观察要点及其目的。

2. 建构游戏的组织和指导

建构游戏，又称结构游戏、建筑游戏，在这种游戏中，儿童根据自己的想象进行构造，表现某一事物的形态。从根本上而言，这些事物的形态都是直接或者间接来自儿童的生活，因此，建构游戏也是儿童创造性反映现实生活的游戏。

（1）建构游戏的组织策略

① 创设良好的游戏环境和条件。第一，教师要为儿童进行建构游戏创设一个自由、信任、平等、宽松的环境，消除学前儿童的紧张感，使得儿童产生安全感和自由感，激发他们的好奇心和创造的动力，使其更好地进行游戏；第二，教师要为儿童进行建构游戏提供丰富的、具有启发意义的物质条件。例如，提供安全、独立、适合游戏的场地，保证儿童有足够的游戏时间，为儿童提供丰富的游戏材料等。

② 引导儿童认识建构材料，学习建构技能。建构游戏对材料认知和动作技能有一定的要求，教师应该引导儿童认识建构材料，如建构材料的大小、形状、颜色等特征；激发儿童的建构兴趣，并在兴趣的基础上培养建构技能，如排列、组合、拼插、堆砌、黏合等，不断提高儿童的建构水平。

③ 丰富并加深儿童对物体或者建筑物的印象。儿童对周围的物体或者建筑物有明确的认识和深刻的印象，这是开展建构游戏的基础。只有使儿童有明确的印象，建构活动才能丰富、充实。因此，在实际生活中，教师要引导儿童对周围物体和建筑物进行细致的观察，抓住其外部特征，从而更好地开展建构游戏。

（2）建构游戏的指导策略

建构游戏中，学前儿童不同年龄阶段的特点及相应的指导策略详述如下。

① 小班建构游戏。

儿童特点：小班儿童选用材料盲目而简单；建构技能简单；自控力差，坚持性差；无主题，无建构计划。

指导策略：教师要引导儿童认识建构材料，学习建构技能，鼓励儿童独自尝试建构简单的物品；教师要引导儿童有意识地给自己的建构物命名，不断使儿童理解和明确游戏主题，提高儿童玩游戏的目的性和计划性；教师要建立游戏规则，教会儿童自己整理和保管建构材料等。

② 中班建构游戏。

儿童特点：中班儿童能围绕建构物的特征来开展游戏；中班儿童在建构游戏中有游戏主题，但是不稳定；中班儿童建构技能以"架空"为主；中班儿童能够与同伴进行交流，坚持性较小班儿童有所增强。

指导策略：教师应丰富儿童的生活经验，丰富建构游戏的内容；教师要培养儿童设计建构方案，学会有目的地选材，看平面结构图；教师应着重指导儿童的建构技能学习；教师要培养儿童相互合作的意识，开展小组建构活动。

③ 大班建构游戏。

儿童特点：大班儿童建构的目的性、计划性、持久性增强；大班儿童合作意识大大增强，能够合作选取丰富的材料；建构技能日趋成熟；大班儿童游戏灵活性增强，能够根据游戏情境需要产生新的建构主题。

指导策略：教师要培养儿童独立建构的能力，并逐渐让其学会按计划、有顺序地进行建构；教师要鼓励儿童开展集体建构活动，共同设计方案，分工合作；教师应引导儿童在欣赏自己和同伴的作品时，逐渐培养自我评价和评价他人的能力。

3. 表演游戏的组织和指导

在表演游戏中，儿童扮演故事中的角色，用对话、独白、动作、表情等来进行表演，教师要注意与角色游戏的区别。

（1）表演游戏的组织策略

① 选择适宜的文学作品。教师要为儿童选择适合其表演的文学作品，主要考虑以下几个方面：是否具有教育意义；是否适合儿童的身心发展水平，便于理解；是否具有一定的表演性。此外，教师还要引导儿童熟悉并理解该文学作品，只有这样才能激发儿童游戏的兴趣。

② 创造适宜的表演游戏的环境。教师要为儿童的表演游戏提供相对固定并合适的舞台，这样才能为儿童的表演游戏渲染气氛，鼓励儿童进行表演游戏；还要为儿童提供适宜并且足够的道具和服饰，增加儿童表演游戏的趣味性和形象性。

③ 培养和提高儿童的表演技能。在表演游戏中，儿童经常用到语言表达技能、歌唱表演技能、形体表演技能等，这些技能的掌握直接影响学前儿童的表演游戏的进行，因此教师要有意识地培养儿童的这些技能，可以通过示范、与儿童共同参加表演等方法培养并发展其表演技能，增加其进行表演游戏的机会和乐趣。

④ 鼓励儿童对原有文学作品进行创新。表演游戏是对文学作品的再现，但又不是完全的重复，需要儿童的再创新，因此，教师要鼓励并引导儿童在原作品的基础上进行合理的创新。

（2）表演游戏的指导策略

表演游戏中，学前儿童不同年龄阶段的特点及相应的指导策略详述如下。

① 小班表演游戏。

儿童特点：小班儿童角色意识不强，与同伴交往欲望低，表演技能相对较差，喜欢重复表演自己感兴趣的某个动作或者某句话。

指导策略：教师要尊重儿童意愿，为儿童提供主题鲜明、内容简单、符合儿童兴趣的作品；教师要为儿童准备足够的道具和材料；帮助儿童选择适当的角色；教师在游戏前可以为儿童做示范。

② 中班表演游戏。

儿童特点：中班儿童能够独立进行角色分配，但进入游戏的过程较慢；游戏性强，但是目的性较弱。

指导策略：教师应为儿童准备封闭或者半封闭的空间，最好是相对固定的；教师应为儿童提供足够的游戏时间，一般不得少于 30 分钟；教师在游戏开始时要帮助儿童进行分组工作，讲解角色更换原则，不急于示范，耐心等待学前儿童协商、讨论。

③ 大班表演游戏。

儿童特点：大班儿童能独立完成角色分配工作，有较强的角色更换意识；游戏的目的性、计划性较强，能自觉并较完整地表现故事内容；具有一定的表演意识，但尚待提高；具备一定的表演技巧，能灵活运用多种表现手段，但水平尚待提高。

指导策略：教师要为儿童提供不同种类的游戏材料，鼓励儿童进行探索；在游戏最初阶段应尽可能减少对儿童表演游戏的干预；在游戏过程中，教师要及时给予反馈，提高儿童表现故事、塑造角色的能力，侧重点放在帮助儿童运用语气、语调、生动的表情和夸张的动作来塑造角色上；教师可以通过反思性谈话和小组讨论来帮助儿童丰富游戏情节，使其能够对故事进行再创造。

4. 规则性游戏的组织和指导

规则性游戏是教育者根据教育目标和儿童身心发展特点，有组织、有计划地创编的以规则为中心的游戏。规则性游戏与幼儿园的教育活动息息相关，在促进儿童认知能力、运动技能及音乐技能等方面具有重要意义。规则性游戏的组织和指导策略主要包括以下内容。

① 做好规则性游戏的准备工作。首先，教师应该为儿童选编合适的游戏规则。教师要根据儿童的教育目标和儿童的身心发展水平，选择具有教育意义并适合儿童的游戏规则，以激发儿童的游戏兴趣，并使儿童得到发展，促进儿童游戏的积极性。其次，教师要熟悉游戏规则。只有教师对游戏规则熟悉，才能及时解决儿童游戏中的问题。最后，要提供适宜的游戏场地和材料，并确定游戏时间。教师要根据游戏的内容和性质确定游戏场地和材料。例如，在"老鹰抓小鸡"游戏中，教师要为儿童提供足够宽敞、安全的游戏场地。此外，游戏时间的长短要根据游戏内容确定，进而保证游戏的效果。

② 教会儿童理解并掌握游戏规则。规则性游戏顺利实施的前提就是儿童能够理解并掌握规则，这时候就需要教师"教"儿童掌握游戏规则。一般而言，教师在讲解规则时，要尽可能运用生动的语言和形象的示范让儿童明确游戏的名称、玩法及规则，教师也可以借助多媒体进行展示，还可以在和儿童玩游戏的过程中让其掌握游戏规则。

③ 组织儿童积极参与，进行有针对性的指导。在儿童明确了游戏规则和玩法之后，教师还要激发其游戏兴趣，培养儿童参与游戏的积极性、主动性。教师还要针对不同年龄段的儿童进行有针对性的指导。例如，对于小班的儿童，教师要注重用生动、形象的语言和动作对规则进行讲解，游戏规则也是儿童在游戏过程中逐渐学到的；对于中班儿童，教师要注意在游戏过程中提醒儿童注意遵守游戏规则，关注游戏结果；对于大班儿童，教师可以多用语言对游戏规则进行讲解，要求儿童独立进行游戏并严

格遵守游戏规则，这一阶段可以开始复杂的游戏竞赛。

④ 做好游戏的结束工作。规则性游戏结束后，教师要引导儿童收拾游戏的场地和材料，并针对儿童在游戏中的表现进行评价，让儿童保持对游戏的兴趣。

> **历年真题**

【5.17】材料分析题：在开展"烧烤店"游戏前，大一班的李老师加班加点为幼儿准备了烧烤架、烧烤夹，以及各种逼真的"鱼丸""香肠""土豆片"等食材；大二班的王老师没有直接投放材料，而是与幼儿商量，并支持他们自己去寻找、搜集所需材料。幼儿游戏情景分别见图5.1（大一班）和图5.2（大二班）。

图5.1　大一班

图5.2　大二班

问题：
（1）哪位教师的做法更恰当？
（2）请分别对两位教师的做法进行评析。

本章结构

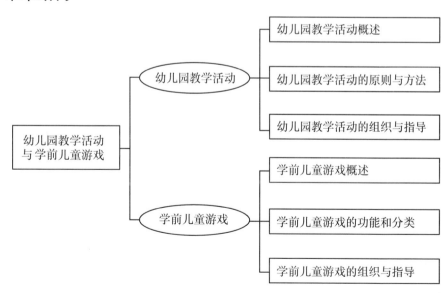

第六章

幼儿园一日生活

学习目标

- 理解幼儿园一日生活主要环节的意义、原则。
- 掌握幼儿园一日生活主要环节及其要求。
- 能运用一日生活各环节组织要点解决幼儿在幼儿园中出现的问题。

学习重点

- 掌握幼儿园一日生活的主要环节及要求,并据此进行活动设计。

知识要点与学习方法

本章主要对幼儿园一日生活主要环节进行概述,帮助学生了解幼儿园一日生活的概念、特点、意义、原则和主要环节等,熟悉、掌握幼儿园一日生活主要环节的内容要求,并设计幼儿园一日生活主要环节组织方案。学生学习时需对本章的知识点进行记忆与理解,需要注意幼儿园一日生活主要环节组织方案在学前教育实践中的运用。

【案例导入】

壮壮和豆豆是一所幼儿园的同班小朋友,在一次体育活动时,壮壮不小心把飞盘扔到豆豆身上,两人由争吵发展成扭打,这时候,没有老师前来拉开他们。扭打过程中,壮壮再次把飞盘扔向豆豆,飞盘碰伤豆豆的眼睛,经医院诊断,豆豆的视力下降,需要上万元治疗费。豆豆的家长要求壮壮的家长和幼儿园共同赔偿,遭到双方拒绝后便将其告到法院。

上面这个事件中幼儿园的教师有责任吗?

幼儿在幼儿园活动时,教师应确保全体幼儿在自己视线范围内,并保证其安全,发现他们之间有冲突应及时介入。所以,以上事件幼儿园的教师是有责任的。

第一节 幼儿园一日生活主要环节

一、幼儿园一日生活概述

《纲要》"总则"第四条明确指出:"幼儿园应为幼儿提供健康、丰富的生活和活动环境,满足他们多方面发展的需要,使他们在快乐的童年生活中获得有益于身心发展的经验。"《指南》"说明"中的第四条第3点明确指出:"幼儿的学习是以直接经验为基础,在游戏和日常生活中进行的。要珍视游戏和生活的独特价值,创设丰富的教育环境,合理安排一日生活,最大限度地支持和满足幼儿通过直接感知、实际操作和亲身体验获取经验的需要，严禁'拔苗助长'式的超前教育和强化训练。"这些文件规定都明确要求学前教育要关注幼儿园一日生活各环节的所有活动。

幼儿园一日生活主要环节包括：入园晨检、晨间活动、户外活动、集体教学、区域活动、游戏活动、生活活动（盥洗、如厕、午睡、起床、用餐、喝水等）、离园。教师应根据幼儿的年龄特点和身心发展水平，合理安排各项活动。充分认识一日生活各环节的教育价值，通过合理组织、科学安排来保证幼儿在园愉快地生活学习。

历年真题

【6.1】论述题：什么是幼儿园一日生活常规？试述培养幼儿一日生活常规的意义和方法？

二、幼儿园一日生活的特点

1. 作息制度的相对固定性

幼儿园一日生活作息制度是基本固定的，幼儿在园每一天的某个时间段都有准确的安排，如入园、早操、集体教学活动、午餐、午休等都有非常明确的时间划分，可以保证幼儿园一日生活的规律性、有序性，帮助幼儿养成科学合理的一日生活习惯，促进幼儿身心和谐发展。另外，作息制度在实施过程中可以适当地弹性化处理。

2. 作息制度实施中的弹性化处理

《幼儿园工作规程》第二十七条指出："幼儿园日常生活组织，应当从实际出发，建立必要、合理的常规，坚持一贯性和灵活性相结合，培养幼儿的良好习惯和初步的生活自理能力。"幼儿园一日生活安排在坚持作息制度一贯性的同时，可以根据实际情况灵活处理。例如，小班幼儿年龄小、生活自理能力相对较差，针对此情况，进餐时间可以适当延长；相应地，与之相关的生活自理能力活动安排，如午休、起床等整理准备工作的时间也可以适当延长，给幼儿动手练习提供充分的机会和必要的时间。

同一活动环节中不同幼儿应区别对待，不搞一刀切。同一年龄班级中不同幼儿能力发展水平不同，在幼儿园一日生活中尽力照顾到不同幼儿间的差异，减少幼儿在集体生活过渡环节中的消极等待情况。例如，在早上入园后早餐时段，有的幼儿已经在家用过早餐，此时教师可以让他们选择自己喜欢的晨间活动，如读书、玩玩具、画画等，在其他幼儿用餐间隙有事可做，减少其消极等待的时间。教师要注意培养幼儿自主选择的能力，并创造条件支持、鼓励幼儿发展个人爱好。

3. 加强幼儿自主管理能力

幼儿园一日生活各环节中幼儿需要教师的帮助、支持、鼓励。教师应引导幼儿逐步熟悉并掌握幼儿园一日生活各环节要求，并由此形成科学合理的生活习惯、学习习惯、同伴交往习惯等，教师要注意培养幼儿的自我管理和自我服务能力，增强幼儿的自我保护意识、培养幼儿的生活自理能力，帮助幼儿获得未来生活所需要的基本生活技能。

三、幼儿园一日生活的意义

学前教育工作者要重视幼儿在园一日生活主要环节中蕴含的教育价值，转变自身教育观念，把一日生活主要环节中隐藏的教育契机提升到显性层面上来，对幼儿施加全面的教育影响。幼儿园一日生活的意义有以下五点。

1. 有利于幼儿身心健康发展

在身体发育方面，幼儿园一日生活的很多环节都能够促进幼儿身体健康发育。教师利用早操、体育教学活动、户外游戏锻炼、晨间活动等形式，帮助幼儿开展形式多样的体能练习，锻炼其身体的灵活性，发展其基本动作。幼儿园一日三餐带量食谱的制定也是根据幼儿身体生长发育所需的各种营养均衡搭配的。另外，从早上入园晨检开始，一日生活中安排消毒清洁卫生工作，幼儿的盥洗、午休等各环节都强调创设卫生、安全、舒适的生活环境。通过开设丰富的生活内容、有规律的各项活动，促进幼儿身体健康成长。①

在心理健康方面，幼儿每天都在幼儿园中生活、学习，幼儿园尤其是班级的氛围对其影响极为重要。教师应当积极创设自由、温馨、和谐的班级气氛，让幼儿感受到家庭般的温暖，鼓励幼儿自由表达，接纳、支持、鼓励幼儿，为幼儿之间的同伴交往创设条件。根据幼儿不同时期的需求布置班级环境，如小班幼儿入园初期，为缓解其焦虑情况，教师用幼儿的家庭照片布置活动室区域，提供一些幼儿喜欢的各类色彩鲜艳、手感柔软的毛绒玩具，给幼儿营造一种家庭般的温馨氛围，缓解幼儿的入园焦虑，帮助幼儿更快地适应幼儿园生活。

历年真题

【6.2】陈老师发现班里的幼儿玲玲有遭受家庭暴力的迹象。对此，陈老师应当采取的措施是（　　）。

A. 对玲玲的家长进行批评教育　　B. 向当地公安机关报案

C. 对玲玲的家长处以一定罚款　　D. 向当地法院提起诉讼

【6.3】某幼儿园教师陈某在教育幼儿时，经常敲打、拖拽幼儿，造成幼儿身体多处淤伤。陈某侵犯幼儿的权利是（　　）。

A. 受教育权　　B. 人格尊严权

C. 人身自由权　　D. 生命健康权

2. 有利于幼儿良好常规的形成

一般来说，幼儿园常规就是需要幼儿遵守的规则和规定。具体包括三个方面含义：遵守幼儿园一日生活作息制度安排，遵守一日生活各环节具体制度的要求和规定，遵守一般的行为规范要求。幼儿在园常规主要包括生活常规、学习常规、游戏常规、劳

---

① 张春炬. 幼儿园一日活动指导[M]. 保定：河北大学出版社，2012：3.

动常规等。①

生活常规形成后，幼儿能独立生活，具备自己洗手、独立吃饭、自己穿衣服、叠被子等生活自理能力。学习常规使幼儿在集体教学活动中和个体自由探索活动中遵守活动纪律、专心致志、认真听讲、积极发言、端正坐姿等，控制自己的行为，完成学习任务。游戏常规使幼儿在游戏活动中遵守游戏规则，按照游戏规则要求调整个体行为方式。劳动常规使幼儿能够学会为自己、为班级、为家庭做力所能及的劳动，如幼儿园每天的值日生，照顾班级的植物和动物，做简单的班级卫生整理工作，协助教师做好餐前准备工作，给小朋友发放餐具等。通过为他人服务，体验自己做事情的成就感和价值感。

一日生活各环节中，教师在保育教育过程中可以帮助幼儿熟悉并掌握班级的生活常规，并由此形成科学合理的生活习惯，培养幼儿自我保护意识、养成生活自理能力和自我服务能力，帮助幼儿获得未来生活所需要的基本生活技能。

3. 有利于幼儿语言能力发展

学前期是幼儿语言能力发展的黄金时期，这一时期的幼儿在幼儿园集体中生活，在与同伴、教师的交往中，幼儿语言能力得到发展。在幼儿园一日生活中，教师应为幼儿创设自由、宽松的语言交往环境，鼓励和支持幼儿与成人、同伴交流，让其想说、敢说、喜欢说，并能得到积极回应。在幼儿园班级区域布置中开设图书角、阅读吧等，为幼儿提供丰富的、适宜的低幼读物，通过集体教学、区域活动、同伴交往、集体游戏等多种形式、多种活动，扩展幼儿的生活经验，丰富幼儿的语言内容，增强幼儿的语言理解能力和语言表达能力。为幼儿创造一起看图书、讲故事、自由表达的机会和条件，创设互动交流的氛围，使幼儿之间、幼儿与教师之间、幼儿与环境之间良性互动，丰富幼儿的语言表达能力，培养幼儿的阅读兴趣和良好的阅读习惯，促进幼儿语言能力发展。

4. 有利于幼儿良好个性特征的形成

在幼儿园一日生活中，幼儿与教师密切联系，在潜移默化中建立了对幼儿园的信任感和归属感。幼儿在幼儿园一日生活中，从幼儿与同伴、幼儿与教师之间的交往中获得愉快的情绪体验，有利于幼儿形成良好的个性特征。例如，幼儿早上入园晨检、与教师个别交谈、幼儿当值日生等，都能得到来自教师的关心和亲切接待。

5. 有利于保育教育原则的贯彻实施

《幼儿园工作规程》第三条指出，"幼儿园的任务是：贯彻国家的教育方针，按照保育与教育相结合的原则，遵循幼儿身心发展特点和规律，实施德、智、体、美等方面全面发展的教育，促进幼儿身心和谐发展"。保育教育相结合的原则是幼儿园一日生活安排的重要依据，科学合理的幼儿园一日生活作息制度制定、幼儿带量食谱的营养均衡搭配、幼儿一日生活各环节的安排等都体现了保育工作的规范化、科学化、标准化。幼儿园一日生活的保教结合有利于教师共同承担对幼儿的教育指导，对个别有特殊需求的幼儿的特别关注和照顾，这些都有助于实现良好的保教效果。

---

① 张春炬. 幼儿园一日活动指导[M]. 保定：河北大学出版社，2012：5.

学前教育学（第二版）

第二节 幼儿园一日生活主要环节组织与指导

一、幼儿园一日生活主要环节的基本原则

1. 教育性原则

教育性原则是指在组织实施幼儿园一日生活各环节过程中，把学前教育理念寓于各环节之中，充分发掘、利用其中的教育价值，使幼儿园一日生活成为学前教育的有机组成部分。教育只有通过生活才能发展成真正的教育。《纲要》强调教育要"密切结合幼儿的生活""应渗透在多种活动和一日生活的各个环节之中"。幼儿园一日生活既是教育的内容，也是教育的途径。幼儿园教育不仅要选择幼儿的生活作为教育内容，而且要通过幼儿的生活开展教育。幼儿园教育的两大任务是保育和教育，幼儿生理、心理发展的规律和特点要求教师在幼儿园一日生活中必须把保育和教育结合起来，保教结合相互促进，在幼儿园一日生活中贯彻教育性原则，只有这样才能促进幼儿身心和谐发展、健康成长。

在幼儿园一日生活各环节中，幼儿园要发挥骨干教师的带头作用，组织各班教师观摩学习，推广先进经验，在骨干教师的带头示范、言传身教下，使年轻教师尽快熟悉幼儿园一日生活中的各个环节，实现保教结合，使教育性原则落到实处。

历年真题

【6.4】幼儿园的双重任务是（　　）。
A. 保教幼儿和服务家长　　　　　　B. 看护幼儿和服务家长
C. 培养习惯和传递知识　　　　　　D. 保育和教育幼儿

2. 发展性原则

发展性原则是指在组织实施幼儿园一日生活各环节过程中，考虑到幼儿的生理、心理发展特点和发展规律，制定适合其身心发展水平的常规要求，兼顾幼儿现有发展状况，并为幼儿未来发展打基础。

兼顾幼儿现有发展状况，需要制定合理的生活常规。合理的生活常规是幼儿园集体活动顺利开展的前提和基础。幼儿园的一日生活常规内容繁杂，要求琐碎具体，教师往往需要花费很大力气纠正幼儿不合常规要求的行为，但结果往往事与愿违。例如，教师为了方便管理，做到"井然有序"，规定固定时间排队上厕所，固定时间喝水，用餐环节不能随便讲话，要等教师发放完所有的饭菜以后统一开始进餐等。生活常规应根据幼儿年龄特点和具体能力水平，消除不必要的约束和限制，变教师包办掌控为幼儿自我管理，发挥幼儿的自主性、主动性。生活常规教育应采取多样化且丰富有趣的教育方法，避免简单机械说教。教师和家长对幼儿的行为要求保持一致性、一贯性，在班级规则制定后没有特殊情况不能随意改动，保持规则执行的一致性、连

续性。教师应保证全体幼儿都能学会遵守必要的常规要求。教师应采用游戏、榜样示范等多种方式方法，鼓励幼儿，变外在的生活常规要求为内在的幼儿自我要求，帮助其形成良好的生活常规。例如，鼓励幼儿每天保证必需的饮水量，教师可以通过布置幼儿园班级环境，在饮水区设置相应的个人展示区，幼儿每次喝完一杯水都可以拿到一个标志放在自己的名字下，评选出每周、每月能按要求执行的幼儿，帮助幼儿养成科学饮水的习惯。

为幼儿未来发展打基础，需要制定合理的生活常规。在幼儿园一日生活各环节组织实施过程中，教师应当保育和教育幼儿，合理安排幼儿一日生活作息制度，为幼儿创设一个安全、丰富、有序、有趣的生活环境和教育环境，给他们同伴之间的交往提供支持和帮助，保证其身心健康成长。但保育和教育不是用包办代替成长，过度的照顾呵护非但无益反而有害，往往造成幼儿对成人过度依赖，缺少自己动手做事情的主动性、积极性，体会不到自我价值感，不利于幼儿自信心的养成。因此，教师要给幼儿动手做事情的机会，并创造相应的条件，鼓励他们做一些自我服务的工作；同时，指导能力强的幼儿为班级服务做贡献。例如，在用餐环节鼓励幼儿帮助教师给同学分发餐具，做一些简单的清洁卫生工作，发展他们的生活技能，培养他们基本的生活自理能力。

3. 情感性原则

情感性原则是指在组织实施幼儿园一日生活各环节过程中，给幼儿情感的呵护关爱，使幼儿感受到温暖，使其具有安全感。幼儿从家庭到进入幼儿园集体生活，教师要关注其心理的发展变化，帮助幼儿在幼儿园生活中感受温暖与安全，尽快建立师幼之间、同伴之间的情感联系，只有在此基础上，幼儿的学习、探索才有可能得到发展。幼儿一天中绝大多数时间都在园内生活，与教师、同伴一起，在这些看似琐碎、细微的日常生活环节中，幼儿感受到来自教师的关注照顾，情感上就得到了关怀。

幼儿园一日生活中如盥洗、进餐、午睡等环节的组织都是十分细致、具体的工作，教师可以与幼儿多沟通，建立积极的师幼关系。教师应耐心细致观察、关注幼儿的生理需求，尤其对年龄小、自理能力不足的幼儿，更要多体谅包容，对他们尿裤子、尿床等现象不指责，多包容接纳，给予他们情感支持，让他们感受到教师对他们的爱。

尊重幼儿并满足其情感需求。教师要多观察幼儿，关注他们来园的情绪状态，耐心细致地与家长交流沟通，发现问题及时处理。幼儿园一日生活各环节组织过程中，教师要关注幼儿情绪状态，如进餐时是否情绪饱满等。教师要多与幼儿沟通交流，并有适当的肢体接触，如拍拍他们的肩膀、抚摸他们的头发等，用肢体语言表达教师对他们的关注和爱，建立良好的师幼关系。

历年真题

【6.5】中班幼儿正在做手工，佳佳尿裤子了。刘老师发现后，对嘲笑佳佳的幼儿说："佳佳可能是做手工太认真，忘记上厕所了，以后我们要学习她认真做事的态度。当然，我们在认真做事时记得上厕所，那就更好了。"刘老师的做法（　　）。

A. 有利于保护幼儿的自尊心　　　　　　B. 有利于提高幼儿的操作能力
C. 有利于增强幼儿的秩序感　　　　　　D. 有利于培养幼儿的时间观念

【6.6】午餐时，幼儿辰辰翘着椅子坐，在椅子上摇来摇去，东倒西歪。对此，王老师恰当的说法是（　　）。

A. "辰辰，不准玩椅子！"
B. "辰辰，你有多动症吗？"
C. "辰辰，请坐好，椅子会坏的！"
D. "辰辰，请坐好，你会摔跤的。"

4. 关注全体与兼顾个别相结合

我国教育的根本目的是培养全面发展的人，学前教育也是我国全面发展教育的重要组成部分。全面发展的教育是以整体性、协调性为特征的。学前教育要关注全体幼儿，关心幼儿的全面发展，同时又要兼顾个别，因材施教。在幼儿园一日生活各环节中，教师要努力创设有利于每个幼儿发展的环境，针对个别差异进行适当的教育。教师要接受幼儿的个别差异，不搞一刀切，要尊重信任每一个幼儿，不强迫他们整齐划一地开展某一活动。

在幼儿园一日生活各环节的组织中，教师要采取多种形式有机结合的方法，根据幼儿自身能力发展水平开展活动。如进餐环节，请吃饭慢的幼儿先吃，能力强的幼儿帮助教师分发餐具等，做一些力所能及的辅助工作，可以增强他们的自信心、自豪感。根据幼儿不同能力水平开展适合的活动，关注全体与兼顾个别相结合。

历年真题

【6.7】赵老师在省政府机关幼儿园工作，她对班上每个孩子家长的工作单位和职务都了如指掌，在日常的保教活动中，赵老师对省政府工作人员的孩子总是特别关照。赵老师的做法（　　）。

A. 不正确，没有维护幼儿的同伴关系
B. 不正确，没有做到对幼儿一视同仁
C. 正确，有利于良好家园关系的建立
D. 正确，有利于获得更多的办园资源

5. 以游戏为基本活动原则

游戏是适应儿童天性的活动，游戏最符合幼儿的心理特点、认知水平和活动能力，能最大限度满足他们的需要。《幼儿园工作规程》第二十五条第（五）项明确指出："以游戏为基本活动，寓教育于各项活动之中。"在幼儿园一日生活中要把握以游戏为基本活动的原则，给他们充足的时间进行游戏。教师要根据幼儿的年龄特点和兴趣，积极创设游戏条件，在游戏中提供必要的支持引导，促进幼儿全面发展和良好个性的形成。①

历年真题

【6.8】活动区活动该结束了，可是晨晨的游乐园还没有搭完，他跑到老师面前："老师，我还差一点就完成了，再给我5分钟，行吗？"老师说："行，我等你。"一边说，老师一边指导其他幼儿收拾、整理……该老师的做法体现了幼儿园一日活动安排应该（　　）。

A. 与幼儿积极互动　　　　　　　B. 根据幼儿活动的需要灵活调整
C. 按作息时间表按部就班地进行　　D. 随时关注幼儿的活动

二、幼儿园一日生活主要环节的具体内容

幼儿园一日生活主要包括以下环节。

1. 入园晨检

入园是幼儿一日生活之首，把好入园关可以消除不安全因素，保障幼儿园一日生活顺利进行。幼儿园各岗位工作人员需要提前到岗，做好幼儿入园前的准备工作。教师要热情接待幼儿及家长，鼓励幼儿主动与教师、同伴打招呼，与家人道别，做好幼儿入园安全健康检查工作，严防幼儿携带危险物品入园，杜绝一切安全隐患。班级保教人员负责指导幼儿自主插放晨检卡，关注幼儿身体、情绪状况，引导幼儿按照班级要求叠放衣服、洗手等，鼓励、支持幼儿做好个人服务及卫生清洁工作。保健大夫认真记录晨检情况，做好班级交接工作。

入园环节具体包括以下内容：

① 常规巡视。巡视的目的是为幼儿创设安全舒适的生活环境。幼儿园行政领导、保安、保健大夫均需要提前到岗，根据各自的职责分工，做好幼儿入园前的相应准备工作，在各自职责范围内做好各项检查工作并及时记录，如遇到突发情况要及时上报相关领导并积极处理。

② 保证清洁。班级教师提前到岗做好班级开窗通风工作。配班人员负责做好班级卫生清洁，并备好足量饮用水，注意幼儿饮水安全。

③ 晨检。各岗位工作人员按时到岗后，在指定位置上岗。保安在幼儿园大门口巡视，确认幼儿及家长身份后方可让其凭卡入园，对可疑人员重点盘查，保证在园幼儿安全，杜绝一切安全隐患。幼儿园保健大夫要做好晨检前必备的准备工作，备好晨检记录表、晨检卡、温度计、药品盒等材料。保健大夫晨检要做到"一摸、二看、三问、四查"，对每个幼儿认真细致观察，查看幼儿双手、口腔，摸摸额头，对其进行简单而全面的检查，并询问幼儿或家长是否有特殊状况。幼儿园禁用各种自制汤药、补品等。自带药品有医嘱证明的方可服用，带药的必须是家长本人，而且要有详细的服药登记，并有自带药品留样。

---

① 张春炬. 幼儿园一日活动指导[M]. 保定：河北大学出版社，2012：34.

教师要在班级门口热情问候及接待幼儿并做好二次晨检，严防危险品进入班级。有的幼儿喜欢将一些小物品藏在书包里带到幼儿园，如小刀、小石子、小玩具等。教师平时就要加强对他们的教育，不允许带的物品一律不能带到幼儿园。教师要热情地和家长进行简单的交流沟通，记录家长的嘱托，对缺勤幼儿做好追踪记录工作。教师要多与幼儿交流，让他们感受到教师对其喜爱之情，引导其主动积极地表达情感，缓解入园的焦虑情绪。

教师在班级中应设置值日生，培养幼儿的责任感和为他人服务的意识。根据幼儿个人能力，因人而异地分配班级工作。教师应指导值日生做简单的班级卫生清洁、区域材料整理、照顾动植物等工作，鼓励他们自选区域进行简单的集体工作。

《指南》第一部分"健康"中指出："营造温暖、轻松的心理环境，让幼儿形成安全感和信赖感。"教师要注意保持良好的情绪状态，以积极、愉快的情绪影响幼儿，以欣赏的态度对待幼儿。注意发现幼儿的优点，接纳幼儿的个体差异。帮助幼儿学会恰当地表达和调控情绪。关注幼儿情绪变化，幼儿发脾气时不要硬性压制，等其平静后告诉他什么行为是可以接受的。教师用恰当的方式表达情绪，为幼儿做出榜样，如生气时不乱发脾气，不迁怒于人。教师和幼儿一起谈论自己高兴或生气的事，鼓励幼儿表达自己的情绪，并给予适当的引导。教师应注意疏导幼儿的消极情绪，帮助他们建立良好的同伴关系，培养积极情绪。教师还要及时地与家长沟通交流，对幼儿出现的问题，有针对性地提出科学的教育建议。

历年真题

【6.9】何老师发现班里的幼儿萌萌感冒了，于是在课间休息期间，喂萌萌服下了儿童感冒药。何老师的做法（　　）。

A. 合法，教师可以喂食非处方药

B. 合法，有利于防止疾病传播扩散

C. 不合法，幼儿用药应先征得监护人同意

D. 不合法，幼儿园应在医师的指导下用药

2. 晨间活动

晨间活动是幼儿园一日生活中必不可少的一环，教师要根据季节、气候等因素因地制宜地选择合适的室内或户外活动。晨间活动形式是多样的，教师要给幼儿创设宽松的活动氛围，提供丰富多样的操作材料和活动器械，给幼儿自主选择的权利和机会，鼓励幼儿互相合作、交流、分享，帮助幼儿积极愉快地投入活动，发展幼儿身体的灵活性、协调性，促进幼儿积极情绪的产生。

（1）室内晨间活动

在室内晨间活动中，教师要积极创设安全、安静的活动环境。教师可以指导幼儿按要求放置个人物品，整理个人衣服，穿脱衣服等，做好个人卫生清洁工作。指导值日生做好班级内卫生整理工作、照顾动植物、整理区域活动材料等。教师要检查幼儿衣着情况及健康状况，指导幼儿按要求放置个人物品。教师应尊重幼儿选择，恰当地

指导幼儿,帮助他们以积极愉快的情绪投入活动。

(2) 户外晨间活动

教师在户外晨间活动中有以下三点需要注意①。

① 户外晨间活动应形式多样。幼儿园户外晨间活动需要具备宽敞的活动场地,在户外锻炼中发展幼儿的走、跑、跳、钻、爬、攀登等基本动作技能,发展幼儿的动作灵活性。教师要合理安排场地,准备丰富多样的活动器械、材料供幼儿自主选择,避免幼儿在活动中互相干扰,并提醒幼儿注意活动中的安全。

② 户外晨间活动应动静交替。教师要指导幼儿注意动静交替,从其兴趣爱好出发选择自己感兴趣的活动。在活动内容的选择上,教师应注意科学引导,既要有大运动量、挑战性强的奔跑、攀爬等活动,也要有技能技巧方面的训练,使幼儿体能和动作技巧都得到发展和提高。

③ 教师注意对幼儿的引导、支持。户外晨间活动中教师要注意对幼儿的引导、支持,提高幼儿参与活动的兴趣,激发幼儿的活动热情。对于来园迟到的幼儿,教师要提供支持,帮助他们更快地进入活动中,激励幼儿积极主动地参与活动,以饱满的情绪参与幼儿园一日生活。

幼儿晨间早操活动是幼儿园一日生活中户外晨间活动非常重要的内容,需要全体幼儿共同参与。教师可以依据幼儿的年龄特点和身心发展水平安排,对于小班幼儿来说,早操活动对动作的规范性、准确性要求相对较低,以模仿操为主,注重游戏性、趣味性,练习时间较短。中班、大班早操活动在节奏节拍掌握,动作的灵活性、准确性,动作难度和队列队形变化等方面要求较高。早操活动要注意科学性、适应性,争取让幼儿获得全面锻炼。早操活动安排要注意以下三点②。

① 做好早操活动前的准备工作。教师对活动场地、早操所用器械、幼儿着装等方面都要提前做好安排,保证早操活动顺利进行。

② 教师要精神饱满,示范动作要规范有力。在幼儿掌握早操动作后,教师可以让幼儿带操,激发幼儿的主动性、积极性,并对幼儿进行个别指导。

③ 早操活动中,教师要注意既面向全体幼儿又兼顾个别差异。教师要及时关注幼儿的运动状态,出现幼儿身体不适等意外情况时要及时处理,注意运动卫生,保证幼儿科学、合理地锻炼。教师要注意运动安全,教给幼儿必要的自我保护知识,提醒幼儿注意保持前后、左右的距离,对个别动作不规范的幼儿给予个别指导,并及时跟进鼓励。

3. 户外活动

《指南》第一部分"健康"中指出:"保证幼儿的户外活动时间,提高幼儿适应季节变化的能力。"幼儿每天的户外活动时间一般不少于两小时,其中体育活动时间不少于一小时。因此,幼儿园要积极创造条件,开展丰富多彩、安全有效的户外活动,促进幼儿发展。

---

① 丁海东. 保教知识与能力(幼儿园)[M]. 北京:北京大学出版社,2014:170-171.
② 同①:171.

（1）活动前

在开始户外活动前，教师要根据活动内容、要求等提前排查活动场地、器材的安全隐患，做好户外活动前的准备工作，给幼儿创设一个积极、健康、安全的户外活动环境。在开始户外活动前教师要做好"三清"工作：清人数、清场地、清器械。配班人员要配合班级教师做好充分的准备工作，消除不安全因素。户外活动时间、空间要根据季节、天气条件灵活机动地进行调整，遇到雾霾、雨雪等不适宜活动的天气要暂停户外活动，并根据幼儿园现实条件因地制宜地开展相应的室内活动。

教师要熟悉户外活动的基本流程，做好突发事件的预防工作，做好活动场地、活动器械、活动材料的准备工作，关注幼儿活动的整体情况，同时也要关注幼儿的个体差异，保证全体幼儿都在教师视线内，切实保障幼儿安全。

在开始户外活动前，教师应组织幼儿有序如厕，并细心检查幼儿服饰安全，提醒幼儿穿便于活动的衣服、鞋子，对着装不符合要求的幼儿，教师要予以纠正，如过长的裤子，系带的鞋子等，排除安全隐患；此外，教师还要认真讲解活动规则和注意事项，提醒幼儿遵守活动规则。对中班、大班幼儿，教师可以和幼儿一同商讨制定活动规则和注意事项，并注意加强幼儿的自我保护教育。

（2）活动中

户外活动开展要由易到难，从较短时间到较长时间循序渐进，教师要随时关注幼儿的脸色、出汗情况，关注幼儿的活动量。如果幼儿满头大汗，说明其活动量过大，教师应根据幼儿年龄特点和身心发展水平及时调整活动量，注意运动卫生，做到科学锻炼。另外，教师应提醒幼儿注意休息，及时补充水分，及时帮助幼儿擦汗，防止运动过度。教师要提醒幼儿在活动中、活动后避免大量饮水，保护身体健康。

在户外活动进行过程中，教师要及时跟进保护幼儿，及时关注和把握幼儿活动密度，根据幼儿活动能力水平适度调整，并有针对性地指导能力稍弱的幼儿，对活动中出现的突发状况及时做出反应。教师应根据季节、天气条件、幼儿体质情况等因地制宜地开展户外活动，对班级中体弱幼儿、患病幼儿给予特殊照顾。

在户外活动中，除集体活动之外，幼儿要有一定的自由活动的时间与空间，可以自主选择感兴趣的活动内容。教师应给予幼儿自主探索的空间，鼓励幼儿在保证安全的前提下大胆、自主地探索，注重培养幼儿不怕困难、坚持不懈的意志品质。活动中教师要鼓励幼儿之间充分交往合作，引导幼儿相互关心，共同克服困难，促进幼儿社会性的发展。

教师要站在能够看到全体幼儿的地方，观察所有幼儿的户外活动情况，保护幼儿安全。针对户外活动中幼儿的不当举动，教师要及时制止。教师要抓住教育契机，给幼儿示范讲解正确做法，纠正幼儿的不当行为，保证户外活动安全、有效地开展。

幼儿园值班领导要密切关注户外活动的开展情况，积极巡视各班教师在户外活动中的工作状态，对各班幼儿活动情况密切注意，发现问题及时处理。

幼儿园保健大夫要关注幼儿户外活动中活动量是否适宜，尤其是关注体弱幼儿、患病幼儿的活动情况，发现问题及时处理，确保户外活动正常、有序地开展。

（3）活动后及时整理

在户外活动结束后，教师要带领幼儿做相应的放松活动，稳定幼儿的情绪，避免幼儿过于兴奋。教师可以带领幼儿做一些简单的身体放松活动，指导幼儿将活动器材等材料整齐地放回原处，并及时评价幼儿的表现，尤其要多关注幼儿在活动中取得的进步。活动中出现问题时，教师应强调活动规则，并加强对幼儿的自我保护教育，发挥教师在户外活动中的正确导向作用。活动结束后教师要做好"三清"工作，确保班级人数无误，做好活动场地、活动器械的整理工作。

重点提示

> 幼儿园一日生活各环节是本节的重点，设计题已经考查过进餐、洗手等环节，可重点关注晨间活动、午睡、喝水、如厕等环节。该部分知识点请联系幼儿园实际，不仅要掌握此环节具体是什么，还要理解其内在教育价值，避免机械记忆。

历年真题

【6.10】简答题：教师在户外体育活动中如何保障幼儿的安全？

4. 集体教学

集体教学活动是幼儿园一日生活中非常重要的一个环节，也是教师基本技能展示的重要环节。教师开展集体教学活动要做好以下三个方面。

（1）活动准备

做好活动准备是开展集体教学活动的前提。集体教学要做到三备：备学生、备教材、备教法。在集体教学活动开始前，教师要了解幼儿已有的知识、经验，并据此预设教学活动的目标和内容。结合教学活动设置相应的目标。目标设置要难易适宜、有所侧重、具体可行。教师要积极创设丰富的教育环境，根据幼儿的年龄特点和知识经验水平，让幼儿直接感知、亲身体验、动手操作，注重幼儿直接经验的获得，促进集体教学活动的顺利开展。

（2）活动组织

做好活动组织是集体教学的重点。集体教学活动组织要因时、因地制宜，教师要处理好预设活动与随机生成活动的关系，充分实现二者的有机结合，并根据需要及时调整活动。

集体教学活动开展要层层递进、环节合理、层次清晰、方法恰当。教师要关注幼儿的需要和兴趣，灵活调整活动内容，预设活动、随机生成活动合理安排。在集体教学活动组织过程中，教师要兼顾大多数幼儿的需要，并兼顾幼儿的个别差异，对幼儿发展进行个性化教育评价。教师要实时关注幼儿的反应，与幼儿之间要做到平等对话，注重发挥教师对幼儿发展的提升引领作用。

教师要尽量合理地使用多媒体，保证教学内容有趣、生动，还要注意自己的言行举止，神态要自然、亲切，所用语言要规范、准确，给全体幼儿正确示范引导。教师要坚持正面引导，注重各领域间渗透融合，注意激发幼儿的好奇心和学习兴趣。教师要严格执行教学计划，提前备好课，不得随意改动教学计划。教师和配班人员要积极沟通，密切配合，坚持教育的一致性，保证集体教学活动有效、顺利地开展。园长要督促教师提高自身教学水平，并及时进行安全常规检查。

（3）活动反思

活动反思是关键。集体教学活动结束后，教师要及时从活动目标、活动准备、活动内容、活动过程等方面进行反思。教师反思得出的经验及教训在以后的集体教学活动中应积极应用，进一步提高集体教学活动的质量和水平。

历年真题

【6.11】秦老师按照行为表现把班里的幼儿分为"精英组""平民组""娱乐组"，"娱乐组"里全都是调皮的孩子，秦老师的做法（　　）。

A. 尊重了幼儿发展的个别差异　　　　B. 体现了因材施教的教育理念
C. 未能平等公正对待幼儿　　　　　　D. 未能培养幼儿良好品行

【6.12】论述题：为什么要让幼儿通过直观感知、实际操作和亲身体验的方式进行学习？请结合实例分别说明。

【6.13】论述题：幼儿园集体教学活动和游戏的含义分别是什么？试述两者的区别与联系。

5. 区域活动

区域活动是幼儿在教师有准备的环境中，自愿选择、自主参与、自由进行的活动。教师开展幼儿园区域活动要做到以下三点。

（1）有效规划区域

教师在设置区域时要合理地整合、利用空间，根据班级幼儿人数和活动室面积确定区域的数量和规模，要做到空间合理、数量适宜、内容恰当，要巧妙利用空间，幼儿园的楼梯间、阳台、寝室走廊等都可以进行区域活动。区域数量应根据幼儿人数确定，一般情况下4~6个区域为宜，每个区域活动人数以5~7人为宜。区域设置要注意动静分开，合理安排。如图书区、科学区要相对安静的环境，而表演区、建构区则要相对热闹，教师在区域规划时要考虑到各个区域的不同特点和要求，合理规划安排相应区域。

（2）有效投放材料

教师要做到有效投放材料，必须要考虑材料的安全性、多样性、层次性、可操作性。根据主题开展情况、幼儿发展情况投放不同层次的材料。同时，教师还要注意材料的可变性，满足不同功能定位，尽量提供自然材料、半成品材料，给幼儿动手、动脑提供机会和条件。

（3）有效引导幼儿

要想有效引导幼儿，教师要做到观察、聆听、引导、提升。在开展区域活动时，教师要保证所有幼儿在教师视线范围内，幼儿可以在教师有准备的环境中自愿选择、自主参与、自由进行区域活动类型。幼儿在区域活动中要遵守各个区域规则，如区域活动人数限定，材料的使用、取放情况，活动时间要求等，这些区域规则让幼儿学会约束自己的行为，并保证活动顺利、有序地开展。

教师要及时实施干预，关注各个区域活动的情况，了解各个区域活动是否符合幼儿的兴趣、需要，在实施指导时要将直接指导和间接指导相结合。教师如果发现幼儿在区域活动中无从下手，在活动开展过程中遇到问题，可以采取适宜的方式及时介入，给予幼儿指导帮助。在区域活动结束时，教师要用提前约定的方式提醒幼儿区域活动结束。引导幼儿安静、有序地整理区域材料，注重对幼儿在区域活动中安全有序意识的培养，保证区域活动持久开展。教师要重点鼓励幼儿回忆并讲述区域活动的过程，引导幼儿交流讨论区域活动中出现的问题，鼓励幼儿自己想办法解决问题，激发幼儿参加下次活动的兴趣。

6. 游戏活动

（1）活动前

在游戏活动开展前，教师要制订适合本班幼儿情况的游戏计划，根据计划做好相应的环境创设、场地布置、材料收集与准备工作，保证游戏材料充足、种类齐全。教师可以和幼儿一起布置游戏场地，制定游戏规则，做好游戏前的准备工作。

（2）活动中

在游戏活动开展过程中，教师要做好组织协调工作，给幼儿一定的指导、协助、支持，并给予幼儿自主权，避免包办代替。教师可以以游戏角色加入幼儿的游戏活动中，推动游戏情节发展。教师要注意做好游戏的观察指导工作，充分观察幼儿在游戏中的表现和出现的问题，分析幼儿的行为，适时介入指导幼儿游戏。

（3）活动后

在游戏结束时，教师提醒幼儿做好收拾整理工作。教师与幼儿一起清点、整理物品，激发幼儿的责任感和主人公意识。对游戏过程中出现的问题，教师与幼儿共同交流讨论，培养幼儿的解决问题的能力。

7. 生活活动

幼儿园生活活动是具体的，也是琐碎的，包括盥洗、如厕、午睡、起床、用餐、喝水等，需要教师付出更多的耐心、爱心、恒心，帮助幼儿养成良好的生活、卫生习惯。

教师可以通过生活环境的营造，帮助幼儿养成科学合理的生活习惯。如通过墙面布置"花宝宝喝水""今天你嗯嗯了吗"等，创设幼儿熟悉的场景、借助游戏化语言，提醒幼儿按时喝水、饭后漱口、及时如厕，帮助幼儿养成科学的生活、卫生习惯。教师在幼儿园一日生活中要密切关注幼儿的情绪及身体的变化，给幼儿创设一个温馨、安全舒适、可信赖的环境，坚持把幼儿的生命安全、健康成长放在首位。

（1）盥洗

在盥洗环节，教师要组织幼儿有序地进行盥洗。教师指导幼儿按照正确的方法洗手，提醒幼儿在户外活动后、饭前便后洗手，并提醒幼儿注意节约用水，帮助幼儿养成正确的盥洗习惯。配班人员要及时清理地面积水，保证地面不湿滑。

历年真题

【6.14】活动设计题：新入园的小班幼儿在洗手时出现了许多问题，有的把袖子弄湿，不洗手背、冲不干净皂液；有的争抢或拥挤，玩水忘记洗手，擦手后毛巾乱放在架子上；有的握不住大块肥皂，有的因为毛巾离水池远，一路甩水把地面弄得很湿。

请针对上述问题，设计一份改进洗手环节的工作方案。要求写出对问题的分析，工作目标，解决各类问题的主要方法。

（2）如厕

教师要注意生活活动中的安全教育。提醒幼儿及时大小便，不憋尿憋便，允许幼儿随时如厕，并提醒幼儿便后洗手，督促幼儿养成良好的卫生习惯。配班人员注意观察幼儿大小便情况，发现异常要及时处理。幼儿如厕时，配班人员要注意陪伴幼儿，关注幼儿安全，并为幼儿提供指导、帮助，指导幼儿学会自我服务，提高幼儿自理能力。对遗尿遗便幼儿，配班人员要及时给幼儿更换衣裤。

（3）午睡

午睡是幼儿园生活活动中比较重要的环节，幼儿年龄小，神经发育不够健全，神经细胞容易疲劳，需要有充足的睡眠时间。年龄越小的幼儿每天需要的睡眠时间越长。一般来说，在园幼儿每天午睡时间应在两小时左右。

教师要提前做好午睡准备工作，创设安全、安静的午睡环境。① 提前给寝室开窗通风，保持寝室空气新鲜、温度适宜。组织幼儿午睡前有序如厕，及时清点幼儿人数。做好午睡前安全检查工作，提醒幼儿皮筋、发卡等小物件应集中存放，杜绝安全隐患。指导幼儿根据季节、气温情况适当脱穿衣服，并做好力所能及的个人服务工作。在午睡过程中，教师和配班人员要及时巡视，发现幼儿午睡中的个别差异，对年龄小、体弱、午睡较慢的幼儿轻轻安抚，及时纠正幼儿的不良睡姿。同时，配班人员要时刻关注环境的变化，给幼儿午睡提供适宜的温度、安静的氛围；做好午睡值班记录工作，对午睡困难的幼儿要做好家长沟通交流工作，提供个别指导。

历年真题

【6.15】幼儿萌萌午休时不睡觉还发出吵闹的声音，何老师把她关在厕所里以免影响其他幼儿休息。何老师的做法（　　）。

A. 不正确，侵犯幼儿的人身权利和人格尊严

B. 不正确，侵犯了幼儿的思想自由和受教育权

C. 正确，有利于保障其他幼儿午间休息的权利

D. 正确，有利于引导萌萌养成良好的生活习惯

---

① 深圳市深投幼教运营有限公司.幼儿园一日生活组织与实施［M］.北京：北京师范大学出版社，2016：86.

（4）起床

配班人员要组织幼儿按时起床，按顺序穿好衣服，帮助幼儿整理仪容仪表并组织幼儿分组如厕，要及时整理床铺、开窗通风、整理寝室卫生，做好班级午睡交接班记录，记录幼儿出勤情况。

（5）用餐

教师应创设安静、愉快、宽松的用餐环境，给幼儿提供充足的进餐时间，让幼儿养成定时、定量进餐的习惯，应注意进餐前不组织剧烈的活动。在进餐环节，配班人员做好餐前准备工作和桌面的清洁消毒工作，并分发餐具，可以安排幼儿参与力所能及的餐前准备工作，如分发碗筷等餐具、发放馒头、包子等主食。

配班人员注意检查食品，注意食品的安全卫生，冬季注意做好食品保温工作，给幼儿提供温度适宜的食物。教师在餐前向幼儿介绍饭菜，并进行适当的餐前教育，激发幼儿食欲，教育幼儿不挑食、不浪费食物。配班人员根据幼儿的情况合理分餐，指导幼儿正确使用餐具，注意培养幼儿良好的用餐习惯；在用餐过程中提醒幼儿细嚼慢咽，注意保持桌面卫生和个人卫生。对于幼儿不爱吃的饭菜，配班人员注意从正面引导，以积极鼓励为主。教师对个别情况特殊的幼儿要特殊关注和照顾，注意少盛多添，让幼儿吃饱、吃好。食堂工作人员要及时听取班级用餐情况反馈，按照幼儿身体生长发育情况准备饭菜，满足幼儿正常用餐要求。配班人员做好餐后的清洁整理工作，组织幼儿饭后收拾餐具，让幼儿完成饭后洗手、漱口、擦嘴等清洁工作；组织幼儿饭后散步，帮助幼儿养成良好的卫生习惯，并协助教师做好力所能及的餐后整理工作。

历年真题

【6.16】活动设计题：小班赵老师发现幼儿进餐时存在各种问题，有的幼儿情绪不稳定，吃饭时哭着要妈妈；有的幼儿不会拿勺子吃，一定要老师喂；有的幼儿挑食，不吃这个不吃那个；还有的幼儿吃一会玩一会，饭凉了还没有吃完。

请设计一份解决上述问题的教育方案。要求写出：对问题的分析，解决问题的主要方法。

【6.17】《幼儿园工作规程》指出，幼儿园应制定合理的幼儿一日生活作息制度，两餐间隔时间不少于（　　）。

A. 2.5 小时　　　　　　　　　　B. 3 小时
C. 2 小时　　　　　　　　　　　D. 3.5 小时

【6.18】强强特别能吃，体型偏胖，动作比其他小朋友稍微缓慢，小朋友们因此不喜欢跟他玩，强强慢慢地变得孤僻了。老师不正确的做法是（　　）。

A. 训练强强的动作敏捷性
B. 默许其他小朋友的行为
C. 教育其他小朋友接纳强强
D. 帮助强强养成合理饮食的习惯

(6) 喝水

教师要注意培养幼儿有规律喝水的习惯。配班人员及时关注幼儿饮水情况，提供足够幼儿每天饮水量的水。一般情况下，幼儿在园每天饮水量不低于600毫升。如果遇到特殊情况，如天气炎热、幼儿身体不适等情况，教师要对幼儿多加关注、个别照料，可以适当增加幼儿的饮水量。

幼儿园生活活动是非常具体、琐碎的，教师要做好交接记录工作，指导幼儿养成科学合理的生活、卫生习惯，为幼儿未来的健康成长打下基础。

8. 离园

离园是幼儿园一日生活中的最后一个环节，教师要梳理一天的活动，结束幼儿一天的生活。

教师要创设安全、安静的离园活动环境，创设愉悦、放松的氛围，稳定幼儿情绪。配班人员要做好离园工作安排，以防离园发生突发情况。行政领导和保安人员站立在幼儿园大门外配合离园活动。家长持接送卡方可入园，有特殊情况未带卡的家长，园方在核实清楚后做好登记方可入园，保证幼儿的离园安全。

教师可采用集体、小组或者个别等方式组织幼儿唱歌、听故事、谈话或者分组操作玩具、学具等，小结当日的活动情况；同时，教师也可以启发幼儿自由记录、表达幼儿园一天的生活，鼓励幼儿选择自己喜欢的方式自主表达。教师要指导幼儿整理自己的个人衣物、学习用品、材料等，有针对性地做好家园沟通工作。对幼儿园小班幼儿，教师应重点关注幼儿的情绪变化；对幼儿园中班幼儿，教师应关注他们的独立自主情况；对幼儿园大班幼儿，教师应重点引导他们培养合作和自我服务意识。教师要主动与家长交流当天幼儿在园一日生活情况，对幼儿的进步情况以及存在的问题和家长沟通交流，争取家长的理解、支持和主动参与，并给出专业的指导建议，实现幼儿园与家庭教育的一致性，达到家园共育。配班人员指导幼儿将玩具、书籍等物品放回原处、摆放整齐，培养幼儿的责任感和规则意识，要引导幼儿主动与教师和同学道别。

幼儿园行政领导应做好各岗位检查记录。教师要在幼儿全部离园后，清查寝室、活动室，整理用具、玩具，做好消毒工作，保持卫生，检查水电情况，关好门窗，确保幼儿的离园安全。

食堂工作人员要认真检查水、电、煤气等各项设施设备安全情况，离园前断水断电断煤气。

值班领导和保安人员做好离园前的巡视工作，清查活动室、户外活动场地、大型户外体育器械、消防器械、安全监护器材、水、电等情况，发现问题及时处理并做好相应记录，确保幼儿园一日生活有始有终，安全有序地结束。至此，夜班保安封闭园门，开启夜间执勤工作。

幼儿园一日生活是幼儿园工作的重心，教师要结合本园实际，在《纲要》的指导下，积极创设良好条件，科学合理地安排幼儿园一日生活，全面提高幼儿园一日生活的质量和水平，促进幼儿全面发展，为幼儿未来发展奠定良好的基础。

本章结构

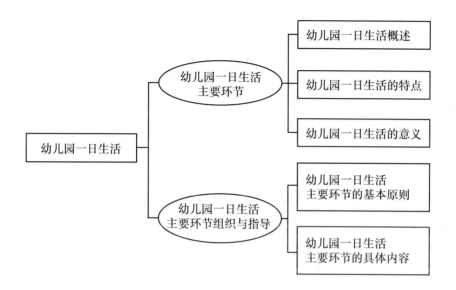

第七章

学前儿童区域活动

学习目标

- 了解学前儿童区域活动的概念及特点,理解学前儿童区域活动的功能与意义。
- 掌握学前儿童区域活动的设计理论。
- 根据具体情况组织、指导学前儿童区域活动。

学习重点

- 正确理解学前儿童区域活动的功能。
- 掌握学前儿童区域活动设计的最新理论并能够运用。
- 结合实际,有效地组织学前儿童区域活动。

知识要点与学习方法

本章主要对学前儿童区域活动进行概述,帮助学习者了解学前儿童区域活动的概念、特点、功能等,理解和掌握学前儿童区域活动的设计理论,熟悉学前儿童区域活动的材料投放,有效组织学前儿童区域活动。学生学习本章时需对知识点进行记忆与理解,应适当注意各种理论在学前教育实践中的运用。

【案例导入】

在幼儿园的区域活动过程中,不管是哪个年龄段的儿童,总有这么一个或几个,他们走到美工区只是摸摸画笔,走到建构区只是看看积木,跑到"娃娃家"区却只是抱抱娃娃,走到图书区又只是随意翻翻图书……但他们很少沉浸其中。

这样的例子不胜枚举,这已经是幼儿园区域活动的一个普遍现象。教师希望所有的学前儿童都能够喜欢幼儿园区域活动,都愿意进行区域活动,并从中获得快乐和知识。但是,有的学前儿童不愿意参与甚至讨厌幼儿园区域活动。通过本章的学习,学生应掌握针对此问题的解决方案。

第一节 学前儿童区域活动的概述

一、学前儿童区域活动的概念

区域活动是当前学前教育改革和发展的热点,是迅速发展的一种教育活动方式,是幼儿园集体教学活动的拓展和延伸。区域活动既弥补了幼儿园集体教学活动的局限性,又满足了学前儿童个性化的发展需求。

蒙台梭利最早提出学前儿童区域活动思想,并建立了以区域活动为重要教育形式的"儿童之家"。蒙台梭利认为学前儿童的发展具有自主性、探究性和独特性，学前儿童通过在区域中操作教师精心设计的"工作材料"得以自主学习和主动发展。蒙台梭利区域活动中的一个重要原则，就是让儿童在各个区域活动中实现个性的发展。

区域活动也叫活动区活动，在英文中还有很多解释，如游戏区、学习区和兴趣小组等。美国的高瞻课程围绕49条关键经验为儿童创设了丰富的充满感官刺激的学习环境，并依据儿童的兴趣和活动材料的特点设置了9个活动区：积木区、"娃娃家"区、美工区、安静区、木工区、音乐区、沙水区、动植物区和运动区。

20世纪70年代，区域活动这一教育名词从美国传入我国。20世纪80年代中后期，"区域活动""区角活动""活动区教学"（以下不作区分，统称"区域活动"）等有别于传统的直接教学、分科教学模式的学前儿童教育新思想、新方法开始在我国学前教育界广泛传播。①

我国也从政策方面对学前儿童区域活动进行了相关解读。《指南》强调了区域活动是学前儿童通过游戏进行的自发学习，是尊重学前儿童学习发展个性差异的活动，是符合学前儿童学习特点和学习方式的活动。《指南》还指出，区域活动对学前儿童学习与发展具有独特价值，促使学前儿童在自然、自由、自主、快乐的学习氛围中健康成长。《幼儿园工作规程》第三十条指出："幼儿园应当将环境作为重要的教育资源，合理利用室内外环境，创设开放的、多样的区域活动空间，提供适合幼儿年龄特点的丰富的玩具、操作材料和幼儿读物，支持幼儿自主选择和主动学习，激发幼儿学习的兴趣与探究的愿望。"

关于区域活动的探索与研究颇多，无论是从区域活动整体开展情况进行研究，还是就区域活动开展的某个问题进行探索，都恰恰说明了区域活动之于学前儿童学习和发展的重要性。区域活动可以明显提高学前儿童当前乃至今后的学习效率。综上所述，区域活动是教师根据学前儿童的兴趣与发展需求，充分利用各种教育资源，创设一个"有准备的环境"，引导组织学前儿童自主选择、合作交往、探索发现的生活、学习和游戏活动。根据2021年教育部印发的《"十四五"学前教育发展提升行动计划》等相关政策，我们认为，通过建立健全幼儿园保教质量评估体系，全面提升保教质量是发展学前教育的当务之急。2022年2月11日教育部颁布了《幼儿园保育教育质量评估指南》，旨在引导各地建立科学的幼儿园保育教育质量评估体系。由于区域活动是幼儿园保教活动的重要组成部分，对区域活动评价的积极探索不仅有利于区域活动的质量提升，还能够更好地促进学前儿童的发展。

二、学前儿童区域活动的特点

1. 自主性

《纲要》指出，学前教育应为儿童"提供自由活动的机会，支持幼儿自主地选择、计划活动"。在区域活动中，儿童可自选游戏、自发活动，并以小组或个人的活动形式，自由地开展活动，以满足个性化需求。儿童在区域活动中按照自己的意愿自主活动，选择适合自己的材料，自由自主地探索，体验学习的快乐，获得积极的发展，充

---

① 霍力岩，齐晓恬. 区域活动的本质特征[J]. 幼儿教育，2009（Z1）：23-25.

分调动和激发了自我潜能。但教师应当明确，自主性并不是任意自发的行为，自主性是具有方向性的，儿童能够对自己的行为结果负责，能够支配自己的行为。自主性的前提是儿童对自己和周围事物有正确的认识。教师应有意识地逐步培养儿童的自主性，在区域活动中重视儿童关键经验的积累和培养，做到因材施教。

2. 互动性

区域活动并不专指在那些专门开设出来的区域内进行的活动，还包括在教室内的任何一个区域内开展的活动。每个区域教师都要精心规划，按照区域的功能科学地设置；提供的区域内容要丰富多彩，区域中的材料也要布置得井井有条，这样才能激发儿童融入区域活动中。总的来说，区域活动不仅要促进儿童与区域之间的互动、儿童与儿童之间的互动，教师也要参与其中同儿童进行有效的互动。

3. 游戏性

区域活动既有游戏活动也有学习活动，没有一个明确的界限去判断一个活动是游戏活动还是学习活动。如果儿童能在自由、轻松、愉悦的氛围中积极与材料互动，在操作中去发现、探索和创造，能够自主、自由并感受到趣味性，则该活动更倾向于游戏活动。《〈3—6岁儿童学习与发展指南〉解读》指出，区域活动是儿童通过游戏进行的自发学习①。在区域活动中，游戏是儿童的主要活动形式，儿童是区域活动的主体，无论是游戏的内容、活动的形式还是玩耍的同伴都由儿童自主选择。区域活动打破了游戏活动与学习活动的界限，既是游戏活动又是自主的学习活动。

三、学前儿童区域活动的功能与意义

学前儿童区域活动需要幼儿园有目的、有计划地为儿童提供学习、游戏和自由活动的环境。区域活动表现为"我要游戏"而非"要我游戏"，它是学前儿童一种重要的自主活动形式。自主性是学前儿童游戏活动的内在特征，学前儿童自主选择活动，自主探索，通过操作不同的材料和玩具，从而实现"做中学""玩中学"。游戏符合学前儿童的心理发展水平，而区域活动则让儿童在自主的探索中学习，同时也可以在活动中游戏。② 区域活动以游戏为主要活动形式，满足儿童操作的兴趣和活动的需要，为儿童的自我发展提供了一个广阔的空间。所以说，区域活动具有一定的游戏功能。

区域活动还具有综合的教育功能。区域活动的教育功能主要是通过材料来表现的，区域活动材料越丰富、形式越多样，儿童在区域活动过程中就会变得越自信、越大胆，通过区域活动可以促进儿童获得认知、情感、社会性等方面的发展。

在区域活动中，儿童通过自己动手操作，运用已有的经验去解决问题，并积累新的经验，在探索中通过分析、比较、抽象、概括形成各种概念，进而促使学前儿童的认知结构发生改变。③

① 区域活动能为儿童提供更多自我表现的机会，鼓励儿童自己思考，寻求问题解

---

① 李季湄，冯晓霞.《3—6岁儿童学习与发展指南》解读[M].北京：人民教育出版社，2013：242.

② 郑健成.学前教育学[M].2版.上海：复旦大学出版社，2014：137.

③ 关虹.幼儿园活动区教育的策略研究[D].长春：东北师范大学，2007：1.

决的方法。区域活动不但有利于培养儿童的自信心,而且能激发儿童的潜能。

② 区域活动能有效促进儿童良好个性的发展,儿童通过互相合作、共同商讨,提高自身处理问题、解决问题的能力。

③ 区域活动能让儿童获得积极的情感体验,从而健康、快乐地成长。例如,在"娃娃家"区,儿童可以通过协商或按照自己的意愿主动选择角色,在活动过程中体验角色扮演带来的快乐和满足,表达自己的情感。

④ 区域活动为儿童提供了一个良好的心理环境。儿童可以根据自己的喜好选择相应的区域进行活动,无论是与材料或玩具,还是与他人都有更多的互动机会,儿童之间的相互模仿、启发、激励与帮助具有普遍性。在这个过程中,儿童培养学习了在交往、沟通等社会生活中必备的品质,他们不断学习社会经验和行为准则,学习如何处理人际关系并养成良好的行为品质,从而促进了社会性发展。①

⑤ 区域活动因其功能的不同,对学前儿童所起的作用亦有不同。如美工区,除了能够培养学前儿童的审美,还能培养其动手操作能力;益智区有利于学前儿童智力的发展;科学区通过学前儿童的探索,有利于其想象力和创造力的发展等。因此,教师要为儿童创设丰富的、符合科学要求的区域活动,通过科学管理,保证区域活动的有效利用和开展,发挥区域活动的教育功能,促进儿童身心和谐发展,使儿童真正成为区域活动的主人。

第二节　学前儿童区域活动的设计

一、学前儿童区域活动的内容

学前儿童区域活动的内容主要是根据教育目标、教育内容的具体要求及儿童的年龄特点、儿童的现有水平和发展需求进行整体安排的,要让儿童自己做主,成为区域活动的主人。在区域活动内容的选择上,既要考虑儿童之间能相互交流、共同合作,又要注意彼此之间互不干扰,使儿童能专注地投入某一活动,充满自信地探索问题。区域活动在内容上也应由教师与儿童共同商量,采用固定与灵活相结合的方式,创设丰富多彩的、多功能的、具有选择自由度的区域活动,让每个儿童都有机会自由选择、自主活动。

首先,学前儿童区域活动的内容应根据教育目标的具体要求选择。教育目标旨在促进儿童身心全面和谐地发展,选择的区域活动内容必须体现教育目标的实质要求。教育目标为区域活动内容的选择提供了方向。教育目标是幼儿园课程内容选择的直接依据,根据教育目标选择区域活动的内容,有利于吸引儿童,让儿童感兴趣,使儿童自觉、主动地参与活动,获得发展。

其次,学前儿童区域活动的内容应从儿童的实际水平和发展需要出发。儿童是区域活动的主体。区域活动的内容应考虑儿童的实际水平及其发展需要,这样才能使儿

---

① 线亚威.幼儿园活动区教育实验研究[J].辽宁教育学院学报,1999(1):65-68.

童在情绪上、心理上接受所选择的区域活动内容，提高参与活动的主动性。区域活动的内容应具有时代性、丰富性。区域活动的内容只要密切联系儿童的实际水平，就可以达到内容的时代性与丰富性要求，而且有助于儿童的学习、理解和应用。对儿童来说，学习与生活有关的事物，他们才容易掌握，才能够引发联想，获得学习的兴趣。因此，教师在提供儿童区域活动的内容时，应尽可能让他们切身体验，感同身受。如果让儿童接触有别于他们实际水平的内容，会使他们感到难以理解。如果勉强进行操作，不仅浪费儿童的精力和时间，而且会降低他们对活动的兴趣。此外，区域活动的内容还要考虑到儿童的发展需要，区域活动的内容应既能满足儿童当前发展的需要，又能促进儿童未来的发展。过难或过易的内容都不利于儿童的学习与发展。恰当的区域活动的内容应使儿童"跳一跳，够得着"。

最后，学前儿童区域活动的内容应由教师和儿童共同协商，采用固定与灵活相结合的方式，根据区域活动开展的情况及时调整区域活动的内容，尊重儿童的需要。区域活动的内容应丰富多样，多为儿童提供自主选择的内容，满足不同儿童活动的需要，激发儿童的创造力、想象力，提高儿童的动手能力。

总之，区域活动的内容是动态的，并随着儿童活动内容、活动需要或教育目标的变化而变化。

二、学前儿童区域活动的设置

区域活动的设置既要考虑儿童的发展，又要考虑幼儿园各方面的具体情况。区域活动是学前教育的一种组织形式，幼儿园应科学合理地设置区域活动，使之形成兼具艺术性、教育性、发展性、多样性的特色空间，促进儿童的发展。[①]

（一）学前儿童区域活动设置的原则

1. 目标性

区域活动的设置要有目标意识，要围绕目标设置。有目标意识需要教师考虑区域活动是为了实现哪一个或哪几个目标，同一目标可能通过设置不同的区域活动来完成，同一个区域活动也可能指向多个目标。另外，区域活动的目标也会与其他活动目标相联系，共同实现总目标。因此，设置区域活动时必须紧扣目标的要求，一方面兼顾儿童德、智、体、美、劳各方面的全面发展；另一方面兼顾发展儿童的基本知识、基本行为和基本态度。

2. 发展适宜性

《纲要》第三部分"组织与实施"第五条提出，教育活动内容的选择"既要适合幼儿的现有水平，又要有一定的挑战性""既符合幼儿的现实需要，又有利于其长远发展""既贴近幼儿的生活来选择幼儿感兴趣的事物和问题，又有助于拓展儿童的经验和视野"。所谓发展适宜性原则，是指设置的区域活动既要考虑儿童的现有发展水平，又要有一定的挑战性。区域活动是为促进儿童的全面发展而设置的，区域活动必须考虑儿童的身心发展水平、年龄阶段特征和发展需要。例如，3—4岁儿童应该以游戏化的区域活动为主，4—5岁儿童应该加强区域活动的目标化，5—6岁儿童应该注重区域活

[①] 线亚威，李云翔. 幼儿园活动区课程实施指南[M]. 北京：高等教育出版社，2011：48.

动的探究性和区域活动的学习功能。①

3. 兴趣性

区域活动的设置应满足学前儿童的兴趣需要。学前儿童的兴趣需要是设置区域活动的依据和出发点，不能引起儿童的活动兴趣，就不会激发他们产生求知的欲望。兴趣具有一种动机力量，能使人进入一种"情感性唤醒状态"，产生吸收信息、扩展自己的倾向，为观察、探索、追求和进行创造性努力提供可能性。在设置区域活动时，兴趣性原则促使教师关注儿童的兴趣，如果儿童的兴趣与教师设置的活动相一致，则兴趣会大大促进区域活动的进行。对儿童来说，区域活动的设置必须考虑其兴趣。

4. 安全性

学前儿童年龄小，自我保护意识差，安全防范意识弱，缺乏相应的自我保护能力，因此，安全是区域活动设置首先应该考虑的。例如，环境设施、室内外活动场地、大型玩具和其他玩具、教具材料等都是学前儿童在区域活动中经常接触的物品，要做到经常消毒、检查和维修，定期更换，尽可能把伤害性降到最低。

（二）学前儿童区域活动的分类设置

区域活动的种类、大小要依据实际空间、儿童人数、儿童年龄段等条件进行设置，每个活动区应有划定的范围、规定的人数及活动的规则。区域活动的种类应涵盖儿童身心和谐发展的各个方面，满足儿童各项活动的需要。

区域活动按其区域布局和材料投放情况大致可分为户外区域活动和室内区域活动。②

1. 户外区域活动

户外区域活动主要为儿童提供自由活动的区域，一般包括运动器械区、集体活动区、沙水区、自然区等。③

① 运动器械区。这一区域主要放置大中型玩具设施，儿童基本动作的练习都可以在运动器械区域内完成，儿童在此进行攀、爬、跑、跳、钻等活动，使儿童身体的各个部位都得到了锻炼，协调身体各方面的发展。

② 集体活动区。集体活动是户外活动中常见的方式之一，在空旷的活动场地上进行，如课间游戏操、踢毽子、跳大绳、老鹰抓小鸡、捉迷藏等活动。在天气情况适合的时候，教师可以带领儿童到户外进行集体游戏，这样既可以消除儿童大脑疲劳，促进他们的身心健康发育，又能提高其社会交往能力，增进同伴间的友谊和情感，还可以使部分缺乏自信心的儿童得到锻炼。

③ 沙水区。沙水区有许多小创意。儿童可以徒手或借助玩沙水的工具或材料，对沙水进行操作。沙水可以被儿童任意制作造型，没有固定的玩法，因此很受儿童的喜欢。沙水区对儿童各方面的发展有很大的价值，儿童在沙水区中能发现奥秘，启发思维。

---

① 郑健成. 学前教育学[M]. 2版. 上海：复旦大学出版社，2014：139.
② 丁海东. 幼儿园游戏组织与指导[M]. 长沙：湖南大学出版社，2015：32.
③ 刘晓红. 学前儿童游戏[M]. 郑州：郑州大学出版社，2016：41.

④ 自然区。自然区能让儿童在户外领略到大自然的美丽，满足儿童亲近大自然的需要。儿童可以种植一些自己喜欢的花花草草，饲养一些自己喜欢的小动物，在此过程中儿童能够学会观察、学会照顾、学会关心。

2. 室内区域活动

室内区域活动一般包括建构区、美工区、角色游戏区、益智操作区、科学区和图书区。

① 建构区。建构区为学前儿童提供的教育设施一般有大小不一、颜色不同、各种部件的积木类，公共交通工具类，拼图类，各种能组装、拼装并拆卸、变形的玩具等。在游戏的过程中，不但使儿童获得了感官上的满足，还有利于发展他们的想象力和创造力，并促进儿童智力和技能的发展。这一区域内儿童的游戏活动性较高，这就要求教师创设的场地要相对宽敞、开放，尽量远离人行通道，并铺设地毯等用来降噪，以免影响其他区域内的儿童活动。

② 美工区。各种纸、彩笔、颜料、剪刀、糨糊、橡皮泥等是美工区必备的教育材料，美工区应设在有专门的通道或直接靠近水源的区域，便于儿童在活动中用水。美工区的活动必须具有趣味性，以吸引他们积极地参加美工活动，这也需要教师时刻注意学前儿童的年龄特点和实际能力。美工区主要是为儿童开展艺术活动而创设、以操作为主的区域，需要设置在光线明亮的地方。

③ 角色游戏区。角色游戏是3—6岁儿童最典型、最主要的游戏。角色游戏区是儿童开展角色游戏的主要区域，他们经常将自己生活中的真实事件通过一定的角色扮演来加以体现，并通过发挥自我创造的能力表现出来。例如，在"娃娃家"游戏中，教师为儿童投放各种厨房用具、家具、家用电器和其他家庭摆设等，鼓励儿童承担一定的角色来开展游戏活动，使生活技能的学习融入角色游戏之中。另外，教师要经常更换角色游戏区内的设施设备，给儿童提供适合不同角色体验的材料（如超市、快餐店、玩具店、医院门诊、学校、动物园、植物园等游戏需要的材料），以发挥角色游戏对儿童发展的价值。角色游戏区需要一个较为宽敞的空间，有条件的幼儿园还要有随时能延伸的备用活动空间。

④ 益智操作区。益智操作区需要安静、隐秘的环境，可以使学前儿童专心致志地进行活动。创设益智操作区的目的是满足学前儿童的认知、思维能力的发展需要以及学习解决问题的方法。益智操作区主要是各种材料的操作，如插塑板、串珠、套环、棋类、迷宫、拼图等智力玩具，结构类玩具，建造类玩具等，让儿童手脑并用，启发儿童在思考中寻找答案，促进其主动发展。另外，益智操作区活动材料也要依据儿童的年龄特点进行有针对性的投放。儿童年龄阶段不同，对活动材料的需求就不同。

⑤ 科学区。科学区是学前儿童自主进行实验操作和科学探索的活动区，教师要为儿童提供充足的活动材料和场地，以便进行科学探索，满足他们的好奇心和求知欲。例如，投放有关物理科学的磁铁、矿石、沙土等材料，放大镜、显微镜、烧杯等实验器材，以培养其探索精神；还可以小规模地种植花草，让儿童定期照顾植物的生长，亲身体验种植的乐趣，并养成观察思考的好习惯。室内科学区应设在比较安静的区域内，避免儿童被打扰。

⑥ 图书区。图书区设有适合学前儿童阅读的各种类型的读物，如童话故事书、谜语书、自然科学书等，还可以利用多媒体设备提供适合儿童观看的动画视频等。在图

书区内，一块小小的坐垫、一张舒适的木椅、一缕温暖的阳光，都能构成安静而温馨的阅读环境。教师应充分利用图书区，激发学前儿童阅读的兴趣，培养他们良好的阅读习惯，发展他们的语言能力等。

三、学前儿童区域活动区材料的投放

学前儿童区域活动区材料可以分为两类：一类称作物质材料，另一类称作非物质材料。物质材料包括设备、器材和其他物质性材料。非物质材料主要是指作品、规则、既成文化等精神材料，它们有时会以物质的形式呈现。无论哪类材料，其来源可以是幼儿园、社区或是家庭，主要是由教师、儿童及家长共同发现、选择和构建的。① 选择并投放合适的区域活动区材料是区域活动设计最为关键的一步。材料投放的依据，应是以人为本的，以满足儿童需要为首要原则。② 区域活动区材料是区域活动的物质支柱，是儿童操作的工具，探索知识的媒介，也是区域活动中师幼互动的主要途径之一。

一般将安全性、复杂性、大小、文化适宜性、质地、发展适宜性等方面作为选择材料的考察因素。③ 在投放区域活动区材料时，应该注意以下方面。

1. 丰富区域活动区材料的层次性

教师投放区域活动区材料除了要依据儿童的年龄特点、近期的教育目标，也要结合儿童的发展水平，突出材料投放的层次性。如果材料的难易程度不适当，则会降低儿童的活动兴趣；如果材料投放的数量不足，则会减少儿童的活动次数或引发儿童之间的矛盾；如果材料投放的类型过于单一，则不能满足不同水平儿童的需要。因此，教师为儿童提供的材料要满足他们不同的需要，既要有他们熟悉的，也要有新颖的；既要有成品，也要有半成品；既要注重形式和功能的多样化，也要注重类型的全面化。同时，材料的投放不能"一刀切"，应该通过观察、评估每一个儿童的发展状况，为不同发展水平的儿童提供不同层次的材料。当同一班级儿童水平参差不齐时，教师就要对不同层次的儿童提出不同的要求，提供不同的材料。因此，教师应当因材施教，投放富有层次的活动材料，以提供给儿童更多游戏和学习的机会、想象的空间。

2. 增加区域活动区材料的探究性

材料的探究性可以引导儿童进行动手、动脑，促进儿童与活动环境的积极互动。探究是儿童在动脑思考基础上的动手操作，是儿童动脑思考和动手操作交织进行的活动。探究性材料应当在鼓励儿童积极动手操作的同时锻炼儿童的思维能力。探究性材料的趣味性、可变性和可操作性，能驱使儿童自主游戏，增强儿童活动的积极性，让儿童的创造性思维在区域活动中得到锻炼和发展。增加区域活动区材料的探究性，鼓励儿童自己去尝试、探究，以激发他们的求知欲望。

3. 提供区域活动区材料的动态性

动态性是指投放材料的预设功能要服从于活动的现实需要。儿童的发展是动态的发展，材料的提供不可能一成不变，教师要根据教育目标和儿童的发展需求，不断地

---

① 虞永平. 物质材料与幼儿园课程[J]. 幼儿教育，2006（1）：10-13.
② 黄人颂. 学前教育学[M]. 3版. 北京：人民教育出版社，2016：203.
③ 刘焱. 儿童游戏通论[M]. 北京：北京师范大学出版社，2004：621.

增添与替换新的活动材料。如果想实现区域材料投放的动态性，教师就应随着儿童发展阶段的不同，了解儿童和材料之间的互动关系，并做出相应的调整。① 俄国教育家乌申斯基（Ushinsky）说过，最好的玩具是那些能够用各种方式加以变更的玩具。教师在投放材料时，要注意挖掘材料的多用性，并允许儿童在活动的过程中调整、生成材料的功能，做到材料的互补，资源共享，让材料真正地为活动服务。

历年真题

【7.1】材料分析题：大班幼儿在玩积木时，出现了自发探究行为，其探究过程与结果如图 7.1、图 7.2 所示。

问题：(1) 图中的幼儿在搭建中可能会遇到什么问题？
(2) 在解决问题的过程中幼儿能获得哪些学习经验？
(3) 该游戏中的材料有什么特点？这些特点对幼儿的学习活动有什么影响？

图 7.1　幼儿玩积木（1）　　　　图 7.2　幼儿玩积木（2）

【7.2】下列玩具不是从功能角度分类的是（　　）。
A. 运动性玩具　　B. 建构性玩具　　C. 益智玩具　　D. 传统玩具

【7.3】材料分析题：操场上新安装了一个投篮架。幼儿经常在这里玩投篮游戏。一天，几个幼儿带着笔刷和水桶来到这里，他们先是快乐地粉刷投篮架，之后开始往篮筐里灌水，有的从上面灌，有的在下面接，再灌，再接……相互配合，反反复复，忙得不亦乐乎。

问题：是否应支持这些幼儿的行为？请说明理由。

重点提示

《幼儿园玩教具配备目录》要求各学前教育机构应根据自己的实际情况，逐步达到配置要求。

① 体育类：主要包括室内外大型活动器材和体育活动器材，如滑梯、平衡木、攀登架等 23 种体育活动器材，能够基本满足小、中、大班体育活动的需要，可供学前儿童练习走、跑、跳、钻、爬、跃、攀登、投掷和平衡。

---

① 曹晓梅，严凤莲. 通过观察实现区域活动中材料投放的动态性 [J]. 当代学前教育，2012（3）：18-19.

② 构造类：主要包括各种积木、穿编玩具等 6 种玩具，可供学前儿童练习堆积、拼、插、穿、搭、编等。

③ 角色、表演类：主要包括木偶、头饰、模型等用于扮演各种角色、模仿动作的玩具，共 5 种，可供学前儿童在游戏中学习、模仿、扮演各种事物，发展语言能力和想象力，增加学前儿童之间的相互交流，进行行为规范的教育。

④ 科学启蒙类（包括常识和数形教育内容）：主要包括寒暑表、放大镜、几何图片、巧板等 29 种玩具。学前儿童运用这些玩具自己动手操作，演示力、重心，观察光和电等现象，玩水、沙，进行 10 以内的加减法运算，建立数、量、形、时、空等基本概念，了解一些粗浅的科学知识，激发学前儿童从小探索事物的兴趣和好奇心。

⑤ 音乐类：包括教师教学用的钢琴和儿童使用的三角铁等打击乐器共 15 种。每种乐器配备的件数是按能够完成一支打击乐器乐曲而配备的。

⑥ 美工类：主要包括小剪刀、调色板、小画板等 7 种工具，供学前儿童进行剪、贴、粘、捏、画、刻、染等练习。

⑦ 图书、挂图和卡片：主要包括各种卡片、儿童读物等 3 种材料，主要是保证完成教育任务的辅助教材。

⑧ 电教类：包括电化教育的硬件和软件，如电视机、投影仪、录像带等 7 种，各机构应根据自己的经济条件配备基本的电化教学设备。

⑨ 劳动工具类：包括喷壶、小铲子、小锤子等 6 种工具，让学前儿童自己动手进行种植、养殖、观察等活动，从小培养其勤动手、爱劳动的好习惯。

第三节　学前儿童区域活动的组织与指导

一、学前儿童区域活动的组织

区域活动是学前儿童自由选择、自主探索、按自己意愿进行活动的过程。一般地，区域活动的组织分为 4 个环节：选区、活动、收拾整理和评价。[①] 选区是儿童自主活动的开始，需要教师为他们创设适宜的区域活动环境；选区之后是活动，需要教师灵活地投放活动材料，以丰富区域活动的内容选择；活动结束之后，教师带领儿童共同收拾整理区域活动材料；同时，需要教师巧用评价方式，激发儿童参与评价，帮助儿童总结经验。学前儿童区域活动的开展，在集体活动的教育中发挥着重要作用，因此，制定适合区域活动的教育策略具有重要的意义。

1. 创设适宜的区域活动环境

创设适宜的区域活动环境是区域活动组织和开展的一个重要内容，拥有什么样的区域活动环境，对于学前儿童区域活动的开展效果有着重要的影响。第一，在创设区

---

① 何艳萍. 幼儿园区域活动的实践与探索[M]. 北京：北京师范大学出版社，2010：40.

域活动环境时，教师要关注学前儿童的喜好。从儿童的角度分析，什么样的区域活动环境能够使他们有更大的兴趣参与到区域活动中来，关注学前儿童的喜好是区域活动环境创设的一个重要原则。教师在活动中应认真观察，准确把握儿童的兴趣点，在他们原有活动经验的基础上创设适宜的区域活动环境。第二，区域活动环境的创设也需要考虑区域活动本身，教师应按照区域活动的具体要求来组织，创设一个鲜明的、可操作的，同时又能吸引儿童主动参与区域活动的区域活动环境。

2. 提供丰富的区域活动材料

区域活动材料是区域活动组织和开展的重要道具，对于区域活动组织与开展的内容而言，区域活动的发展程度与教师投入的材料及达成的目标有着重要的关系。教师在确定区域活动的材料时，不仅要考虑区域活动区的设置，还要考虑儿童的兴趣和年龄特点。除此之外，随着儿童对区域活动需求的变化，教师应适时调整、新增材料，以保持儿童对区域活动持续探究的兴趣。

3. 重视区域活动的评价

评价环节是整个区域活动的最后一个环节，是学前儿童分享、交流、梳理经验的过程。儿童会从教师的评价中，明确自己的活动表现，了解活动的不足，总结活动的经验以及对下次活动进行预设等。因此，教师评价的内容不应只是泛泛而谈，而应该有针对性、有重点地进行客观公正的评价，使儿童获得真实可靠的评价，增强其区域活动的能力。在评价方式上，教师应多鼓励儿童进行自主评价，激励儿童大胆地表达自己的看法和想法；然后，教师在此基础上总结评价，让区域活动评价成为儿童积极参与、表现自我的平台。

二、学前儿童区域活动的指导及注意事项

（一）学前儿童区域活动的指导原则

区域活动的指导是动态的过程，儿童的兴趣、需要、爱好从创设区域活动到全面开放区域活动都会发生变化。要使儿童达到自由选择、自主活动、自我教育的水平，教师的指导起着相当重要的作用。因此，教师要对儿童的区域活动积极关注、悉心指导，把握区域活动指导的原则，使其教育功能充分发挥出来，有效促进儿童的全面发展。

1. 尊重儿童的自主性

儿童有自己的兴趣和需要，教师应尊重儿童自主选择活动的意愿，让儿童自由、愉快地参与区域活动。在一定程度上，儿童参与活动的独立性、自主性和创造性是在教师的指导下发展起来的。[①] 儿童通过自己探索和发现得来的知识才是真知识，儿童只有按自己的兴趣和意愿进行区域活动时，才会有很高的自主性。教师不应该限制儿童的想法和做法，应着眼于儿童主动学习能力的培养，充分尊重儿童，让他们按照自己的思路进行区域活动。教师要做的是把握好指导和点拨的分寸，在活动中充分信任儿童，提供充足的时间和空间让儿童进行自主操作和探究。

2. 以间接指导为主

儿童在自主活动中的探索性操作和求知意识离不开教师的引导，同样，自由活动的过

---

① 丁海东. 幼儿区域活动中指导策略的运用［J］. 教育导刊，2005（11）：18-21.

程也离不开教师的指导。儿童是区域活动的主体，教师在区域活动中应当变直接指导为隐性指导，教师的指导以间接方式为主，应是一种个性化的指导。区域活动既是游戏活动，又是自主的学习活动，由于活动过程强调儿童的主体地位，因此，当儿童熟悉规则、了解如何进行区域活动时，教师要注意在这个自主阶段观察儿童在活动中的表现、需要，以材料、游戏角色等方式进行间接指导和隐性指导。① 因此，教师应尊重儿童的主体诉求，在活动中采取间接指导为主的指导方式，使儿童充分享受自主学习的快乐。

3. 遵守区域活动的规则

指导儿童遵守区域活动的规则不是教师逼迫儿童必须接受规则，而是为了让儿童形成规则意识，保证他们自由自主地参与活动，不受规则所累。这里所说的规则包括一般性规则和活动本身的规则。② 一般性规则是为保证区域活动的正常进行而制定的，如图书区光线要明亮不刺眼、美工区要靠近水源等；活动本身的规则是活动本身的玩法或活动材料操作的方法。特别需要注意的是：根据儿童的身心发展水平的不同，教师要根据不同的年龄班、不同的活动区制定不同层次的规则。如小班儿童的自我控制能力较弱，活动较为随意，教师应多制定简单易懂的规则，帮助儿童建立初步的规则意识，在教师的提醒下，能遵守活动规则即可；中大班的儿童有了一定的自主性，能感受规则的意义，也能基本遵守规则，教师应引导他们更多地与同伴协商制定活动规则。

(二) 教师指导学前儿童区域活动的注意事项

1. 区域活动中教师指导的角色定位

在区域活动的开展过程中，教师首先要明确自己的角色定位。教师既是儿童区域活动的观察者、指导者、合作者，同时也是儿童区域活动时材料的准备者和环境的策划者。对儿童而言，区域活动是一种相对宽松的教育活动，具有选择自由、活动自主等特征；对教师而言，在区域活动中，"教师不再是传递知识的人"，而是在知识、经验上对儿童产生作用的促进者。③ 虽然教师在区域活动中的角色定位是多元的，但是各个角色不可能、也不需要同时呈现，它需要随着区域活动的发展而不断变化。教师在区域活动中要准确把握自己的角色，为儿童提供有针对性的指导，满足儿童在区域活动中的各种需要和发展。

2. 区域活动中教师指导的时机

教师该何时介入儿童的区域活动，何时退出儿童的区域活动？恰当把握区域活动的指导时机是保证教师取得正向指导效果的前提。儿童是区域活动的主体，因此教师在把握指导时机时必须基于儿童的需要和自身的主观状态。不论教师采用哪种方式去指导儿童的区域活动，都需要结合儿童区域活动的时间、地点、情境和方法进行适时、适宜、适度的指导。

区域活动的指导是一种极灵活、极富创造性的工作，很难总结出来一套规范化的"模式"。另外，各活动区材料、活动性质和方式之间差异很大，指导方式就更不可能

---

① 陶玮. 幼儿园区角活动中教师指导的适宜性研究［D］. 重庆：西南大学，2016：10.
② 何艳萍. 幼儿园区域活动的实践与探索［M］. 北京：北京师范大学出版社，2010：47.
③ 同①：8.

整齐划一，但这并不意味着没有规律可循。① 教师首先要对儿童的区域活动进行细致的观察、分析和了解，根据儿童当前活动的需要选择恰当的时机介入活动，然后考虑不同儿童的活动实际情况、身心发展水平以及个性差异，给予儿童适度的指导。具体来讲，当儿童对区域活动兴趣降低时，在区域活动过程中遇到困难时，儿童之间发生冲突时，儿童没有真正进行区域活动时，需要教师根据不同区域、不同材料以及儿童的个体差异选择合适的时机进行有效指导。

历年真题

【7.4】材料分析题：莉莉和小娟玩游戏，她们想让 5 个娃娃睡觉，但是没有小床，于是她们找到了 3 个盒子做小床，莉莉说："床不够。"小娟挑出 2 个留着长头发的娃娃说："她们长大了，不需要睡午觉了。"莉莉说："好的。"然后将 3 个需要睡觉的娃娃中最大的一个放在最大的盒子里。小娟试图把中等大小的娃娃放在最小的盒子里，但放不进去，于是莉莉说："换一换。"然后将最小的娃娃放在了最小的盒子里，中等大的娃娃放在中等大的盒子里。小娟说："娃娃们，好好睡觉吧。"

问题：（1）从学习与发展的角度，分析上述案例中莉莉和小娟的行为。
（2）这次游戏后，教师应当如何支持莉莉和小娟的学习与发展？

本章结构

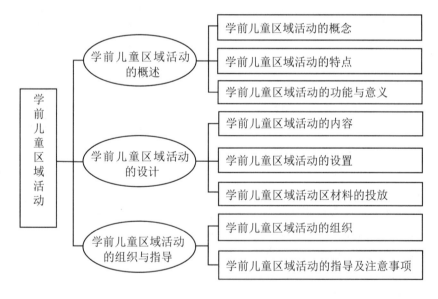

---

① 冯晓霞. 活动区的创设利用及活动指导：四[J]. 幼儿教育，1994（9）：4-6.

第八章

幼儿园环境

学习目标

- 识记幼儿园环境的内涵，掌握幼儿园环境的一般分类方法。
- 理解幼儿园环境创设的一般原则，并可以结合相关案例加以辨析。
- 运用幼儿园环境创设相关知识和评价手段，进行幼儿园环境创设。

学习重点

- 幼儿园环境创设的一般原则，能结合案例加以分析。
- 幼儿园环境创设的方法，特别是幼儿园物质环境创设应注意的问题。

知识要点与学习方法

本章内容围绕幼儿园环境展开，在知识逻辑结构上，首先，介绍了幼儿园环境的概念及分类，帮助我们认识幼儿园环境；其次，讲述了幼儿园环境对幼儿发展的价值，在幼儿和环境互动的层面加深学习者对幼儿园环境的认识，同时借助不同课程模式中幼儿园环境的创设拓宽和深化学习者对幼儿园环境的理解；最后，学习者可从实践层面学习幼儿园环境创设的一般原则，并了解幼儿园环境评价的相关知识。学习者学习本章时应注意运用相关理论于学前教育实践中。

【案例导入】

二十多年来，幼儿园大班操场的滑梯总是孩子们首选的场地。但是近两年选择玩滑梯的孩子好像越来越少了，是玩具多了孩子不喜欢旧滑梯了吗？

带着疑惑，我们开始倾听孩子的声音。

"这要是能像体能运动场里的滑梯该多好啊！"

"我上次在游乐场还玩了高空滑道呢，特别刺激！"

"还应该安装一些索道，那就好玩了。"

"这如果有个坡能让我们跑上去就更好玩了！"

"如果这里有一个小桥就有意思了！"

"要是能做一个长长的通道把我运到沙池多好玩啊！"[1]

幼儿园环境对孩子到底意味着什么？对孩子身心发展有作用吗？什么样的幼儿园环境对孩子是适宜的？换句话说，我们在进行幼儿园环境创设的过程中，应该坚持什么样的理念？创设什么样的环境？本章将会围绕"幼儿园环境"中的问题来展开论述。

---

[1] 朱继文. 幼儿园环境要见儿童见思想 [N/OL]. 中国教育报，2017-11-19（02）[2023-08-18]. http://paper.jyb.cn/zgjyb/./html/2017-11/19/content_489268.htm.

第一节 幼儿园环境概述

一、幼儿园环境的概念及分类

(一) 幼儿园环境的概念

作为一个古老的教育命题,环境对于个体发展的影响是非常大的。在古代,我国教育家就非常重视环境对于个体发展的影响,例如,《墨子·所染》中有"染于苍则苍,染于黄则黄。所入者变,其色亦变"。因此,在教育视野中的环境,已经不只是一个简单的物理空间,而是一个重要的教育要素,在个体的发展中扮演着重要角色。

从教育的意义上来说,"环境"是"直接或间接影响个体的形成和发展的全部外在因素,即围绕着某一事物的空间以及可以直接或间接地影响其事物的生活和发展的各种社会因素和自然因素的总和"[1]。

幼儿园作为促进幼儿身心发展的专门教育机构,广义上来讲,幼儿园环境是指幼儿教育赖以运行的一切条件的总和;狭义上来讲,幼儿园环境是指在幼儿园中,对幼儿身心发展产生影响的所有物质与精神要素的总和。[2] 它既包含了舒适的园舍、多种有趣的玩具,也包括了幼儿园教师之间的人际关系和情感氛围等。

▶ 幼儿园环境的概念与分类

(二) 幼儿园环境的分类

按性质分类,幼儿园环境可分为物质环境和精神环境,这也是常见的一种分类方法。物质环境主要是指幼儿实际操作的玩具、教具、各类游戏设施等;而精神环境则包含了人际关系、集体氛围、心理环境等。虽然相较于物质环境,精神环境看不见、摸不着,但它同样对幼儿在园活动乃至个体社会性发展等产生着潜移默化的影响。

按功能分类,幼儿园环境可分为保育环境和教育环境。这主要是由幼儿园保教结合的教育特点决定的,幼儿园教育强调保育和教育双重功能的相互渗透。保育功能形成幼儿园内幼儿的生活环境,并实施相应的教育,以满足幼儿日常生活和身体生长发育的需要;教育功能则形成幼儿园内的教育环境,通过五大领域的教学活动以及随机教育,促进幼儿的全面发展。[3]

按存在形式分类,幼儿园环境可分为室内环境和户外环境,这也是在幼儿园实际生活中最为常见的一种分类方法。其中室内环境主要包括活动室、楼宇走廊等,户外环境主要包括室外操场(含大型游戏设施)、沙水区等。

---

[1] 教育大辞典编纂委员会. 教育大辞典:第1卷[M]. 上海:上海教育出版社,1990:34.
[2] 李季湄. 幼儿教育学基础[M]. 北京:北京师范大学出版社,1998:134.
[3] 卢勃. 学前教育学[M]. 北京:清华大学出版社,2014:189.

二、幼儿园环境的重要性

世界儿童问题首脑会议发布的《儿童生存、保护和发展世界宣言》中有这样一段话:"儿童时代应该是欢乐、和平、游戏、学习和生长的时代,他们的未来应该在和谐和合作之中形成。"所以对于幼儿来讲,一个高质量的幼儿园环境对于幼儿的发展便显得尤为重要。

《纲要》第三部分第八条指出:"环境是重要的教育资源,应通过环境的创设和利用,有效地促进幼儿的发展。"丰富多样的环境刺激是幼儿学习发展的开始,幼儿正是在与环境相互作用的过程中不断获得发展的。冯晓霞教授在20世纪末针对"什么是幼儿园的课程"这一问题指出:幼儿园的课程是"幼儿在幼儿园教育环境中进行的,是为了促进其身心全面和谐发展的各种活动的总和",冯晓霞教授的这段话从课程的角度剖析了幼儿园教育环境对于幼儿发展的重要性。

环境是围绕在个体周围并对个体产生影响的外部世界。人一生下来就会受到外部环境的影响,从中获得一定的生活知识和经验,形成各种思想意识和行为习惯。有组织、有系统的环境对人的影响更为明显。① 换句话说,与幼儿生活密切相关的幼儿园环境是幼儿发展的重要外部条件之一。

因此,对于幼儿园来说,如何创设适合不同年龄幼儿身心发展需要的幼儿园环境,提升幼儿园环境的质量水平,是当前课程改革和园本课程建设的重要议题。

三、不同课程视野下的幼儿园环境

幼儿园环境作为课程的隐性资源,也是课程设计的重要组成部分。只有为幼儿提供一个高质量的学习环境,才能为实现课程价值最大化提供重要基础。幼儿在与学习环境不断的互动中产生信息、能量的交换,这也正是幼儿学习过程的体现。下面是不同课程体系对学习环境的定位和把握,这从另一个方面展示了学习环境对于幼儿发展的重要性。

1. 蒙台梭利课程的学习环境

蒙台梭利非常强调学习环境对于幼儿生理和心理发展的重要作用。蒙台梭利在蒙台梭利课程体系中提出了著名的"有准备的环境"这一概念,她认为"有准备的环境"应该由两部分组成:一个是物质环境,另一个是人文环境。蒙台梭利在尊重儿童经验的基础上,将环境更加细致地划分为日常生活区、语文区、数学区、感官区、科学文化区等几个领域,强调教学的环境能够表现外部世界的结构和秩序,从而使幼儿更容易了解、接受和探索学习环境。

蒙台梭利教学环境设计特点主要体现在以下几个方面:

第一,典型的蒙台梭利学校包括教室、室外花园、操场、图书馆、起居室、储存室等。

第二,环境的设置必须符合儿童发展的节奏和步调,提供适合儿童自由操作的各种活动材料。

第三,环境必须是有秩序的、美的,对儿童有吸引力的,同时也必须是能保护儿童、让儿童有安全感的。

---

① 朱喆. 浅谈幼儿园环境在幼儿良好行为习惯培养中的作用[J]. 新课程(上旬),2012(3):173.

第四,环境创设必须体现与成人世界的联系。

第五,典型的蒙台梭利教室分为日常生活区、语文区、数学区、感官区、科学文化区等几个领域,各个领域为儿童提供不同的"工作材料",并随儿童的发展不断更换,以满足儿童发展的需要。①

2. 瑞吉欧课程的学习环境

瑞吉欧课程体系的研究者认为,学习环境是一个"可以支持社会,探索与学习的容器""空间具有教育'内涵',也就是包含教育性的要素对互动的经验以及建构式的东西产生刺激"。瑞吉欧课程体系中的学习环境是一个"活"的环境,其主要表现为空间的规划设计,其规划原则是有助于幼儿之间的互动和交流的进行。学校中每一处环境都具有独特的功能,如校门口被设计成"会说话"的长廊,使来访者对学校概况一目了然。艺术工作室是瑞吉欧课程方案的首创,每一所瑞吉欧学校都有一间大型的艺术工作室。每一个班级都有一个小型的工作坊,为幼儿在活动中从事较为复杂的艺术学习服务。

瑞吉欧课程的环境资源包括整个学校开放的室内和室外空间、社区,甚至整个瑞吉欧市。充分利用社区的环境资源是瑞吉欧课程一个显著的特点,社区下雨的街道、有历史印记的石狮、大树等幼儿生活中的寻常事物都成为课程方案活动的主题。正是对这些看似寻常的事物的探索和研究,使教育的意义更加深远了。它给人的启示是,生活中随处都有学习的资源,学习并不局限在学校和书本上,它所表明的是一种开放的教育精神。

3. 高瞻课程的学习环境

高瞻课程的研究者认为,只有当你创设出来的环境充满有趣的材料并且组织良好时,儿童才可能在各个发展领域进行主动的参与性学习。高瞻课程为幼儿创设了一个丰富刺激而又井然有序的学习环境,整个教室根据幼儿的兴趣以及材料的特点分成若干个活动区。

① 积木区。积木区给幼儿提供能探究、独立或合作建造、分类、组合、比较、排列物体,表征及玩角色游戏的机会。它是建构活动中心。

② "娃娃家"区。"娃娃家"区给幼儿提供一个与别人相处,表达情感和思想,用语言交流,对角色进行认识、体会以及对别人的需要和要求做出反应的机会。它是象征活动和角色游戏中心。

③ 美工区。美工区给幼儿提供变形、重组以及转换材料的机会。

④ 安静区。安静区也称规则游戏区,或规则游戏和阅读区,给幼儿提供进行分类、比较、匹配、制作不同的图形、看书以及听故事的机会。

⑤ 木工区。木工区给幼儿提供运用真正的木料和工具来学习新的技能、解决问题和制作结实的表征物体的机会。

⑥ 音乐和节奏活动区。音乐和节奏活动区给幼儿提供体验节奏、练习音乐技能、了解声音和伴随声音做动作的机会。

⑦ 沙水区。沙水区给幼儿提供了解材料的质地、数量和特征,进行表征和角色游戏的机会。

---

① 杨莉君. 蒙台梭利教育法需要科学地解读和本土化[J]. 人民教育,2004(11):23-25.

⑧ 动植物区。动植物区给幼儿提供观察生长和变化,学习饲养、浇水和照料有生命物体的机会。

⑨ 户外活动区。户外活动区给幼儿提供进行大肌肉锻炼的机会。

这些活动区能允许幼儿自主选择,因为每个区域都有独特的材料和活动的机会。如积木区,备有建筑材料,也有幼儿能用于建筑活动的玩具人和玩具汽车。当幼儿计划到某个活动区去活动时,他们知道有哪些材料,知道用这些材料可以进行哪些活动,因而他们的计划才可能是经过思考的、有明确目的的计划,而不是一时兴起的。此外,教室里一般还设有集体活动用的区域,或在教室中央,或在场地较大的活动区。

历年真题

【8.1】论述题:什么是幼儿园环境?为什么幼儿园教育中要强调创设良好的幼儿园环境?请联系实际说明。

重点提示

幼儿园环境旨在促进幼儿发展,对幼儿园环境的认识,既要从其内涵、分类上进行把握,也要从其作为"课程资源"的一部分,从不同课程模式的视角认识幼儿园环境的教育价值。

第二节 幼儿园环境创设

一、幼儿园环境创设的必要性

(一) 理论依据

1. 哲学基础——杜威的进步主义教育哲学

进步主义教育是 20 世纪上半叶盛行于美国的一股教育哲学思潮,许多至今仍具有重要意义的思想观点或看法被提出。杜威提出"学校即社会""教育即生活""教育即经验的改造和重组"等观点;他强调"从做中学",强调为幼儿提供一个可支持性的环境,让幼儿在这种环境下主动地操作材料和自主学习。他认为个体学习的不只是正规课程,还应学到与正规课程不同的东西,"隐性课程是学生在学习环境中(包括物质环境、社会环境和文化体系)所学习到的非预期性或非计划性的知识、价值观念、规范和态度"[①]。这从不同方面说明了学习环境对于幼儿的重要意义,以及教育性是学习环

---

① 杨程. 中美高校德育途径之比较:基于隐性课程视角[J]. 中国校外教育(理论), 2008(S1): 1345.

境的最根本特性，幼儿也正是在与周围环境的互动中形成学习活动的动态系统结构，是在亲自参与活动、实际探索的过程中体验、感受知识与信息的。①

2. 教育学基础——高瞻课程"主动学习理论"

主动学习是高瞻课程的核心理念。在高瞻课程模式中，主动学习被定义为"儿童通过直接操作物体，在与成人、同伴、观点以及事件的互动中，建构新的理解的学习过程"②。也就是说，在高瞻课程模式开发者眼中，没有人能够代替幼儿获得经验或建构知识，幼儿必须通过自己的主动学习获取经验并建构知识。高瞻课程的长期追踪调查研究也发现，自己有选择机会、建立了对学习的信心、逐渐发展自我控制能力的儿童收获更多。根据长期经验，美国儿童心理学家戴维·韦卡特等人认为主动学习具备四个特征：第一，幼儿直接操作物体或材料，幼儿在直接经验积累的基础上获得抽象概念；第二，幼儿对自己的行动结果进行反思；第三，幼儿的学习动力来自幼儿本身，幼儿的学习兴趣即作为学习资源；第四，幼儿在活动中发现难题，注重提升解决问题的能力。同时，高瞻课程认为主动学习应该具备五个构成要素：一是材料，教师应根据幼儿的不同发展水平为其提供丰富且适合其年龄特征的可进行多种操作的活动材料；二是操作，即幼儿自由地操作、转换、组合不同层次的材料；三是选择，即幼儿可以自由选择，以发展主动性和自发性；四是幼儿的语言，这能促进幼儿情感和社会性的发展；五是成人的支持，强调教师的支架作用和教师提供的支持性环境。③

因此，高瞻课程的设计者强调教育的任务就是为幼儿提供一个主动学习和建构他们自己知识的环境，让幼儿积极主动地操作材料以及与周围环境（包括事件、同伴与成人等）互动，在主动学习的过程中建构其自身的知识、经验或习惯。可以说，高瞻课程的学习环境是一个毫无恐惧、焦虑、厌烦的学习和游戏的环境。在高瞻课程环境中，成人重视并理解幼儿，努力创造一种支持性的氛围，在这一氛围中"成人为儿童提出他们发展所需的认知挑战，学习是一种积极的、快乐的、自然的经验"④。

3. 心理学基础——皮亚杰和维果茨基认知发展理论

皮亚杰认为，社会的或教育的影响和物理的经验在某些方面都是建立在同一的基础上，它们对于主体能有某些影响。但事实上，只有当所教的东西可以引起儿童积极从事再造的活动时，才能有效地被儿童同化。⑤可见，幼儿是在与外部世界的相互作用中逐步建构起对于外部世界的知识观点，并不断促进自身知识结构的改造和升级。在建构的过程中，皮亚杰提出其心理学理论中两个非常重要的概念，即"同化"和"顺应"。同化是指幼儿将外部刺激改造纳入自身图式的过程，使其成为自身图式的一部分；顺应是指在原有结构无法同化外部刺激时需要内部结构加以调整从而发生重组与

---

① 陈晓红. 幼儿园学习环境设计[J]. 学前课程研究，2008（4）：10-12.

② HOHMANN M, WEIKART D. Educating young children: Active learning practices for preschool and child care programs [M]. Ypsilanti, MI: High/Scope Press, 1995: 16.

③ 霍力岩，孙蔷蔷. 高宽课程模式的形成动因和基本理念[J]. 福建教育，2017（16）：22-25.

④ EPSTEIN A. Essentials of active learning in preschool: Getting to know the High/Scope curriculum [M]. Ypsilanti, MI.: High/Scope Press, 2007: 29.

⑤ 周琼. 省级示范性幼儿园班级墙面环境创设的特点及问题的研究：以湖南省部分省级示范性幼儿园为例[D]. 长沙：湖南师范大学，2012：6.

改造的过程。同化和顺应作为两个自我机制使幼儿从一个平衡状态过渡到另一个平衡状态。

此外，维果茨基作为社会建构的代表人物之一，在幼儿认知发展方面，他更多的是提出"社会文化取向"的认识和观点，认为个体发展受社会历史文化的制约，在强调外部环境作用的同时，更加注重文化的客观影响，认为幼儿正是在对外部文化不断的"内化吸收"的基础上逐渐发展起来的，认为社会互动和真实的文化环境均是幼儿自身发展的必要条件，并由此提出幼儿发展的"跨文化差异"。

（二）政策依据

幼儿园环境作为一种特殊的环境，即教育环境，对幼儿身心发展具有重要影响。因此，国家相关政策文件内容都凸显了幼儿园环境创设的重要性，主要包括以下内容。

(1)《幼儿园工作规程》①（部分）

第三十四条　幼儿园应当按照国家的相关规定设活动室、寝室、卫生间、保健室、综合活动室、厨房和办公用房等，并达到相应的建设标准。有条件的幼儿园应当优先扩大幼儿游戏和活动空间。寄宿制幼儿园应当增设隔离室、浴室和教职工值班室等。

第三十五条　幼儿园应当有与其规模相适应的户外活动场地，配备必要的游戏和体育活动设施，创造条件开辟沙地、水池、种植园地等，并根据幼儿活动的需要绿化、美化园地。

第三十六条　幼儿园应当配备适合幼儿特点的桌椅、玩具架、盥洗卫生用具，以及必要的玩教具、图书和乐器等。玩教具应当具有教育意义并符合安全、卫生要求。幼儿园应当因地制宜，就地取材，自制玩教具。

第三十七条　幼儿园的建筑规划面积、建筑设计和功能要求，以及设施设备、玩教具配备，按照国家和地方的相关规定执行。

(2)《幼儿园教育指导纲要（试行）》②（部分）

八、环境是重要的教育资源，应通过环境的创设和利用，有效地促进幼儿的发展。

（一）幼儿园的空间、设施、活动材料和常规要求等应有利于引发、支持幼儿的游戏和各种探索活动，有利于引发、支持幼儿与周围环境之间积极的相互作用。

（二）幼儿同伴群体及幼儿园教师集体是宝贵的教育资源，应充分发挥这一资源的作用。

（三）教师的态度和管理方式应有助于形成安全、温馨的心理环境；言行举止应成为幼儿学习的良好榜样。

（四）家庭是幼儿园重要的合作伙伴。应本着尊重、平等、合作的原则，争取家长

---

① 中华人民共和国教育部. 幼儿园工作规程：中华人民共和国教育部令第39号［A/OL］. (2016-03-01)［2023-08-18］. https://www.gov.cn/gongbao/content/2016/content_5067918.htm.

② 中华人民共和国教育部. 教育部关于印发《幼儿园教育指导纲要（试行）》的通知：教基［2001］20号［A/OL］. (2001-07-02)［2023-08-18］. http://www.moe.gov.cn/srcsite/A06/s3327/200107/t20010702_81984.html.

的理解、支持和主动参与,并积极支持、帮助家长提高教育能力。

(五)充分利用自然环境和社区的教育资源,扩展幼儿生活和学习的空间。幼儿园同时应为社区的早期教育提供服务。

(3)《幼儿园保育教育质量评估指南》(部分)

(四)环境创设。包括空间设施、玩具材料等两项关键指标,旨在促进幼儿园积极创设丰富适宜、富有童趣、有利于支持幼儿学习探索的教育环境,配备数量充足、种类多样的玩教具和图画书,有效支持保育教育工作科学实施。

二、幼儿园环境创设的原则

1. 安全卫生原则

这既是保育的要求,更是幼儿园环境创设的首要要求。特别是幼儿,因为年龄小,身体发育尚未成熟,自我保护能力比较差,所以在进行幼儿园环境创设时必须坚持安全卫生的原则,特别是应注意以下几点:① 室内外所用设备安全卫生,符合国家相关卫生要求,采用家具应无角且卫生;② 室内采光通风条件较佳;③ 电源插座应具有一定高度;④ 教室内应设有急救包;⑤ 应张贴疏散计划;等等。

历年真题

【8.2】幼儿园创设物质环境时,首先应考虑的要求是( )。
A. 经济性　　　　　　　　　　B. 安全卫生性
C. 功能性　　　　　　　　　　D. 美观性

2. 主体性原则

主体性原则要求教师在创设环境时,坚持"以儿童为中心"的原则。首先,幼儿园环境应符合幼儿身心发展实际情况,应结合幼儿的年龄特征开展环境创设,并兼顾不同幼儿的发展需求和个体差异,这也是环境发展适宜性的表现。例如,根据不同年龄发展水平投放难易程度不同的材料;幼儿园环境创设应当充分发挥幼儿的主动性,积极吸收幼儿的想法和意见,幼儿园环境创设是教师和幼儿共同参与完成的结果,这也是幼儿参与性在环境创设过程中的体现。总之,环境创设应秉持"以儿童为中心"且最终是为了儿童发展的基本理念。

历年真题

【8.3】材料分析题:春天来了,老师们都忙着为班级布置春天墙饰。张老师设计了一幅美丽的春天图画(图8.1),李老师只在墙上画了株大树的树干(图8.2)。她希望幼儿能随时将看到的信息用剪纸、绘画等方式反映到墙面上。

图8.1　春天图画

图8.2　大树树干

问题：请评价两位教师的做法。

3. 教育目标一致性原则

该原则要求教师以系统的眼光看待环境创设，注意将环境创设和课程发展目标衔接一致，同幼儿园教育目标相协调。

此外，我们还应在环境创设中注意开放性原则，充分利用幼儿园外部环境资源，如社区资源、家长资源等；也应注重环境创设的经济性，避免"富贵病""豪华病"等，特别是在一些农村幼儿园我们更应该倡导废物利用，秉着"一切为幼儿所用"来创设环境。

> 历年真题

【8.4】材料分析题：大一班开展了识字比赛，教师为此创设了班级墙面环境，如图8.3所示。

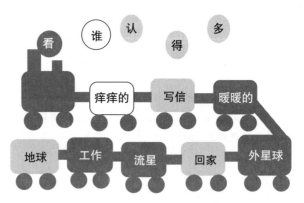
图8.3　班级墙面环境图

问题：请根据环境创设的基本原则，对案例中为识字比赛创设的墙面环境进行评析。

三、幼儿园环境的创设

结合幼儿园环境分类，幼儿园环境创设应从物质环境和精神环境两个方面展开，其中物质环境又包括室内环境和户外环境。本部分内容我们将重点放在室内物质环境创设上。

(一) 物质环境创设

1. 室内环境创设

(1) 活动区规划

首先应设置相应的活动区，一般包括阅读区、"娃娃家"区、拼插区、表演区、大型积木区等。室内应设置功能齐全、种类多样的活动区并加以命名；各个活动区应具备足够充分的空间，方便班级幼儿自主活动；活动区之间应设置明显的间隔，一般以低矮家具为宜，以保证幼儿和教师从不同角度都可以看到其他活动区的幼儿；确保可行走的路线，以保证幼儿可以从一个区域方便地转移至下一个区域。

另外，在不同活动区应做好功能的补充和协调，根据不同活动区活动特点统筹安排。教师在安排不同活动区功能时，应注重考量"动—静""干—湿"的特点。例如，美术区靠近水池或卫生间，而阅读区（静）需要靠窗等采光较好的地方，同时远离表演区（动），以免互相干扰。

(2) 材料选择和利用

对于材料的选择和利用，除了确保安全、卫生外，还需要确保材料数量的充足和种类的齐全，以满足不同需求、不同水平的幼儿操作材料；鼓励幼儿使用各种开放性材料，提倡使用真实物品（包括废旧物品）替代玩具或其他仿制品；材料应能给幼儿带来视觉、听觉、味觉、嗅觉等多重感官的刺激（例如，乐器、木头、布料等能给予幼儿多种感官刺激的材料）；材料应被标识，并且方便幼儿自主取放，且不同材料应根据颜色、功能或其他特点分类放置；鼓励使用幼儿作品作为环境创设的材料，这也体现了环境创设中幼儿的参与性。此外，在材料的选择利用上，应充分反映当地区域、社区的文化特色，也应该注意材料需反映文化的多样性。

(3) 墙面布置

对幼儿园来说，墙面布置是幼儿园环境创设中必不可少的部分。在进行墙面布置的过程中，教师应注意以下几点：墙面的布置应与活动主题相结合，教师也可以把活动后幼儿的作品在墙面上加以展示；充分利用和挖掘空间，墙面布置还涉及过道、楼梯等，应根据环境特点充分利用空间；注意艺术性，应杜绝随意乱挂和张贴，在装饰美化时应注意色彩的协调统一。

2. 户外环境创设

《纲要》第二部分第一条中明确规定了幼儿园要"开展丰富多彩的户外游戏及体育活动，培养幼儿参加体育活动的兴趣及习惯，增强体质，提高对环境的适应能力"。户外活动是幼儿园一日生活中的重要组成部分，因此户外环境创设也同样重要。在户外环境创设过程中，教师需要注意以下三点。

首先，户外活动场地应保证安全，有充足的使用空间。教师应定期排查以杜绝健康安全隐患。例如，避免破损的设备或过陡的缓冲地面，共用场地要有 30 米的跑道，要有运动器械置放地、沙坑，有条件的可设长廊、戏水池、山坡、地道等。①

---

① 刘晓东，卢乐珍，等. 学前教育学[M]. 南京：江苏教育出版社，2004：121.

其次，户外游戏场地与室内空间相连为佳，且提供多种类型的活动区域。例如，设置沙水区、种植采摘区以及大型游乐设施。

最后，户外活动设施和材料应满足不同类型活动的需求。例如，既有固定的材料设施，也有可移动的材料设施；既有满足攀爬的坡面，也有适宜奔跑的平整地面。

（二）精神环境创设

事实上，幼儿园精神环境包含两个方面的内容：一方面是影响幼儿发展的精神环境，例如，教师和幼儿之间的互动氛围、教师的教育理念，这也是我们通常所指的幼儿园精神环境；另一方面是影响教师发展和心理状态的环境，这里主要包括幼儿园规章制度、幼儿与教师之间的人际关系、园所文化等。幼儿园精神环境创设应注意以下三点。

首先，科学的教师教育理念。教师应充分尊重幼儿的不同需求，尊重每一个幼儿的想法和需要，喜欢和幼儿在一起，对幼儿的问题给予热情的回应，构建和谐友爱的师生关系。

其次，和谐的教师关系。教师之间的人际关系很容易被幼儿"察觉"并进而影响幼儿的身心状态，特别是班级内主班教师、配班教师和保育员之间的关系。不同教师之间应职责清晰、相互配合，通过积极的互动，共同组织和开展幼儿的各项活动，这样也有利于为幼儿创设一个宽松和谐的精神环境。

最后，积极宽松的工作氛围。幼儿教师工作压力大，而且由于幼儿家长育儿水平的提高和对学前教育的重视，幼儿教师更是需要应对多方的"压力"。这时幼儿园更应该为幼儿教师提供一个宽松友爱的工作环境，建立一套符合园所实际情况的规章制度，为幼儿教师提供一个支持发展的平台。在一些幼儿园中，监控的安装配备其实在无形中加大了幼儿教师的"精神压力"。

四、幼儿园环境的评价

一所幼儿园的质量如何，关键在于其创设的教育环境是否达到两个标准：① 创设的环境是否能让幼儿自主活动，让幼儿获得适合幼儿期特点的生活；② 是否创设了能让幼儿自发活动并适合其游戏的环境。

根据不同的分类标准，对幼儿园学习环境质量的评价有不同的类型。美国学前教育家丽莲·凯兹认为，托幼机构的质量评价有五个视角，即自上而下的视角（评价主体为机构的主办人或政府的立案机构），自下而上的视角（评价主体为幼儿），外部—内部的视角（评价主体为机构所服务的家长），内部的视角（评价主体为机构内的工作人员）以及外部的视角（评价主体为机构所处的社区及社会大众）。①

按照评价功能可以将评价划分为三种类型：① 诊断或改进指向的评价。例如，高瞻课程中的《课程质量评估表》（Program Quality Assessment，简称 PQA），是为了帮助幼儿教师发现教育教学中的问题，改善幼儿教育实践而制定的；② 鉴定指向的评价，是为了甄别托幼机构是否符合最基本的质量标准。例如，全美幼儿教育协会（National Association for the Education of Young Children，简称 NAEYC）的资格认证体系；

---

① 吴凡. 芬兰幼儿园质量评价简介及启示[J]. 山东教育，2010（18）：11-13.

③ 分类选拔指向的评价。例如，我国不同省份的"幼儿园分级分类验收标准"，是为了对不同的幼儿园进行分类以排定等级位次，从而起到激励的作用。

对幼儿园环境质量的评价，目前世界范围内主要的评价工具有《幼儿学习环境评量表》（Early Childhood Environment Rating Scale，简称 ECERS）、NAEYC 开发的《幼儿教育机构质量标准与认证体系》（Early Childhood Program Standards and Accreditation Criteria），以及国内的《幼儿园教育环境质量评价量表》。

1. ECERS

ECERS 作为世界上广泛使用的学前教育评价量表，是由美国北卡罗来纳大学儿童发展研究所的西尔玛·哈姆斯（Thelm Harms）和理查德·M. 克利福特（Richard M. Clifford）两位学者制订的，经过三年的多次应用与修订，逐步得以完善，于 1980 年正式公布发表。该量表共分 7 大类 37 个项目，主要包括：关于儿童的常规护理、儿童家具和活动场地、儿童语言学习、儿童精细活动和全身运动、儿童创造性活动、儿童社会发展、教养人员的需要，其中涉及幼儿学习环境的主要是第二项。后期在 ECERS 的基础上做了修订，即《幼儿学习环境评量表（修订版）》（Early Childhood Environment Rating Scale-Revised，简称 ECERS-R）。ECERS-R 不仅可以作为有效评估幼儿园学习环境质量的实施工具，而且可以被用来评估和考查特殊需要儿童。该量表主要包括空间和设施、语言和推理、个人日常料理、活动、作息结构、互动、家长和教师 7 个维度方面的内容，其中空间和设施是幼儿学习环境的主要评价对象。

2. NAEYC 的《幼儿教育机构质量标准与认证体系》

该质量标准与认证体系是由全美幼儿教育协会开发的，对具有较高质量的托幼机构进行认定评价的一套质量评估体系。该质量标准与认证体系在美国施行后获得美国国内保教人士的充分认可，并且在世界范围内产生了深远影响，尤其是其背后的评价理念。例如，这套质量标准与认证体系"不仅囊括了一系列明确清晰的标准，以用于评价招收 0—6 岁幼儿的早期教育机构的质量，同时还力图使每一条标准都更加有证据可依，并且与有关什么是当前最为优秀的学前教育实践的专业知识相吻合"。可见此质量标准与认证体系充分吸收了当今世界一系列儿童发展与教育的研究成果，并且定期发布相关的指引以对该体系进行充分的解释和说明；评估需要阐述达标的事实例证，从而保证评估的真实性、发展性。

3. 《幼儿园教育环境质量评价量表》

该量表是由北京师范大学刘焱教授在借鉴 ECERS-R 和《幼儿学习环境评量表（课程拓展版）》（Early Childhood Environment Rating Scale-Extension，简称 ECERS-E）的结构形式的基础上，依据指导我国幼儿园教育实践的重要文件《幼儿园工作规程》和《纲要》编制的一份 5 级评定量表，主要涵盖了物质环境创设、生活活动、人际互动和课程 4 个领域，共 25 个子项目。大量的实践经验和数据表明，该量表具有较强的实践性和可操作性，内容能够反映中国幼儿园教育的实际状况，能够反映并区分幼儿园教育环境质量的高低，具有较高的观察者内部一致性、内容效度和结构效度。[①] 其中涉及

---

① 刘焱，潘月娟.《幼儿园教育环境质量评价量表》的特点、结构和信效度检验[J]. 学前教育研究，2008（6）：60-64.

学习环境的内容主要是该量表中的物质环境创设部分。

【8.5】郑老师收集矿泉水瓶、报纸、纸箱、塑料绳等材料,并改造成适合幼儿的教学材料,郑老师的行为表明其具有（　　）。

A. 环境创设的能力　　　　　　B. 随机教育的能力

C. 教学反思的能力　　　　　　D. 教学生成的能力

重点提示

幼儿园环境创设需要树立"以幼儿为中心"的理念,结合实践操作把握幼儿园在室内环境、户外环境以及精神环境等方面创设中应注意的问题,特别是结合幼儿园环境创设的一般原则和评价工具加深对幼儿园环境创设的认识。

本章结构

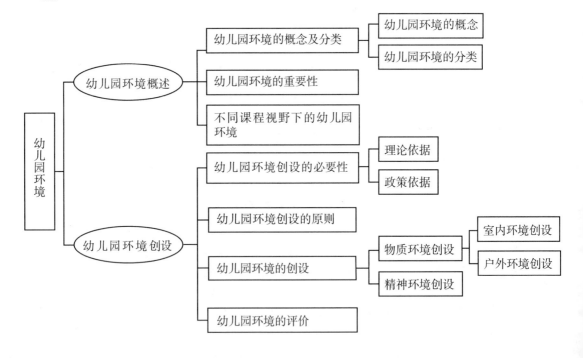

第九章

幼儿园与家庭、社区的合作

学习目标

- 识记幼儿园与家庭合作的意义，理解幼儿园与家庭合作的任务及应遵循的原则。
- 识记幼儿园与社区合作的意义，熟悉国内外社区学前教育的发展，理解社区学前教育的概念。
- 识记幼儿园与家庭、社区合作的内容与方式，并能分析幼儿园与家庭、社区合作的实践问题及应注意的事项。

学习重点

- 本章的学习重点主要是识记幼儿园与家庭、社区合作的意义；侧重识记幼儿园与家庭、社区合作的内容与方式。

知识要点与学习方法

本章主要阐述幼儿园与家庭、社区的合作，学习幼儿园与家庭的合作时，可以根据幼儿园与家庭合作的"意义—任务—原则—内容与方式"这个线索梳理相关知识点；学习幼儿园与社区的合作时，则可按照幼儿园与社区合作的"概念—意义—发展—内容与方式—注意事项"的顺序展开。本章除了记忆与理解层次的知识点之外，教师还应侧重引导学生进行幼儿园实地调查，培养学生发现问题、分析问题、解决问题的能力。

【案例导入】

记得说"再见"[①]

见面说"你好"，离别说"再见"，这是孩子们没上幼儿园前就会的礼貌用语。然而，新学期一周以来，班里的孩子们在离园时，总是一哄而散。如何改变这一现象，相对于传统的简单说教，我有了新的探索和尝试。

这天放学，我照例带着孩子们排队走到校门口，孩子们同往常一样不告而别。此时，我大声又热情地对着已经往外飞奔的孩子们说："孩子们再见，家长们再见。"意想不到的情况发生了，璐璐的奶奶先叫了起来："璐璐，老师和你说再见呢！快跟老师说再见。"璐璐回过神来，忙转过身对着我说："老师再见！"别的家长们似乎也意识到了，或是自己跟我说再见，或是督促孩子跟我说再见。不一会儿，几乎所有的孩子都跟我说了再见。奇招有效！我会心一笑。幼儿园教师在培养孩子运用礼貌用语的时候，可以巧妙地借助家长的力量，将会取得良好的效果。

《纲要》第一部分第三条指出："幼儿园应与家庭、社区密切合作，与小学相互衔接，综合利用各种教育资源，共同为幼儿的发展创造良好的条件。"《幼儿园工作规程》

---

① 金樱. 记得说"再见"[J]. 早期教育（教师版），2016（Z1）：48.

第五十二条指出:"幼儿园应当主动与幼儿家庭沟通合作,为家长提供科学育儿宣传指导,帮助家长创设良好的家庭教育环境,共同担负教育幼儿的任务。""幼儿园应当加强与社区的联系与合作,面向社区宣传科学育儿知识,开展灵活多样的公益性早期教育服务,争取社区对幼儿园的多方面支持。"世界学前教育组织(OMEP)和国际儿童教育协会(ICEI)在1999年举办的"21世纪国际儿童教育研讨会"上指出:儿童的发展是"家庭、教师、保育人员和社区共同的责任"。家庭、社区、幼儿园是幼儿最早接触的社会文化环境,对幼儿身心发展具有重要的促进作用。因此,幼儿园需要协调与家庭、社区的合作,共同促进幼儿的发展。家庭、幼儿园、社区的合作已经成为当今世界幼儿教育改革的发展趋势。2022年10月,党的二十大报告对于发挥学校家庭社会教育合力作用提出了明确要求,提出要"健全学校家庭社会育人机制",这就要求各地应因地制宜地探索、完善协同育人工作协调机制,加强统筹规划和资源整合,形成学校家庭社会协同育人合力。

第一节 幼儿园与家庭的合作

《纲要》第三部分第八条第四款明确指出:"家庭是幼儿园重要的合作伙伴。"幼儿进入幼儿园后,教育幼儿的责任将由幼儿园和家庭共同承担。幼儿园与家庭的合作是指幼儿园和家庭作为促进幼儿发展的重要影响因素,双方应积极主动地相互了解、相互配合、相互支持,通过幼儿园与家庭的双向互动,共同促进幼儿身心的健康发展。随着对《纲要》精神的不断领会,我们越来越深刻地认识到:家园合作共育是幼儿教育现代化的重要内涵,也是我国乃至世界幼儿教育改革与发展的大趋势。

一、幼儿园与家庭合作概述

(一)幼儿园与家庭合作的意义

陈鹤琴先生说:"幼稚教育是一种很复杂的事情,不是家庭一方面可以单独胜任的,也不是幼稚园一方面能单独胜任的,必定要两方面共同合作方能得到充分的功效。"①家庭和幼儿园是幼儿生活、学习的主要场所,幼儿在自身发展的过程中必须整合从两种场所中获得的学习经验。通过家园合作,幼儿不仅可以在家庭中延续、巩固和发展在幼儿园获得的经验,还可以在幼儿园里运用、扩展和提升在家庭中获得的经验,从而使来自两方的经验更具一致性、连续性和互补性。实施幼儿园与家庭之间的密切合作,不仅有利于提高幼儿园的教育质量,也有利于提高家长的教育水平,并促进幼儿身心的全面和谐发展。

▶幼儿园与家庭合作的意义

1. 有利于提高幼儿园的教育质量

教育是一种通过共同探索而进行的社群活动和文化分享,幼儿园与家庭合作有利于幼儿园充分利用家庭资源。家庭是孩子成长发展的首要环境,父母是孩子的第一任

---

① 陈鹤琴.家庭教育:怎样教小孩[M].北京:教育科学出版社,1994:51.

教师，家长与孩子之间拥有浓厚的血缘亲情关系，父母对孩子的性格特点、兴趣爱好等都有较全面深入的了解。幼儿园教师可以借助家园合作获得更多关于幼儿的有效信息，加快了解幼儿的进度，加深了解幼儿的程度，并借助自身所拥有的专业知识和专业技能因材施教，促进幼儿的健康发展。

此外，幼儿家长来自各行各业，人才济济，是幼儿园得天独厚的教育资源，家长的不同职业特点及文化背景可以为幼儿提供丰富的教育内容，也可以为幼儿的教育需要提供多种支持和帮助。如幼儿园某小朋友的妈妈从事医护工作，教师可以邀请她到班上为幼儿讲解有关幼儿保健护理的注意事项，不仅极大地丰富了幼儿园的教学内容，而且较好地调动了幼儿家长参与教育教学活动的积极性、主动性和创新性。

2. 有利于提高幼儿家长的教育水平

幼儿家长通过与幼儿园的合作可以获得更多有关自己孩子的发展变化信息，给予孩子及时的鼓励和引导。例如，小朋友壮壮的动手操作能力相对较弱，但是教师反映这段时间壮壮的动手操作能力进步特别大，这时家长应及时鼓励孩子，强化已有的教育效果，同时在家也要给予孩子更多的练习机会，为孩子动手操作能力的发展提供良好的家庭环境。

幼儿园教师是专职的教育工作者，经过系统的专业训练，了解幼儿身心发展的特点和需求，掌握科学的教育方法。家园合作可以为教师和家长之间提供一个交流经验的机会，家长可以学习教师先进的教育理念、教育技能和教育经验，不断提高自身的教育素养，学会积极利用多种资源教育孩子。例如，幼儿教师可以通过多种形式向家长介绍幼儿膳食中应注意的问题，如粗细搭配、三餐合理等，让家长在家庭生活中注意多样化饮食，保证营养均衡、合理搭配。

3. 有利于促进幼儿身心的全面和谐发展

幼儿的发展是幼儿与周围环境相互作用的结果，应保持幼儿周围生活环境的生态平衡。家庭、幼儿园是幼儿重要的生活环境，通过家园合作，教师与家长之间建立密切合作的伙伴关系，互通有无、相互调整、相互整合、相互促进，为幼儿身心的全面和谐发展营造良性发展、动态前进的社会环境。如幼儿园小班在锻炼幼儿生活自理能力的时候，幼儿园与家庭应在教育观念和教育行动上保持一致、共同努力，为幼儿创建生活教育环境上的生态平衡。

历年真题

【9.1】许多老师发现，不少孩子在家过了一个双休日再回到幼儿园后，一些良好的行为习惯就退步了，比如不认真吃饭、乱扔东西、活动时喜欢说话。对此，老师正确的做法是（　　）。

A. 召开家长会，点名要求做得不好的家长向做得好的家长学习

B. 密切联系家长，并要求家长完全按照老师的要求去做

C. 发挥自己学有专攻的优势，为家长提供指导

D. 不过于干涉家庭教育，做好园内教育工作

(二)幼儿园与家庭合作的任务

1. 双方进行有效互动,取得教育共识

幼儿园与家庭合作的首要任务是:主动与家长沟通,开展有效互动,促使家长与幼儿园在教育理念、教育目标、教育方法等方面取得共识。每位家长都希望自己的孩子获得良好的发展,但是由于对幼儿身心发展规律认识不够,教育效果与教育预期会有偏差。因此,幼儿园需要通过多种活动,增加家长对教育知识的认识,掌握科学的教育方式,与幼儿园在科学育儿方面达成更多的共识,共同促进幼儿的健康发展。

历年真题

【9.2】教师与家长沟通的根本目的是( )。
A. 让家长了解幼儿在园的表现
B. 了解幼儿在家的表现
C. 家园合作,形成教育合力
D. 完成园长交给的任务

2. 优化整合教育资源,实现教育效益最大化

幼儿园与家庭合作的另一个任务是:引导幼儿家长关心支持幼儿教育活动,积极主动地参与幼儿园的活动,发挥家长优势,与幼儿园形成合力,提高幼儿教育的质量。家长拥有丰富的幼儿教育资源,家长参与幼儿的教育不仅可以给幼儿带来精神上的满足感,而且可以为教师提供教育内容、教育方式、教育场所、教育技术等方面的多种支持。因此,幼儿园需要密切与家长交流合作,引导家长积极参与幼儿园活动,盘活家庭教育资源,充分发挥教师、家长、幼儿三方的能动性和创造性,共同促进幼儿的和谐发展。

(三)幼儿园与家庭合作的原则

幼儿园与家庭合作的原则是幼儿园与家庭合作过程中所必须遵循的基本要求,也是家园合作取得良好效果的前提和保证。

▶幼儿园和家庭合作的原则

1. 互相尊重

《纲要》第三部分第八条第四款明确指出:"家庭是幼儿园重要的合作伙伴。应本着尊重、平等、合作的原则,争取家长的理解、支持和主动参与,并积极支持、帮助家长提高教育能力。"教师和家长是幼儿成长的重要影响人,二者各有自身的教育优势:教师受过专业培训,能够经常学习新的教育理论、研究新的教育方法;而家长作为孩子的监护人,是看着自己的孩子长大的,对孩子的了解比教师要深刻得多,并且在家庭教育中也积累了许多宝贵的经验。因此,在教育幼儿的过程中,教师与家长应本着相互尊重的原则,建立平等合作的伙伴关系,互相学习、优势互补、共同提高,形成家园合作共育的良好局面。

> 历年真题

【9.3】 离园时，家长们都走进幼儿园接孩子，金老师一见到小齐爸爸，就埋怨他说："小齐到现在还不会自己吃饭、穿衣，你们做家长都怎么教的！"小齐爸爸觉得很难堪，恼怒地说："就是不会才送到幼儿园学习的嘛！"对该事情，下列说法正确的是（　　）。

　　A. 金老师应该注意与家长沟通的方式
　　B. 生活能力培养主要由家长负责
　　C. 金老师拥有批评幼儿家长的权利
　　D. 生活能力培养主要由教师负责

2. 密切联系

幼儿年龄小，成长速度快、发展变化大，教师和家长可以通过诸如家长会、电话、家园联系栏等多种方式进行经常性的交流和沟通，互通有无，及时了解、掌握幼儿的各项最新情况，鼓励强化幼儿的新进步，及时发现并解决幼儿的新问题，促进幼儿身心的健康发展。

3. 个性化

《纲要》第一部分第五条中明确指出："幼儿园教育应尊重幼儿的人格和权利，尊重幼儿身心发展的规律和学习特点，以游戏为基本活动，保教并重，关注个别差异，促进每个幼儿富有个性的发展。"幼儿具有不同的生长环境和教育资源、不同的个性特点，另外，幼儿家长的性格特点、学习经历及生活环境等也不尽相同，因此，教师在与幼儿家长进行交流和沟通时，要注意根据不同幼儿及家长的具体情况，区别对待，共商教育对策，达成教育共识，促进幼儿的个性化发展。

> 重点提示

　　识记幼儿园与家庭合作的意义：一是有利于提高合作双方——幼儿园教师和家长的教育水平，二是有利于双方共同的教育对象——幼儿身心的和谐发展。理解幼儿园与家庭合作的任务：双方取得共识，优化整合教育资源，实现教育效益最大化。理解幼儿园与家庭合作的原则：首先需要互相尊重，其次在密切联系中实现幼儿的个性化发展。

> 历年真题

【9.4】 在小班的家长会上，有两个家长质问带班的李老师："为什么不教孩子写字和拼音？再不教的话，我们的孩子就转园。"对此，李老师恰当的做法是（　　）。

　　A. 接受意见，适当增加拼音和写字的内容
　　B. 听取意见，耐心向家长分析不教的原因
　　C. 尊重家长，推荐校外辅导机构
　　D. 不予理会，尊重家长的转园自由

二、幼儿园与家庭合作的内容与方式

幼儿园与家庭交流合作、互动沟通的方式丰富多样,随着社会的发展和科技的进步,幼儿园与家庭合作的方式也会日趋多样化。依据不同的标准,幼儿园与家庭合作的方式可以有不同的划分类型。其中,我们根据幼儿家长参与人数的多寡,可以将合作方式划分为两种:家长个别参与和家长集体参与。

▶ 幼儿园与家庭合作的内容和方式(1)

(一)家长个别参与

社会的发展促使儿童教育的水平不断提高,儿童教育在注重儿童共性发展的基础上,更强调儿童的个性化发展。因此,幼儿园在与家庭联系的过程中,不仅要与家长进行集体交流,还要与家长个体沟通,个性化家庭教育指导工作日益成为幼儿园研究的重点之一。家长个别参与方式主要有家访、家园联系手册、家长接送孩子时的交流、约谈以及电话交流等,每一种方式都有其特殊的存在价值,彼此相互补充,相互配合,发挥其不可替代的作用。

▶ 幼儿园与家庭合作的内容和方式(2)

1. 家访

家访是教师和家长沟通思想、联络感情、切磋教育技艺的重要途径。通过家访,教师既可以深入了解幼儿家庭的生活环境、教育环境、父母的教育观念和教育方法,还可以介绍幼儿在幼儿园的表现,与家长共同探讨科学合理的教育方法,纠正家长一些不正确的教育态度和教育行为,调动家长参与幼儿园教育的主动性和积极性,获取家长更多的教育支持,促使家庭教育与幼儿园教育形成合力,为幼儿的健康成长营造和谐一致的教育环境。

依据家访的时间以及幼儿的具体情形,家访可以划分为面向入园新生的家访、每学期的常规家访以及针对有特殊情况的幼儿的家访。

① 面向入园新生的家访:在幼儿正式入园前,幼儿教师需要对每位即将入园的幼儿进行面对面的家访。面向新生的家访不仅有助于教师了解幼儿的个性特征及家庭教育情况,也有助于教师把科学的幼儿教育理念和教育方法带进千家万户。在家访时,让幼儿提前认识教师,有助于幼儿减少对教师和幼儿园的陌生感,为幼儿尽早、尽快适应幼儿园的新环境和新生活打下良好的心理基础。例如,有的幼儿和教师见面后就说:"我和老师是好朋友了,我喜欢幼儿园。"

② 每学期的常规家访:在条件允许的情况下,教师应该每学期对班里的每位幼儿进行一次家访。通过每学期的常规家访,教师可以进一步全面深入地了解幼儿的个性特点和家庭状况,向幼儿家长深入阐释儿童教育的理念,及时处理家长在教育中面临的疑难问题,征求家长对幼儿园教育教学的意见和建议,密切幼儿园与幼儿家长的关系,为幼儿园教育的顺利开展提供家庭助力。

③ 针对有特殊情况的幼儿的家访:班级里有时会出现个别情况特殊的幼儿。例如,偶发疾病或者发生意外事故的幼儿、家庭发生重大变故的幼儿、行为异常的幼儿等。特殊情况幼儿需要幼儿教师给予特别的关心和爱护。例如,患病在家的幼儿心理相对比较脆弱,特别需要家人、教师、朋友的关心,教师上门家访可以为幼儿带来幼儿园教师和小朋友的关心,为幼儿身体的健康恢复提供极大的心理慰藉,为

其战胜疾病、回归幼儿园提供心理助力。

为了保证家访取得预期的效果，教师应注意以下问题：提前预约（确定谈话时间和内容）、谈话的语气和态度、谈话技巧等。首先，教师应该主动与家长提前预约：约定家访的时间，避免双方时间上的冲突；约定家访的主要内容，教师可以提前与家长沟通家访的内容，双方都做好相应的准备工作，争取更好的家访效果。其次，教师应注意谈话时的语气和态度：教师和家长是平等的伙伴关系，共同承担着对幼儿的教育任务，通过家访这一双向互动活动，家长和教师两个教育伙伴互相尊重、相互切磋，共同促进幼儿身心的全面发展。再次，教师应注意谈话时的技巧，谈话时尽量避免一些贬义词的出现，如"你家孩子太调皮，经常和别人打架，攻击性行为太强"等，以免引起家长反感，影响家访的效果。最后，教师还应注意观察幼儿的生活环境以及家庭氛围，家访也是了解幼儿家庭情况的重要渠道之一，教师可以在家访时多观察家长与幼儿交流时的语气、态度、方式等，从多方面了解幼儿的家庭教育状况，了解孩子在家庭中的行为表现和日常生活情况，找出幼儿行为形成的家庭原因，从而进行有针对性的教育。例如，了解幼儿傲气的产生原因并给予提醒，探究孩子攻击性行为的产生原因并在教育方法上给予具体帮助等。家访的记录可参考表 9.1。

表 9.1　家访记录表示例

幼儿姓名	时间	接待人	幼儿在园表现	家访结果
莉莉	2023.9.20	外婆爸爸	莉莉性格内向，与他人交流互动少	交流中发现莉莉的长辈对其过分呵护，教师与家长交流了教育方法，家长决定放手让莉莉自己多做事
园园	2023.9.25	妈妈哥哥	园园的接受能力很强，但爱发脾气	交流中，园园妈妈认为园园脾气不好应该和家人平时的纵容有关，决定对园园进行一定的挫折教育
豆豆	2023.9.28	妈妈	豆豆在班里像个大姐姐，不仅自我管理能力强，还能帮助别人	交流中，发现豆豆的爸爸在外地工作，豆豆平时主要和妈妈一起生活，妈妈注意培养孩子的独立生活能力

2. 家园联系手册

家园联系手册是幼儿教师与家长围绕幼儿的发展与教育进行书面联系和交流的有效方式。有些家长工作繁忙，很难抽出时间与教师经常交谈，家园联系手册就成为幼儿园与家庭交流沟通的重要方式。家园联系手册灵活方便，传递信息及时。家长可以从家园联系手册中知悉孩子的进步、出现的问题以及幼儿园对家庭在配合教育方面的具体要求；教师则可以从家园联系手册中获得家长对幼儿园教育效果的反馈信息，了解幼儿在家中的表现，获悉家长的意见和要求。

家园联系手册的主要内容一般包括幼儿的个人基本信息（姓名、所在班级、家庭基本情况等）、幼儿教师的个人信息、幼儿在园表现、幼儿在家表现、教育箴言等。家园联系手册是每个幼儿一册，根据幼儿园的不同要求，每周或每月定期反馈一次；一般星期五下午由幼儿带回家，下周一上午由幼儿带回幼儿园。

第九章 幼儿园与家庭、社区的合作

家园联系手册是幼儿园与家庭之间的桥梁，记录着幼儿的成长，承载着教师的关爱与期盼，很多家长都会认真阅读并及时反馈信息。但有时也会出现下列情况：有的家长没有记录幼儿在家的表现，有的幼儿忘记及时上交家园联系手册。出现这些情况的原因是多方面的，但若是从幼儿园方面考虑的话，可以涵盖为两大方面：一是教师对幼儿记录的针对性不强，幼儿家长对此没有交流的意愿；二是家长想写，但是却把握不好该写什么内容、如何去写。针对上述问题，幼儿园在学期伊始，特别是新生入园时就要把家园联系手册的作用、目的、记录方式等交代清楚，也可以从往届幼儿的家园联系手册中选取记录翔实、利于家园沟通的部分进行举例说明，让家长明确家园联系手册的重要性及书写要求。同时，为了避免家长无话可写，教师尽量细致地描写幼儿在园的生活、学习情况，具有鲜明的个体针对性，引起家长的共鸣，激发家长交流的兴趣。同时，教师在措辞上可运用疑问句，以吸引家长的注意，例如，"您是不是发现孩子长高了，也胖了，像个小伙子了？""昨天我发现他把小石子装进兜子带回家，我一直有些担心，您能帮我了解一下吗？"另外，教师可以建议家长选取家园联系手册中的部分内容读给幼儿听，一是让幼儿积极参与幼儿园的各项活动，二是有助于幼儿从侧面督促家长积极参与家庭与幼儿园的沟通。

教师在家园联系手册中的措辞一定要十分慎重，切勿出现过激的言辞，以免家长难以理解接受，对幼儿也可能造成伤害，出现不必要的误会。例如，某幼儿园教师在一名幼儿的家园联系手册中写道："浩浩与小朋友交往时，有时把握不好交往方式，出现一些不够友好的攻击性行为。"结果其中的"攻击性行为"一词在幼儿家里引起了轩然大波，再加上幼儿家长不够理智，与幼儿园教师产生一些冲突，导致幼儿对幼儿园产生了恐惧心理，很长时间不愿去幼儿园。

3. 家长接送孩子时的交流

幼儿园与家庭的合作贵在经常、持久，家长接送孩子时的交流是最简便、最及时、最方便的谈话形式。每天幼儿入园、离园时间都是幼儿园与家庭进行交流的有利时机，教师和家长都应该抓住时机，适时利用。例如，一位中班幼儿家长对教师说："孩子如果热，麻烦老师帮孩子把衣服脱掉。"教师可以一边让家长观看孩子自己穿脱衣服的行为表现，一边告诉家长中班幼儿已经可以自己穿脱衣服了，让家长明白中班幼儿已经有能力独立做一些事情了，家长应该多给幼儿提供锻炼的机会，培养幼儿的生活自理能力，为幼儿的发展提供良好的家庭环境。

4. 约谈

约谈是一种目的性、计划性较强的谈话方式，约谈的发起者可以是教师，也可以是家长。双方应提前确定约谈的时间、地点与内容。幼儿园与家长进行约谈时应注意以下问题：一是做好前期的准备工作。家园双方都要做好准备工作，汇总幼儿各方面发展的情况进行分析，并提取有代表性的事例。二是营造宽松的谈话氛围。约谈双方若感觉拘束，就无法敞开心扉深入交流，因此，双方都应该尽力营造宽松的氛围，有利于谈话的顺利进行。三是约谈双方应以平等的身份进行交流。教师切勿以专家自居，家长也不要以责问者的身份约谈，双方平心静气、以商量的口吻进行交谈，更容易解决幼儿教育中出现的问题。四是注意谈话时的措辞。教师在评价幼儿时要全面客观，首先要肯定优点，提出缺点时要委婉客观，教师以旁观者的身份阐述幼儿身上发生的某件事情，双方对具体事例进行分析，在分析的过程中让家长认识幼儿的缺点和不足。同时，在介绍幼儿的身体发展情况时，教师应尽量避免使用专用术语，例如，孩子的手部"精细动作"发展不够，要换一种说法，如给家长提建议，告诉家长可以通过让幼儿多学习串珠、拼搭积木等方式促进幼儿双手的发展。

5. 电话交流

电话是社会生活中极为普遍的通信工具，幼儿园教师可以充分发挥电话的作用。电话交流根据具体情况不同，大致可以分为以下几种：第一种情况是教师主动与家长进行电话交流。教师需要把幼儿在幼儿园发生的一些重要问题和幼儿家长进行交流，但在家长接送幼儿时因人员较多，教师需要负责全班幼儿的安全，没有充足的时间与某位家长进行长时间交流，且有些问题也不便于面谈。另外，有些问题需要与幼儿父母交流，但是来接幼儿的可能是他们的祖辈。例如，父亲对幼儿性格和能力的发展具有极为重要的作用，教师发现佳佳的父亲从来没有接送过佳佳，教师想和佳佳的父亲交流意见，就选择了电话交流。第二种情况是家长、幼儿主动与教师进行电话交流。与幼儿的家长相比，教师在幼儿心目中的威信更高，教师与幼儿的交流更容易让幼儿信服，有时也有利于教师引导幼儿从另一角度认识问题、分析问题、解决问题。例如，幼儿琪琪晚上吃了许多糖果，无论家长怎么说，琪琪坚持睡觉前不刷牙，最后家长让琪琪和教师通电话，在教师的劝导下，琪琪顺利完成了刷牙任务。第二天，教师在全班小朋友面前表扬了琪琪坚持睡前刷牙的好行为，不仅强化了琪琪坚持每晚刷牙的良好生活习惯，也对全班小朋友间接进行了一次保持牙齿卫生的良好教育。第三种情况是教师把全班幼儿的电话汇总起来，方便幼儿之间、幼儿家长之间相互交流，有利于形成家园之间、幼儿家庭之间的、幼儿之间良好的互动，促进幼儿社会人格的健康发展。

另外，随着现代通信技术的发展，QQ、微信、电子邮件等电子形式也成为幼儿园与家庭沟通中重要又相对便捷的方式。

历年真题

【9.5】李老师一个学期对父亲是副乡长的小壮家访了8次，却从未对需要帮助的留守儿童小龙家访过。李老师的做法（　　）。

A. 符合主动联系家长的要求　　B. 有违平等待生的要求
C. 符合因材施教的教育要求　　D. 有违严慈相济的要求

▶幼儿园经验介绍——携手并肩做好家园合作

（二）家长集体参与

幼儿园教育是集体教育，因此，幼儿园与家庭的合作中必然包含教师与家长集体之间的交流与沟通。家长集体参与家园合作的方式主要有家长会、家长开放日、家园联系栏、家长委员会、家长学校、网络交流等。

1. 家长会

家长会是面向全体家长召开的会议。在家长会上，幼儿园和家庭之间可以方便、及时、快捷地传递信息，实现幼儿园与家庭之间的双向交流和协作。依据不同标准,家长会可以分为以下多种形式。

按照家长会的开会时间,家长会主要分为三类:① 学期初的家长会——在学期初举行家长会,向家长介绍幼儿园本学期的工作计划、将要开展的主要活动以及期望家长配合的事项等;② 学期中的家长会——在学期中间阶段举行家长会,向家长汇报开学以来幼儿园的主要活动以及幼儿取得的成绩,介绍下一阶段的工作计划;③ 学期末的家长会——在学期结束时举行家长会,向家长汇报整个学期的幼儿园工作情况,对幼儿的整体发展提出表扬和建议,对幼儿家长的支持和帮助表示感谢。

按照参加的幼儿家长来源,家长会可以分为以下三类:① 全园家长会——全体幼儿家长共同参加,会议的议题可以是幼儿园向幼儿家长宣传介绍本园的教育理念和服务宗旨,如"自律与诚信服务家长会";也可以是家园双方就学期工作计划、重大教育活动方案等展开讨论。② 班级家长会——由教师召集本班全体幼儿家长共同参加,讨论的议题可以多种多样,如本学期的活动计划、家长开放日的活动形式、亲子活动的方案、育子经验交流等。③ 小组家长会——把全园或全班家长按照一定标准,分成不同小组,分别召开家长会。例如,按照幼儿的兴趣可以分为兴趣小组家长会,按照家长的性别和年龄又可以分为父亲家长会、母亲家长会、爷爷奶奶家长会等。幼儿园可以根据不同的情况,结合不同的需求,开展不同形式的家长会。

值得注意的是,幼儿园方面需要提前做好多项准备工作,以确保家长会取得预期效果。例如,会议的内容除了幼儿园向家长通告学期工作计划之外,还应该包括一些家长关心的问题(如幼儿园的饮食等)供作为大家共同探讨,激发家长参与家长会的热情,避免幼儿园方面"一言堂"。

2. 家长开放日

《幼儿园工作规程》第五十三条要求:"幼儿园应当建立家长开放日制度。"家长开放日是幼儿园与家庭沟通的一种重要方式,家长通过观看幼儿园的环境、观摩幼儿教育活动,了解幼儿园的教育教学情况,了解幼儿的在园生活情况及发展水平。根据幼儿园的具体情况,家长开放日可以是家长在幼儿入园以前对幼儿园整体环境设备及师资力量的参观访问,也可以是幼儿入园后的一日或半日活动的参观、听课。

为防止出现家长不知道来园应该看什么、怎么看等情况,教师应做好充分的准备工作。在活动开始前,教师应向家长介绍活动的目的和完整的活动计划,让家长明确观看的内容,并指导家长在活动过程中如何观察,以明确观看的方法。

为了保证家长开放日达到良好的效果,教师可以结合具体活动尽可能让家长充分参与进来,让家长在参与的过程中亲自感受科学的育儿理念。例如,某幼儿园教师发现许多家长担心幼儿冬天外出受凉,给幼儿穿的衣服过多。但是,幼儿穿得太多,不仅穿脱不方便,也容易导致幼儿在户外活动时捂出一身汗。因此,在家长开放日活动中,教师引导家长注意观察幼儿的户外体育活动:幼儿简单活动之后,做了两套幼儿广播体操,接着又开始了丰富多彩的体育游戏。虽然身处寒冷的冬季,幼儿却玩得兴高采烈。教师不失时机地邀请家长参与到活动中来,半个多小时下来,大家都感到全身热乎乎的。活动结束后,教师不用多解释,家长们就会思考:冬天幼儿上幼儿园穿什么样的衣服更合适。

家长开放日活动结束后,教师应认真听取家长的意见和建议,如可以发放"开放日活动反馈问卷",广泛收集家长参与活动的感想和建议,为今后开展家园交流活动提供进一步参考。

3. 家园联系栏

家园联系栏是教师以文字、图片等形式向家长展示幼儿园教育教学工作情况、与家长进行教育信息交流的重要方式。家园联系栏既有面向全园家长的,也有面向各个班级家长的,其内容主要包括公布幼儿园的作息时间表、食谱以及幼儿园工作人员构成,展示集体活动的内容和图片、幼儿教育的理念和育儿小常识等。

但是,部分幼儿园的家长对家园联系栏的观看率并不高,究其原因主要有:家长接送幼儿时的时间比较紧张,来去匆匆,无暇观看;家长对内容不感兴趣,不愿观看。针对不同的情况,教师应采取不同的对策:对于无暇观看的家长,教师可以采用借阅制度,多制作几份放在班级的借阅处,家长可以借回去翻阅,定期返还;对于不愿观看的家长,教师可以通过多种形式了解家长不愿观看的原因,根据不同的情况,进一步改进内容,如增加更多有关幼儿的话题"我今天的本领""夸夸我的好宝宝""育儿心得"等,提高家长观看的兴趣和参与的意愿等。

4. 家长委员会

《幼儿园工作规程》第五十四条指出,"幼儿园应当成立家长委员会。家长委员会的主要任务是:对幼儿园重要决策和事关幼儿切身利益的事项提出意见和建议;发挥家长的专业和资源优势,支持幼儿园保育教育工作;帮助家长了解幼儿园工作计划和要求,协助幼儿园开展家庭教育指导和交流。"幼儿园应充分发挥家长委员会的桥梁和纽带作用,促进幼儿园与家庭的联系与合作,提高幼儿园的教育质量,提升家庭教育的效果,促进幼儿身心的全面发展。

幼儿园的家长委员会是在幼儿园园长指导下工作,由各班教师推荐1—2名家长代表组成的,由园长任主任,一名家长任副主任,代表任期一年,到期可改选,也可连任。家长委员会要关心幼儿园的教育活动,完善幼儿园的管理工作;反映家长对幼儿园的意见和要求,促进幼儿园和家庭的相互了解和交流。幼儿园要定期召开家长委员会,必要时可以临时召集会议。

各班也可以设立班级家长委员会,教师在了解家长的各方面情况后,通过家长自荐和教师指定的方式,组建本班家长委员会。家长委员会定期召开例会,主要是跟家长商量下一阶段班里将要组织的活动,了解家长们对班里工作的意见,使家长积极参加班级的管理工作,提高班级管理的水平。

5. 家长学校

家长学校是向家长宣传介绍科学的育儿知识、提升家长教育素养的重要场所。家长学校的师资来源可以多样化:幼儿园可以聘请儿童保健、儿童心理、儿童文学等方面的专家,也可以充分挖掘幼儿园的人力资源,如幼儿园的教育者和管理者、具有一定教育水平的幼儿家长,还可以是社区内在某一领域具有较高水平的工作者等,大家从不同角度、不同层面向家长讲解现代的育儿观念和育儿方法,提高家长的育儿水平,促进幼儿的健康发展。

家长学校可以用讲座的形式来进行,也可以用辩论分析会、展示交流会的形式来进行。如辩论分析"越精细越能养好孩子吗",各位家长可以各抒己见,相互交流,相互启发，共同提高。

6. 网络交流

随着互联网的发展，网络交流已经逐渐成为许多幼儿园常用的家园联系方式。目前，许多幼儿园都建有自己的网站，网站不仅是幼儿园宣传本园办园理念和办园风格的窗口，也是家园联系的重要平台。有的幼儿园网络教育分为三个平台：对外宣传平台、对内无纸化办公平台和家园交流平台。其中家园交流平台只对本园教师和家长开放，保证了一定的公开性和隐私性。另外，随着现代教育技术的日益普及和不断更新，班级 QQ 群、微信群、微博等网络交流也成为家园交流中必不可少的形式。

幼儿园与家庭的联系方式除了上述基本方式之外，还有园长信箱、园报园刊、家长图书馆、书信等。随着社会的进步和发展，幼儿园与家庭合作的方式也会愈来愈多样化，合作的深度也会愈来愈深入，合作的广度也会愈来愈开阔。幼儿园和家庭将密不可分，共同为幼儿全面、健康、顺利地成长和发展提供最佳的生活环境和教育氛围。

历年真题

【9.6】某幼儿园为增强家园协作决定设立家长委员会协助开展工作。根据《幼儿园工作规程》的规定，家长委员会的主要任务是（   ）。

A. 负责与社区的联系和合作

B. 组织交流家庭教育经验

C. 管理园舍、设备和经费

D. 监督指导幼儿园管理工作

重点提示

识记幼儿园与家庭合作的内容与方式：一是面向家长个体的合作方式，主要有家访、家园联系手册、家长接送孩子时的交流、约谈、电话交流等；二是面向家长集体的合作方式，主要有家长会、家长开放日、家园联系栏、家长委员会、家长学校、网络交流等。在学习的过程中，注重理论与实践紧密相连，不仅有利于理解和掌握理论，也有利于培养学生发现问题、分析问题、解决问题的能力。

第二节 幼儿园与社区的合作

《纲要》第三部分第八条第五款指出：幼儿园应"充分利用自然环境和社区的教育资源，扩展幼儿生活和学习的空间。幼儿园同时应为社区的早期教育提供服务"。《幼儿园工作规程》第五十五条强调："幼儿园应当加强与社区的联系与合作，面向社区宣传科学育儿知识，开展灵活多样的公益性早期教育服务，争取社区对幼儿园的多方面支持。"在社会大环境中，社区与幼儿园的关系最密切、对幼儿的发展影响最大，幼儿园应加强与社区的交流与合作，形成幼儿园与社区的合力，加速幼儿园的良性发展，促进幼儿的健康成长。

一、幼儿园与社区合作概述

（一）相关概念

▶ 社区学前教育的概念

"社区"属于社会学范畴，是一个从空间形式反映社会生活的概念，中外学者对社区概念的界定有所不同，从一般含义上来讲，社区是"和一定区域相联系的社会生活共同体"①。目前，在中国，社区的范围一般是指经过社区体制改革后进行了规模调整的居民委员会辖区。

社区教育突破了以往教育的时空界限，是教育社会化与社会教育化的统一。社区教育是面向社区全体成员开发，利用社区内的各种教育资源，实现社区全体成员素质和生活质量的提高以及社区可持续发展的一种社区性教育活动。社区教育的特点是：可以贯穿人的一生，实施从早期教育到老龄教育的终身教育；社区教育具有极大的综合性，将家庭、学校（幼儿园）及社区连为一体，形成一个生活、学习的社会环境，是实现终身教育、建立学习型社会的有效途径。

社区学前教育是整合社区内的各类社会资源，面向幼儿及其家长、社区全体成员进行育儿知识、合作共育、文化宣传的教育活动，是多层次、多内容、多种类的社会教育，是社区教育的有机组成部分。社区学前教育具有以下基本特点：

① 普及性：社区学前教育是面向社区内的全体幼儿、幼儿家长以及社区内的全体成员的，向社区全体成员普及学前教育的知识，提高社区成员保护和教育幼儿的意识，促使所有社区成员都能为保护幼儿、教育幼儿贡献力量。

② 社会性：社区学前教育工作无法依靠托幼机构单独完成，需要社区各方面力量——社区政府领导部门、社区教育管理部门、托幼机构、社区妇联组织、街道居委会、家长等共同参与、通力合作。

③ 地域性：社区有其特有的地理环境、文化环境、经济水平、居民构成成分等，这些形成了社区特定的地域特点，每个社区需要结合当地居民的实际需求，因地制宜地开展富有地域特色的保健、教育与服务，形成社区学前教育的地方特色。

（二）幼儿园与社区合作的意义

▶ 幼儿园与社区合作的意义

1. 有利于开阔幼儿的视野

幼儿的成长离不开自身与环境的交互作用，社区的自然环境和人文环境是幼儿生存发展的重要场所。借助幼儿园与社区的合作，幼儿可以与社区开展更多有意义的互动，从社区环境中获得更加丰富的信息，促进个体身体素质和健全人格的培养。

---

① 鲁洁. 教育社会学[M]. 北京：人民教育出版社，1990：343.

2. 有利于提高幼儿园的教育质量

幼儿园与社区进行合作，可以充分利用社区内丰富的物质资源、人力资源及文化资源，如参观社区内的超市、公园、学校、图书馆等各类机构，或者邀请社区内的医务人员、警察、解放军战士等参与幼儿园的活动。这不仅可以拓展幼儿园的教育内容，创新幼儿园的教育方法，丰富幼儿园的教育形式，还有助于幼儿园借助社区的地域优势形成幼儿园的园所特色，提升幼儿园的教育质量。

3. 有利于提升社区的精神文明建设

幼儿园是专门的教育机构，拥有专业的教育力量。借助幼儿园的设计与操作，可以进一步密切社区、家庭、幼儿园三方的交流合作，充分发挥三方各自的优势，将科学的幼儿教育理念及教育方法推广到家庭教育与社区教育之中，在社区内营造关心下一代成长、支持文化教育事业发展的良好氛围，推动社区精神文明建设的良性发展。

（三）国内外社区学前教育的发展

学前教育社区化是当今世界各国学前教育发展的一个重要趋势，各国政府必须结合本国国情，各地政府必须依据本区域的地域特色，各个社区必须考虑本社区的地理环境和人文特点，充分发展社区学前教育，为幼儿园教育提供充足的物质资源和人力资源。

1. 国外的社区学前教育

社区学前教育的产生和发展源于国外，国外的社区学前教育无论在发展规模、发展水平还是发展速度上都具有独特的优势，有许多方面可以为我国所借鉴和使用，因此，我们首先看看国外社区学前教育的发展状况。

（1）美国

美国政府强调教育的民主化，追求平等教育。为了实现幼儿教育机会均等的目标，美国政府1965年提出了"开端计划"，即以联邦政府和州政府为主投入资金，由各州社区服务部负责社区学前教育，通过选派在健康、教育和家长工作方面有知识经验的教师，对家庭环境不佳的幼儿提供学前补偿教育，并吸收这些幼儿的家长也加入这一计划中来。[①] 美国社区学前教育的形式多种多样、各具特色，如玩具图书馆、儿童博物馆、儿童展览会、儿童游戏场、儿童电视节目等。

（2）英国

为了让所有幼儿都拥有尽可能好的开端教育，1998年，英国政府出台了"确保开端"计划。它采取以社区为依托的跨领域部门协作的方式，主要由地方政府、教育者、社区组织、家长以及志愿者为有需要的家庭提供广泛的帮助，强调在尊重家庭文化背景的基础上，帮助家庭营造良好的教育环境。政府官员也参与到社区早期教育机构中，发挥优势支持工作；教育学院除为政府决策提供科学依据外，还负责培养师资；

---

① 陈艳霞. 南京市社区学前教育的现状、症结及对策[D].南京：南京师范大学，2006：9.

社区玩具图书馆免费提供场所、玩具等。①

（3）德国

德国有两种典型的教育方案：一是家庭助手方案，社区青年服务部、慈善机构把经过培训的社会工作者组织起来，分派到一些特殊家庭里去工作，每周义务为家庭服务5—10个小时，帮助父母掌握教育孩子的基本知识和技能。二是家庭互助方案，社区把家庭联合起来，结成对子，互相帮助，共同提高教育孩子的质量。②

（4）日本

1995年，日本文部省、厚生省和国土省联合制定了一个十年工作日程表，名为"儿童养育协助基本方针"（俗称"天使计划"）③，致力于"建立社会共同支持援助、面向社会开发的儿童教育新局面"。政府为此拨专款60亿日元用于托儿所等妇幼保健项目的建设，并在社区教育、幼儿园教育等方面提出了一系列改革措施。例如：振兴社区无偿服务活动；充分利用社区的资源促进幼儿与大自然的接触；确保社区拥有一定的儿童活动设施（图书馆、儿童乐园、游泳池等）以补充家庭和幼儿园的不足；社区与幼儿园、学校联合举办学习班，提高社区、家庭的教育功能和成人的教育意识；开放幼儿园使其资源为家庭、社区共享等。④

（5）以色列

以色列政府极为重视对不同年龄幼儿的家长进行分层指导，以提高指导的效率。

① HATTF计划：HATTF计划是为1—3岁婴幼儿开设的家庭活动计划，社区挑选、推荐专业协调员和专职家访员，经培训后上岗；每个协调员统管4—6个家访员，每个家访员负责指导12—14个家庭；家访员旨在帮助父母认识游戏对儿童发展的重要性，学会和孩子一起做游戏；家访员还要帮助家长成立互助小组，每半个月活动一次，在小组内交流育儿经验。

② HAPPY计划：HAPPY计划是为3—6岁幼儿开设的家庭指导计划，教育部组织专家编写了两年使用的教材，每年九册，每册配有亲子活动方案，每项活动持续几分钟；社区专职家访员协助家长使用教材；家访员每两周对社会处境不利的家庭进行一次访问，向父母传递保教知识，帮助父母构建家庭教育环境，提高父母的教育水平；家访员还鼓励家庭成立友好小组，每半个月活动一次，探讨教养幼儿的问题。⑤

总体来说，当前国外社区学前教育实践发展的主要趋势是：政府为社区学前教育的开展提供越来越多的法律援助和政策支持；幼儿教育与社区生活、社区发展的双向互动不断增强；社区学前教育的形式愈来愈多样化，社区学前教育实施主体的范围在不断扩大。

---

① 陈艳霞. 南京市社区学前教育的现状、症结及对策[D]. 南京：南京师范大学，2006：9.
② 卢勃. 学前教育学[M]. 北京：清华大学出版社，2014：241.
③ 王晓燕. 日本儿童福利政策的特色与发展变革[J]. 中国青年研究，2009（2）：10-15.
④ 同①。
⑤ 李平. 以色列社区学前教育简介[J]. 教育导刊，2003（Z2）：117-119.

2. 我国的社区学前教育

我国的社区学前教育发展相对较晚。在世界各国重视社区学前教育改革和发展的趋势下，20 世纪 80 年代末，我国在上海、河北、内蒙古等省、自治区、直辖市开始进行社区学前教育的尝试，探索出了巡回辅导站、儿童家庭游戏点（河北滦平）、草原流动幼儿园（内蒙古牧区）等适合不同地区的社区学前教育的形式。① 目前，我国学前教育的水平相较于以前有了较大的提高，但是总体水平仍需进一步提升。我国政府不仅通过各种教育政策法规强调发展社区学前教育，也在行动上大力推进学前教育同家庭、社区教育的合作与沟通。如教育部出台了《2003—2007 教育振兴行动计划》，特别提出要"多渠道、多形式地发展幼儿教育，逐步建立以社区为基础的学前教育服务网络"。2010 年，《国务院关于当前发展学前教育的若干意见》，指出要"建立社区和家长参与幼儿园管理和监督的机制"。《中国儿童发展纲要（2011—2020 年）》强调"建立以社区为基础的儿童保护工作运行机制，充分挖掘和合理利用社区资源"。《中国儿童发展纲要（2021—2030 年）》提出"广泛开展社区科普活动"等利用社区资源的具体策略。

我国的社区学前教育虽然起步较晚，但大家对发展社区学前教育的重要性已经达成共识，上海、广州、青岛、北京、天津等地在发展社区学前教育的实践中也已经取得了显著的成绩。随着经济和文化教育水平的不断提高，我国社区学前教育也将获得更大的发展和提高。

> **重点提示**
>
> 识记幼儿园与社区合作的意义：一是有利于合作双方的发展，二是有利于双方共同的教育对象——幼儿身心的发展。理解社区学前教育的概念，明确社区学前教育是面向学前儿童及其家长、社区全体成员的多层次、多内容、多种类的社会教育。熟悉国内外社区学前教育的发展，为中国社区学前教育的发展提供借鉴。

二、幼儿园与社区合作的内容与方式

2016 年，教育部等九部门联合发布《关于进一步推进社区教育发展的意见》明确指出：各地教育行政部门要进一步推进社区教育发展工作。我们要坚持"以人为本，需求导向""社区为根，特色发展""统筹协调，整合资源""改革引领，创新驱动"的基本原则，整合社区教育资源，丰富社区教育内容，创新社区教育形式，开展形式多样的婴幼儿教育活动，实现社区教育与幼儿园教育的有效衔接和良性互动。

（一）发掘社区资源，争取社区各方面力量的支持

幼儿园要想获得长足发展，就必须积极主动地争取社区多方面力量的支持和配合，合理有效地挖掘和利用社区各项资源，与幼儿园教育相互整合，促进幼儿园与社

▶ 幼儿园与社区合作的内容与方式（1）

---

① 李相云. 以幼儿园为中心的社区学前教育模式探讨 [D]. 重庆：西南师范大学，2002：6.

区共同发展。社区的资源可以划分为社区物力资源和社区人力资源。

1. 社区物力资源的开发和利用

社区拥有丰富多样的物力资源，如自然景观、人文景观、公共设施、企事业单位等。幼儿园教师可以带领幼儿到广场、公园、小区去散步，也可以带领幼儿到博物馆、图书馆、科技馆去参观，开阔幼儿的视野，丰富幼儿的知识，激发幼儿探究世界的兴趣，培养幼儿亲近自然、热爱社会的情感。不同社区处于不同的地理位置，具有不同的自然环境和社会文化，幼儿园在开发和利用社区物力资源的时候应遵循因地制宜的原则。

2. 社区人力资源的开发和利用

社区人力资源是幼儿接触社会、认识社会并适应社会的重要媒介，也是最活跃多变的社区资源。幼儿园可以利用"请进来、走出去"的方式来整合幼儿园与社区的教育力量。我们可以请消防战士为幼儿进行防火教育，请医护人员为幼儿进行疾病防护教育，也可以带领幼儿走进学校、敬老院、社会福利院等场所。"请进来"有利于开拓幼儿的活动天地，给幼儿的活动带来新鲜感。幼儿在与社区中各类人群进行接触的过程中，拓展了自己的生活和学习范围，增加了与社区互动的机会，增进了与社区互动的深度，不断认知社会，感受多种社会情感，培养社会行为，提高社会适应能力。

社区拥有许许多多的资源。幼儿园应充分利用社区资源，扩展幼儿的学习天地，加深幼儿对周围世界的认识，激发幼儿的社会情感，促使幼儿更轻松愉快地认识社会、融入社会。

▶ 幼儿园与社区合作的内容与方式（2）

（二）发挥幼儿园的优势，为社区服务

社区的发展和幼儿园的进步是相辅相成、相互促进的。幼儿园在利用社区资源发展自身的同时，还应该发挥自身优势，为社区提供多种教育服务，实现社区与幼儿园共同促进、共同提高。幼儿园同样拥有物力资源和人力资源，应充分利用好这两类资源。

1. 幼儿园物力资源的开发与利用

相对于社区内的其他场所而言，幼儿园拥有较为科学、齐全的幼儿教育设施，如户外活动场地、大中小型玩具等，是社区学前教育的主体。幼儿园可以有选择地面向社区开放其设施玩具，为社区学前教育的发展提供有利条件。

2. 幼儿园人力资源的开发与利用

▶ 幼儿园与家庭合作的内容和方式（3）

幼儿园教师接受过专门、系统的职前教育和职后培训，拥有丰富的教育知识和科学的教育能力。幼儿园教师可以充分发挥自己的专业特长，通过专家咨询、家长沙龙等多种形式，为社区居民传播科学先进的育儿知识，提高人们的育儿水平，提升整个社区的人文素质。

幼儿园拥有丰富的人力、物力等资源优势，幼儿园教师应在不干扰幼儿园正常教育秩序的前提下，积极主动地调动幼儿园内各种资源，不断加强幼儿园与社区的沟通和合作，构建幼儿园与社区之间长期的资源共享机制，为幼儿发展提供良好的社会环境。

> **重点提示**
>
> 识记幼儿园与社区合作的内容与方式：一是幼儿园需要充分利用社区的各类资源，促进幼儿园的长效发展；二是幼儿园充分利用自身优势为社区提供教育服务。学生在学习的过程中，要注重理论与实践紧密结合，不仅有利于理解和掌握理论，也有利于培养自己发现问题、分析问题、解决问题的能力。

三、幼儿园与社区合作的注意事项

幼儿园与社区进行合作是社会发展的必然，也是幼儿园教育自身发展的需求。为了充分发挥二者各自的优势，实现二者合作的长效性和持久性，幼儿园在与社区合作的过程中需要注意几个基本问题。

（一）注意幼儿园工作与社区活动的有机结合

幼儿园与社区合作组织幼儿园工作或开展社区学前教育活动，不仅可以提高幼儿教师的教育能力和专业素养，还可以提升幼儿园的教育水准和社会影响力。但是，幼儿园与社区的合作应是幼儿园诸多工作中的一个方面，幼儿园应当把自身工作与社区活动有机结合，使二者相互促进，而非生拉硬扯、机械结合。否则，不仅达不到二者合作的预期效果，反而会引起人们的反感，影响幼儿园教育的质量，阻碍社区的和谐发展。

（二）注意激发幼儿园教师的主观能动性

幼儿园在与社区合作的过程中，应构建以幼儿园为主导，家庭、社区联动的教育合作共同体。幼儿园能否开展与社区结合的活动，关键在于教师能否敏锐地发现问题，能否充分利用社区中有教育价值的事情或现象，能否为社区提供有效服务。因此，幼儿园应注意激发教师的主观能动性，以促使幼儿园工作与社区活动有机结合，提高二者合作的深度与效率。

> **重点提示**
>
> 理解并掌握幼儿园与社区合作中的注意事项：注意激发幼儿园教师的主观能动性，实现幼儿园工作与社区活动的有机结合。

本章结构

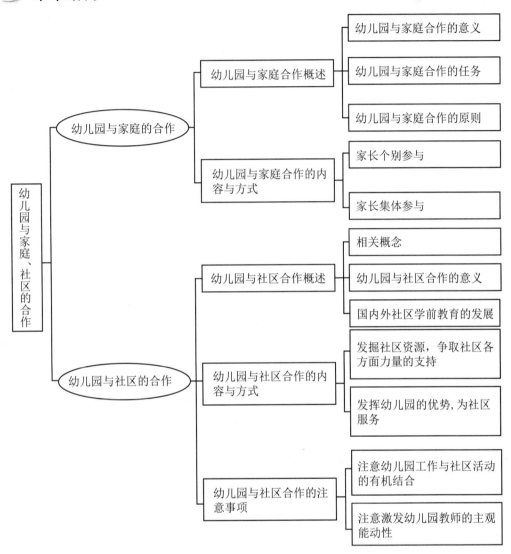

第十章

学前教育与小学教育的衔接

学习目标

- 了解学前教育与小学教育衔接的概念与意义，了解学前教育与小学教育衔接工作的内容。
- 理解学前教育与小学教育衔接的原则。
- 掌握目前幼小衔接工作中存在哪些问题，并能运用有效策略指导和开展幼小衔接工作。

学习重点

- 掌握学前教育与小学教育衔接工作的内容与指导原则。
- 掌握学前教育与小学教育衔接中存在的问题与有效的幼小衔接策略。

知识要点与学习方法

本章主要对学前教育与小学教育衔接的概念和意义进行论述，帮助学习者了解什么是学前教育与小学教育的衔接，其意义有哪些；熟悉和掌握学前教育和小学教育衔接工作的内容与方法，有利于学习者走上工作岗位后依据学前教育与小学教育衔接工作的原则，做好学前教育与小学教育衔接工作。本章的知识点主要属于理解、掌握运用层次，要注意学前教育与小学教育衔接方法在学前教育实践中的运用。

【案例导入】

如果没有幼小衔接会如何

今天大班刚刚召开完家长会，就听几个家长在楼道里大声地议论着，听声音还有些激动。我没有急着走上前，只在旁边听着，想了解一下家长的真实想法与困惑。

"我邻居的孩子没有上学前班，现在后悔得都快把后槽牙咬断了！小学老师经常把孩子留下来学汉语拼音，急得他妈妈总是掉眼泪。"

"幼儿园老师讲的我都认同，但现实情况怎能像老师讲的那样只关注孩子的能力发展？成绩现在不就是评价孩子能力的唯一标准嘛！"

"我们班还找来了一个现在上二年级的学生'现身说法'。看来幼儿园为打消我们家长的顾虑还真是想了不少的办法。但这孩子学习成绩那么好，真没有上过学前班吗？我表示怀疑。"

"人家孩子聪明呗！有的孩子就是学习的料，听说孩子的汉语拼音只学习两周。"

为什么我们绞尽脑汁做了那么多家长工作，自认为对孩子的教育付出了那么多的时间和精力，家长对幼儿园幼小衔接工作还有这么多的顾虑、不理解和不满意呢？这不禁引起了我对幼小衔接问题的反思。[1]

---

[1] 朱继文. 如果没有幼小衔接会如何[N]. 中国教育报，2018-01-07（02）.

第十章　学前教育与小学教育的衔接

第一节　学前教育与小学教育衔接概述

幼小衔接问题虽然一直以来受到教育工作者和家长的重视，但却一直没有得到很好的解决。幼小衔接工作做得如何，直接影响到儿童能否顺利适应小学生活，影响到儿童由幼儿园进入小学后能否身心健康成长。《幼儿园工作规程》第三十三条指出："幼儿园和小学应当密切联系，互相配合，注意两个阶段教育的相互衔接。"《纲要》第一部分第三条指出："幼儿园应与家庭、社区密切合作，与小学相互衔接，综合利用各种教育资源，共同为幼儿的发展创造良好的条件。"因此，研究幼小衔接问题，做好幼小衔接工作是十分重要的。

一、学前教育与小学教育衔接的概念

"衔接"原指事物之间的"连接"，教育学上所讲的"衔接"是指相邻教育阶段、不同教育机构之间的"连接"。而所谓幼小衔接，是指学前教育与小学教育两个相邻教育阶段之间的相互衔接。学前教育与小学教育衔接，是幼儿园与小学根据儿童发展具有的连续性和阶段性发展特点，以及儿童可持续发展的需要，做好两个教育阶段之间的衔接工作。学前教育与小学教育衔接使儿童能够顺利适应小学生活，减少因两种教育的差异给儿童带来的负面影响，从而为其终身发展奠定良好的基础。

学前教育和小学教育是两个不同的教育阶段，它们之间既有区别又有联系。前一阶段的教育是后一阶段教育的基础，后一阶段的教育是前一阶段教育的继续与提高。两者不论是教育目标、教育形式、考核标准，还是学习环境、师生关系等都有着非常大的差异，从幼儿园生活转入小学生活，对儿童来说要适应诸多变化。

1. 社会期望和社会要求不同

在幼儿园时期，学前儿童的基本活动是游戏，学前儿童可以自主、愉悦地生活和学习。但进入小学生活后，基本的学习和活动形式是集体教学，儿童需要学习系统的学科知识，并且有了质与量的严格要求，学业知识的学习成为小学儿童必须完成的任务，而教师和家长对儿童充满期待和要求，也开始关注儿童的学业成果，学业成为小学儿童的重要任务。

2. 教育内容和活动形式不同

学前教育注重"教养结合"，兼顾学前儿童的保育及教育，除了对学前儿童进行全面和谐的启蒙教育之外，还要给予学前儿童生活照料和保育。而小学教育则"以教为主"，完全转向了集体教学，由幼儿园时期的启蒙教育转向了规范化的学习。幼儿园时期学前儿童也学习一些简单的启蒙知识，但主要是与其生活息息相关的基础知识技能，具有生活化和整体性的特点，不强调系统的学科知识。学前儿童的思维以具体形象思维为特点，因此幼儿园的教育形式更多的是教师以游戏、儿歌、故事表演等直观教学为主。而小学教育内容则是系统的学科知识和读写算能力的训练，重视发展儿童的书面语言和抽象逻辑思维能力。

3. 人际关系不同

儿童进入全新的小学环境，人际关系发生了巨大的变化。面对新教师、新同学，儿童要重新建立师生关系及伙伴关系，逐步适应并融入集体生活。人际关系的变化首先是师生关系的变化，在幼儿园时期，教师像父母一样照顾儿童的衣食住行，能够关注到每个儿童的需求，陪伴儿童度过每一天的时光，儿童对教师有很强的情感依恋。但进入小学，教师主要精力放在课业教学上，主要围绕儿童的学习、作业、纪律等方面进行管理，较少关注儿童生活及情感变化方面的内容，而且小学教师相较于幼儿园教师给儿童的印象是严肃、严格。儿童初入小学，需要去熟悉陌生的教师，建立新的师生关系。

同伴关系的变化也是儿童由幼儿园进入小学生活需要适应的一个重要问题，这直接影响到儿童是否能够适应小学集体生活。进入陌生的环境，儿童需要重新建立熟悉的、融洽的伙伴关系，尤其对交往能力较弱、性格较内向的儿童来说，这更是一个需要克服的难题。

4. 生活环境与制度的不同

幼儿园中学习和生活设施相对集中，与家庭环境布局类似，活动室、盥洗室、卧室紧密相连，为学前儿童提供了熟悉便利的生活学习环境。而且幼儿园整体环境创设温馨、美观、充满童趣，有丰富的玩具和材料供学前儿童游戏。但是小学的学习设施和生活设施的布局相对独立，且校园环境创设和教室环境创设比较枯燥，除了桌椅外，没有其他玩具和材料，学前儿童由幼儿园环境跨入小学环境中，会出现不适应的现象。幼儿园一日生活的设计比较符合学前儿童年龄特点，注重动静结合，并且加入喝水、盥洗、户外游戏、午睡等环节。但小学的时间安排主要是上课，且要求儿童严格遵守作息时间和规章制度，因此，儿童进入小学后需做出身心调整以适应小学生活。

二、学前教育与小学教育衔接的意义

基于学前教育与小学教育的诸多不同之处，幼儿园、小学、家庭都应该根据儿童身心发展的特点积极帮助儿童做好两个教育阶段的衔接，使两个教育阶段在各个方面相互交叉、相互融合，减缓幼小衔接过渡的"坡度"，使儿童顺利地由幼儿园生活过渡到小学生活，实现人生的一次转折。幼小衔接工作的意义主要有以下四个方面。

1. 有利于儿童身心健康

根据世界卫生组织（WHO）的界定，身心健康包括生理、心理和社会适应能力的完满状态。即将踏入小学生活的儿童在生理上已经具备上小学的条件，其生理条件可以承受小学的学业负担；其心理上也对小学生活充满了好奇与向往，但面对小学生活与幼儿园生活的诸多不同还是会紧张、恐惧，容易产生各种问题，进而影响儿童对小学生活的适应；如果调整不好，则容易直接影响儿童的学业及长远发展。调查显示：30%～40%的儿童在由幼儿园刚踏入小学时，会出现各种不适应小学生活的现象，如不能适应小学作息时间、不能适应教师授课方式、不适应人际关系的变化等。诸多问题如不能及时得到解决，将会引发儿童出现厌学、焦虑、自卑、攻击性行为等一系列问题。由此可知，幼小衔接是非常重要的一项工作，有效的幼小衔接工作能够减小幼儿园与小学之间的差异，提高儿童各方面的适应能力并做好入学准备，帮助儿童积极主动进行身心调整，减轻压力与焦虑，消除因环境变化所导致的主体与环境失衡的困境，在新环境中仍能生活有条理，情绪稳定，顺利适应小学生活，为以后的发展奠定良好的基础。

2. 有利于儿童良好习惯的养成

学前儿童处于人生的起始阶段，可塑性极大，这一时期若养成良好的习惯，使其终身受益，并且这一时期恰是良好习惯养成的关键时期，教师和家长应抓住这一关键期，帮助儿童养成良好的习惯，如学习习惯、卫生习惯、劳动习惯等。习惯的养成并非一朝一夕的事情，应从小注意培养。儿童从幼儿园进入小学生活，是其人生中的一次重要转折，日常作息、人际交往、活动方式等都是一个新的开始，也是好习惯养成的良好时机。

3. 有利于增强儿童的人际交往与社会适应能力

作为一名社会成员，良好的人际交往关系是个体适应环境、适应社会、实现身心健康发展的重要因素。儿童从幼儿园生活过渡到小学生活，面对陌生的环境、陌生的教师和同学，需要建立新的人际关系。在这个时期，教师和家长一定要引导儿童勇于与人交往、善于与人交流，快速适应新环境、融入新集体，找到自己的新朋友，从而能够身心愉悦地开始小学生活。有效的幼小衔接工作能够形成幼儿园、小学、家长多方教育合力，共同为儿童良好人际关系的建立、快乐小学生活的开始提供支持。

4. 有利于增进儿童入学后的学业

小学时期是儿童开始学校生活的第一个阶段，是其开始学习人类浩瀚文化基础知识、学习掌握各项基本技能的时期，是其漫长学习生涯开始的奠基时期。儿童能否顺利过渡到小学生活，直接影响到其是否能体验到愉快的小学生活、是否乐于学习科学文化知识。对小学生活适应良好的儿童，会快速进入学习状态，取得较好的学业成绩；反之，则容易形成厌学、焦虑、学习困难等负面情绪，进而直接影响儿童的学业，如果不能及时调整，将影响儿童今后学业的进行。有效的幼小衔接能够帮助儿童适应学习生活，对其终身发展都有重要的意义。

重点提示

学前教育与小学教育的衔接，简称幼小衔接，即幼儿园教育与小学教育的互相衔接。学前儿童从幼儿园教育过渡到小学教育面临诸多差异，主要体现在社会期望和社会要求的不同，教育内容和活动形式的不同，人际关系、生活环境和制度的不同。有效的幼小衔接对学前儿童的身心健康发展、良好习惯的养成、今后学业的继续和人际交往社会性发展具有重大意义，教师和家长应加以重视，积极做好幼小衔接工作，帮助学前儿童顺利实现幼小衔接，开始快乐、充实的小学生活。

第二节 学前教育与小学教育衔接工作的问题和策略

学前教育与小学教育的衔接越来越受到幼儿园、小学和家庭的重视，各方也都为此做出了诸多努力，但仍然存在一些问题。教师和家长首先应厘清幼小衔接工作中的工作内容，遵循指导性原则，进一步探究幼小衔接工作中的问题，并针对问题提出有效的策略加以改正，促使幼小衔接工作顺利开展。

一、学前教育与小学教育衔接的工作内容

入学适应性是幼小衔接的重要内容，帮助儿童调整身心、顺利适应小学生活是幼儿园、小学、家庭共同的课题。

1. 身体适应

在儿童的成长过程中，家长应有意识地锻炼其生活自理能力，逐步引导儿童独立吃饭穿衣、收拾书包、整理书桌等。因为在幼儿园时期，教师还会帮助年龄小的儿童解决吃饭穿衣等问题，但是到了小学，所有的事情都要求儿童独立完成。因此，儿童要锻炼自己的生活自理能力，养成良好的生活习惯、饮食习惯、作息习惯等。

2. 心理适应

教师要培养学前儿童对小学生活的热爱和向往之情，例如，学前儿童随着逐渐成长，会对戴红领巾的小学生表露出羡慕的神情，开始向往小学生活。家长要体察孩子的情绪表现和心理反应，带孩子去小学及周围参观，熟悉小学环境；引导孩子与小学的大哥哥大姐姐交往；向孩子传递小学生活的美好、教师的可亲等积极信息；与孩子一起期盼即将到来的小学生活，使孩子觉得上小学是一件很幸福、很光荣的事情。

3. 社会适应

儿童步入小学生活，面对着陌生的环境、陌生的教师和同学。首先，儿童需要建立新的师生关系和同伴关系，需要具有较强的人际交往能力、主动性和合作意识等，及时建立良好的师生关系、同伴关系才能快速适应小学集体生活。其次，教师要有意识地培养儿童的规则意识和任务意识，小学生活相较于幼儿园生活有了更为严格的规范，儿童进入小学后必须遵守各项规则。成为一名小学生，儿童就开始了专门的课业学习，需要完成作业等。儿童必须具有较强的任务意识，才能自己的事情自己做，今日事今日毕，及时有效地完成各项任务。

4. 学习适应

良好的习惯受益终身，幼儿园教师应培养儿童良好的学习习惯，以帮助其顺利适应小学生活。儿童进入小学生活开始规范的课业学习，首先，儿童要养成良好的阅读习惯，有了良好的阅读习惯才能热爱学习、乐于学习；其次，儿童还要养成良好的课前准备习惯，及时准备好教材、文具等，不要丢三落四，以免因准备不足而影响上课效果；最后，儿童还要养成良好的读写坐姿等，养成良好的读写坐姿对儿童的身心健康意义重大。儿童的倾听能力、语言表达能力等各项能力也都应该注意从日常生活中及早培养，只有如此，儿童才能全面做好升入小学的准备，进入小学后才能快速适应小学生活，为今后的学习生活打好基础。

二、学前教育与小学教育衔接存在的主要问题

幼小衔接对儿童发展的重大影响已经越来越受到教师、家长的关注和重视，幼儿园、小学、家庭也都开展了多种形式的活动减缓幼小衔接的"坡度"。但目前所开展的幼小衔接教育仍存在诸多问题。

（一）幼小衔接教育的"小学化"

幼小衔接教育的"小学化"是指为了减缓幼儿园教育和小学教育之间的"坡度"，幼儿园提前教授小学知识，增设小学课程内容，并且将小学教学形式、作息规律等套用到幼儿园学习生活活动中。"小学化"的幼小衔接是违背儿童身心发展水平和教育规律的，是超前教育，会对儿童发展产生诸多负面影响。

1. 将幼小衔接等同于小学知识的提前学习

（1）提前学习小学知识

《纲要》将幼儿园教育内容划分为健康、语言、社会、科学、艺术五个领域，各领域相互渗透，从不同角度促进学前儿童情感、态度、能力、技能等方面的发展。但有些幼儿园为了迎合家长需求及达到盈利目的，提前指导学前儿童学习小学内容，特别是将小学语文、数学知识等进行超前教学，将幼小衔接工作的开展简单理解为小学知识的提前学习，而忽视了学前儿童身心发展水平和学前儿童学习兴趣、生活经验、学习能力和非独立性、社交力等非智力因素的培养。

（2）简单套用小学教育形式

在开展幼小衔接工作中，有的幼儿园不顾学前儿童身心发展水平和年龄特点，简单移植小学的教学形式和作息规律，将小学的教学组织形式和方式方法运用到学前儿童的身上；要求学前儿童像小学生一样上课专心听讲、课下及时完成相应作业，教学活动也采用以知识灌输为主的方式；将小学生的行为规范要求搬到幼儿园运行，学前儿童游戏时间和户外活动也极少开展，幼儿园的主要活动由游戏变为了教学。这种简单套用小学教育形式的幼小衔接方式有失偏颇，会严重危害学前儿童的身心健康，扼杀学前儿童的天性；会导致学前儿童对学习、对学校产生厌恶心理，加剧儿童身心发展与教育之间的冲突，对学前儿童的长远发展极为不利。

2. 以小学生的标准要求学前儿童

（1）幼儿园以小学生的标准规范学前儿童的行为

基于对幼小衔接的片面理解，有的幼儿园直接以小学生的行为规范要求学前儿童，如上课专心听讲、不许随意走动、不许讲话、坐姿端正、问答问题要先举手；课间休息不许追逐打闹，而要安静休息等。这种简单套用小学生标准规范的方式忽视了学前儿童自身的年龄特点，违背了学前儿童游戏的天性，对学前儿童的身心发展是一种硬性的负面的压迫。

（2）以小学生的考评方式评价学前儿童

幼儿园评价应遵循学前儿童的年龄特点，采用过程性评价。但有些幼儿园在开展幼小衔接的工作中，超前学习小学知识，以知识的掌握程度作为学前儿童的评价标准，如认识多少字、会做多少数学题等。这种以知识掌握程度为评价依据的评价方式，评价对象单一，忽视了学前儿童的个体性和非智力因素的发展，不利于学前儿童的综合素质的发展。

总之，幼小衔接教育"小学化"，严重阻碍了幼小衔接工作的开展，并且与教育规律背道而驰，不符合儿童发展需要，将严重危害儿童身心健康，给儿童今后的长远发展带来极大的负面影响。

（二）幼小衔接教育的断层化

儿童由幼儿园生活过渡到小学生活，通常面临学习方式的断层、行为规范的断层、社会关系的断层等诸多断层问题。面对各种断层，不少学前儿童会出现难以适应小学生活，以及不适应教师的授课方式、不适应学习方式变化等问题，出现厌学情绪；有的学前儿童不能及时建立新的人际关系，不善于与人交往，出现胆小、自闭倾向等。出现这些问题的根源在于幼小衔接工作的不到位，家长和教师只关注儿童的学习成绩，对孩子规则意识等非智力方面培养不足，没有从小帮助孩子培养良好的行为习惯、人际交往能力、独立性等。小学教育偏重教学，忽视了儿童角色转换的情绪因素。且幼儿园与小学没有做好联系工作，没有在教学大纲、教学方式、活动方式等方面向儿童倾斜，没有形成一个减缓的"坡度"，帮助儿童顺利过渡，因此，当儿童突然面临一个断崖式跨越时，必然会出现各种不适应现象。

（三）幼小衔接教育的表面化

目前幼儿园、小学、家庭所开展的幼小衔接工作局限于组织学前儿童参观小学、开展系列主题活动等方式，幼小衔接教育存在表面化的问题。首先，幼儿园和小学之间针对衔接工作沟通少，最主要的原因是小学和幼儿园师资力量差异大、缺少沟通、专业素养割裂，许多幼儿园缺少既熟悉幼儿园教育特点，又了解小学教育规律的教师，而小学低年级教师对学前儿童心理学、学前儿童教育学知之甚少。双方都对彼此的教学活动、活动内容、方式方法不了解，这种专业素养的割裂切断了幼儿园教师与小学教师的联系，进而直接影响幼小衔接工作的开展。同时，这种专业素养的割裂也切断了学前儿童与小学生的联系，使学前儿童缺少对小学生活和小学生角色的认识，出现学前儿童进入小学后情绪、情感落差较大的情况。家庭和小学之间对幼小衔接工作沟通也较少，很多家长所做的幼小衔接工作局限于为孩子准备好上小学的文具、带孩子参观小学等形式，但对孩子非智力方面的关注度不够，成为限制幼小衔接工作取得进展的阻碍因素。

（四）幼小衔接教育的单向化

目前很多幼小衔接工作主要由幼儿园来承担，幼儿园积极开展一系列活动帮助学前儿童熟悉小学生活，主动向小学靠拢，如组织学前儿童参观小学并熟悉校园环境；开展"我要上小学了"系列主题活动，从小学的教育内容、课堂纪律等方面来帮助学前儿童熟悉小学生活；开展"大手拉小手"活动，向学前儿童介绍小学生活等。当然，也存在有些幼儿园只重视知识上的片面衔接，不注重学前儿童学习兴趣、学习习惯、人际交往等各方面的衔接，只在教育要求、教育内容、教育方法等方面去接近小学。幼小衔接教育中易出现幼儿园关注小学情况多一些，而小学关注幼儿园情况较少的情形，小学很少考虑新入学儿童的身心发展特点等，幼小衔接工作比较滞后，不主动与幼儿园对接，形成幼小衔接工作的单向化。由幼儿园升入小学的儿童心理大致会经历兴奋、紧张、焦虑三个时期，如果小学对于幼小衔接工作不重视，新入学儿童就会出现学习压力、人际交往压力，难以适应小学的学习节奏和方式，进而产生抗拒上学的心理。

（五）家长衔接教育理念偏差化

家庭是儿童成长的第一环境，时刻发挥着重要的教育功能。习近平总书记特别重视家庭的教育作用，2016年12月12日在会见第一届全国文明家庭代表时他强调："青少年是家庭的未来和希望，更是国家的未来和希望。古人都知道，养不教，父之过。家长应该担负起教育后代的责任。"家庭教育所具有的广泛性、持久性等特点，决定着家长在幼小衔接工作中有着不可或缺的重要作用。但由于教育观念和教养态度等方面的陈旧，很多家长认为上学是学校的事情，家长只要把孩子送去学校就可以了，对自己在孩子顺利由幼儿园过渡到小学生活中的作用认知度并不高，或是简单地接送孩子上学，只重视技能技巧的训练而忽视孩子的全面发展，只关注孩子成绩而未关注孩子的身心健康问题，导致没有切实发挥家长在幼小衔接中的重要作用。家长理念落后陈旧是幼小衔接难以有效进行的主要原因之一，教师应通过多种方式促使家长观念进一步更新和提高。

历年真题

【10.1】某幼儿园在其教学计划中大量增加小学一年级的课程内容，该幼儿园的做法（　　）。
A. 正确，有利于幼儿园和小学的衔接
B. 错误，背离了幼儿教育的基本目标
C. 正确，有利于促进儿童认知发展水平
D. 错误，只能适量增加小学教育的内容

三、学前教育与小学教育衔接的原则

在幼小衔接的过程中教师要遵循儿童身心发展的规律和年龄特点，依据以下原则开展工作。

1. 双向性原则

双向性原则既包括幼儿园与小学同时需要为儿童适应小学生活做好准备，也包括儿童要为入学做好准备。双向性原则是解决幼小衔接问题的必经之路。在幼小衔接工作中，师资力量、生活制度、环境创设等各方面都需要幼儿园和小学双方的配合与协作，幼小双方应根据儿童身心发展的连续性特点和发展规律，对幼小教育阶段各个方面进行调整，积极向对方靠拢，加强沟通与协作，减缓衔接"坡度"，共同为儿童顺利由幼儿园生活过渡到小学生活而努力。

2. 全面性原则

研究表明，健康的身体、充足的自信心、稳定的情绪、浓厚的学习兴趣、强烈的求知欲、积极的学习态度、较强的自控能力以及良好的人际交往能力等，对儿童顺利适应小学生活是至关重要的。调查显示，儿童不能适应小学生活体现在注意力不集中、自控能力差、没有时间观念、粗心马虎等诸多方面。幼小衔接不仅是知识、技能方面的单项衔接，更是情感、态度、规则意识、学习习惯、社会交往能力等方面的衔接，是儿童独立意识、学习兴趣、常规习惯等全方位、整体性的衔接。在幼小衔接中，教师既要考虑儿童生理方面的适应，也要关注儿童心理方面的衔接。

3. 长期性原则

幼儿园教育是教育的起始阶段，是终身教育的奠基阶段，这一时期儿童所形成的各方面能力及养成的习惯将影响儿童一生的发展。因为幼小衔接工作不仅仅是单纯让儿童顺利过渡到小学学习，更是为其终身学习做准备的，因此，幼小衔接工作不能急功近利，这一工作应贯穿于幼儿园教育和小学初级阶段教育的全过程，不应该将其视为幼儿园大班后期的突击性任务。

幼小衔接不是一蹴而就的，这是一项需要长期坚持而非通过突击完成的工作，儿童能力的发展是循序渐进的过程，各方面能力和良好习惯需要在日常生活中逐渐发展。因此，儿童的全面和谐发展需要幼儿园、小学、家庭三方持之以恒地关注和支持。

四、学前教育与小学教育衔接的策略

幼小衔接旨在帮助学前儿童实现从幼儿园到小学两个不同教育阶段的平稳过渡，让儿童健康、快乐地适应小学阶段的学习生活，而这一目标的实现需要幼儿园、小学、家庭三方的共同努力。

▶ 幼儿园与小学脱节的原因

（一）幼儿园的幼小衔接策略

幼儿园要有针对性地结合本园儿童实际需要开展幼小衔接工作。

1. 秉持正确的教育理念

幼儿园要秉持正确的办园宗旨，不忘初心，坚持一切为了儿童。幼儿园所有工作的出发点都应该是为了儿童，应从儿童身心健康发展的角度为其提供健康、丰富的生活和学习环境，满足儿童全面和谐发展的需要，使儿童在快乐的幼儿园生活中获得有益的学习生活经验。幼儿园教师切勿为了一己私利、为了生源而迎合家长，而将学前教育改造为幼儿版的小学教育。

2. 激发儿童对小学的向往

幼儿园教师要通过自己积极的言行激发儿童上小学的愿望，以及对小学美好生活的向往。幼儿园教师如果用恐吓的语言向儿童传递"看你不听话，等你上小学就等着挨老师的批评吧"等消极的情绪与思想，将会使儿童形成"小学教师很恐怖""小学要学习、考试，所以很累"等负面认识，进而产生抵触情绪，影响儿童顺利从幼儿园教育过渡到小学教育。幼儿园教师应该带学前儿童去小学参观，用欢快向往的言行向儿童传递小学校园环境优美、教师和蔼可亲、上小学很光荣等积极信息。

3. 为儿童进入小学做好准备

学前儿童身心发展是一个不断实现矛盾统一、变化发展的过程，幼儿园要为其进入小学做好准备。首先，儿童从幼儿园到小学，在认知、情绪情感、社会行为等各个方面都会出现较大的发展变化，以应对变化的环境。其次，幼儿园和小学阶段的学习内容会发展变化，学前教育和小学教育虽同属于基础教育，但两者在教育目标、教育任务、内容与形式、作息制度及管理规范等方面存在较大差异。儿童发展是一个连续的过程，因此，儿童从幼儿园到小学需要一个渐进的、过渡的适应过程。学前教育和小学教育是两个相邻的教育阶段，衔接工作做得如何，直接影响儿童是否能适应小学的学习和生活，关乎儿童今后的健康成长和可持续发展。因此，幼儿园应该为儿童进入小学做好准备，以实现幼小衔接的平稳过渡。

幼儿园可以从对儿童的要求、教育教学方法等方面进行准备，加强儿童进入小学所需具备的素质培养，培养儿童的独立性、主动性、人际交往能力、规则意识和任务意识、学习习惯等。

① 培养儿童的独立性。幼儿园教师应逐步加强对儿童独立性的培养，要求儿童自己的事情自己做，自己喝水、吃饭、穿脱衣服，独自如厕；自己整理好生活用品和学习用品等。

② 培养儿童的主动性。增强儿童自信心，对周围的人和事物态度积极，激发儿童的学习兴趣，为他们提供自己计划、自己决定的机会和条件，鼓励儿童主动探索、积极尝试，体验成功。

③ 发展儿童的人际交往能力。幼儿园教师应引导儿童主动与人交往，乐于与人交流，掌握与人交往的技巧，从而在新的环境中，能够主动与同伴交往，快速交到朋友，与同伴友好相处。

④ 培养儿童的规则意识和任务意识。首先，幼儿园教师可以通过开展多种形式的规则游戏或其他活动，在游戏的过程中帮助儿童理解什么是规则、为什么要遵守规则、不遵守规则的后果是什么，从而帮助儿童知道生活中、学习中、游戏中都是有规则的，而且必须要遵守；有意识地培养儿童的自我控制能力，以便于儿童进入小学后对各项规定的遵守。其次，幼儿园教师要注意培养儿童的任务意识和完成任务的能力。通过由简到难地完成各项任务，儿童体验完成任务的成就感，以及树立对学习、对任务不轻言放弃的信念。

⑤ 培养儿童良好的学习习惯。幼儿园教师应通过多种方式激发儿童积极学习，使其在读书学习中体验快乐，从而喜欢读书、热爱读书。幼儿园教师要加强儿童良好的学习态度和学习习惯的培养，要让儿童爱护书籍、保护眼睛、养成良好的阅读习惯等。

⑥ 加强锻炼，增强体质。小学主要以集体教学活动为主，幼儿园则以游戏活动为主。小学时期学习压力加大，脑力活动增多，书写任务重，这些都要求儿童必须具备健康的身体、强健的体魄和抵抗疾病的素质。因此，幼儿园应增加户外活动时间，加强儿童身体的锻炼，增强儿童的体质。

⑦ 做好儿童入学前的准备工作。幼儿园可以通过调整作息制度、改进环境的创设等方式缩小与小学教育的差异。此外，幼儿园教师还可以通过带领儿童参观小学、开展联谊活动、举行隆重的毕业典礼等方式，帮助儿童了解小学，做好儿童入学准备。

> 历年真题

【10.2】论述题：幼儿园为什么要为幼儿入小学做准备？应做哪些准备？

4. 加强与附近小学的联系

首先，幼儿园应与对接小学建立教科研协作制度，幼儿园教师、小学教师应定期组织教科研活动，相互借鉴、学习两个时期儿童教育教学方式、重点难点，共同分析不同年龄段儿童发展水平、学习水平，在教育教学上做好幼小衔接工作。其次，双方还要考虑儿童发展连续性、阶段性的特点，在各个方面向对方靠拢。例如：在幼儿园一日生活中，幼儿园大班依据小学作息时间适当调整，缩短儿童午睡时间；适量减少游戏和户外活动时间；适当延长教学时间，加强对儿童学习能力的培养，等等。

5. 指导家长正确开展家庭教育

儿童各方面能力和良好习惯的养成非一朝一夕，家长是孩子的第一任教师，幼儿园应积极开展家长工作，引导家长树立正确的儿童观、教育观，指导家长开展正确的幼小衔接家庭教育。幼儿园可以通过家园联系手册、家长园地、家长开放日等活动向家长宣传科学的育儿知识，引导家长注意孩子多项能力的培养。此外，还可以通过幼小衔接专题报告，聘请专家为家长讲解如何正确开展幼小衔接，引导家长正确评价自己的孩子、针对自己孩子的性格特点和存在的问题制订针对性强的家庭培养计划。

（二）小学的幼小衔接策略

1. 加强教师业务能力和专业素养

小学应该为教师提供各类进修途径，加强教师学前教育学、学前心理学的学习与研究，提高教师业务能力和专业素养。小学教师应该认真研究过渡期儿童的年龄特点与发展需要，分析学前儿童与小学生的心理特征及语言、思维、社会性等发展水平，积极开展集体教研活动，不断探寻幼儿园、小学工作的异同及衔接点，依据这一阶段儿童身心发展的特征，学习和研究幼小衔接的标准，不断改进教育教学方式，有的放矢地做好过渡期的教育工作。小学教师应改变只关注儿童学习成绩的教育观念，注意培养新入学儿童的学习兴趣、思维能力、学习习惯和社交能力等各个方面。儿童只有全面发展才能尽快适应新的学习生活，减少和避免因两个阶段存在的差异对身心发展造成负面影响，为升入小学后的发展及终身发展打好基础。

2. 采用形式多样的教育方式

小学可以根据新入学儿童的身心发展特点进行课程设置和课时的适当调整，丰富教育教学形式，以取得积极的教育效果。目前幼儿园与小学的课程设置存在脱节的现象，两个阶段各自根据自己的教育目标进行课程设置并开展教学。幼儿园课程主要依据《纲要》的内容划分，分别进行健康、语言、社会、科学、艺术五个领域的学习，主要采用主题活动的方式进行教学，采用形式多样的教学形式，如故事、唱歌、游戏等。而小学则依据特定教材分别进行语文、数学等学科知识的系统学习，主要教育形式是上课。幼儿园和小学的课程设置和教学形式是存在较大差异的，部分幼儿园也试图与小学课程接轨，但由于教师教学能力有限等因素，未能取得实质性效果。小学可适当调整低年级课程内容和教学形式，延续幼儿园的教学特点，增设富有趣味性、直观性的活动，将学科知识与儿童自身生活相联系，增加教学的活动性、游戏性，以激发儿童的学习兴趣。同时，小学低年级考评方式应强调正面评价和过程性考核，以儿童的全面发展和可持续发展为评价角度，多维度、多视角关注新入学儿童在各个方面的发展，使新入学儿童能够快速适应过渡期，从而逐渐适应小学阶段的学习和生活。

3. 合理调整作息时间，减缓幼小衔接的"坡度"

科学证明：儿童的注意力不能保持长时间的集中，而小学每节课的时间设定是40分钟，对于低年级小学生来说是较难适应的。幼儿园和小学在教学时间设置上形成了较难跨越的"坡度"，对儿童顺利适应小学生活极为不利。小学可为低年级小学生设计更为合理的作息时间表，科学安排低年级小学生的一日生活。如注重动静结合，小学课间休息时间仅为10分钟，不能满足儿童游戏的天性，可适当增加休息时间；适当调整课堂节奏，注意把握课程难易程度，以减轻新入学儿童的学习压力。合理的作息时间能够帮助儿童得到充足的休息、调整，减轻儿童升入小学的焦虑、紧张情绪，帮助他们尽快适应小学学习生活的节奏。

4. 重视环境创设，延续幼儿园环境创设

儿童从幼儿园升入小学，面临的不仅有学习上的压力，也有环境适应上的心理反差。幼儿园环境创设充满童趣，并且有丰富的材料和玩具供儿童游戏。但进入小学后，整体环境布置严谨、枯燥。小学低年级阶段教师可以发动儿童自己动手布置一个充满童趣的学习环境，如可以把儿童的作品张贴在教室的学习园地，用儿童的手工作品布置教室，让儿童有参与感、成就感，从而更热爱班集体；还可以设立图书角、植物角等，使儿童一进入教室，感到既熟悉、温馨，又整洁、漂亮。

5. 构建良好的师生关系

幼儿园每个班级一般配有三名教师，即一名班主任、一名配班人员、一名保育员。三名教师细心照顾每位儿童日常生活的方方面面，儿童也对教师有很强的情感依恋。小学也应该注意为新入学儿童创设良好的心理氛围，建立融洽的师生关系和宽松愉悦的学习氛围。小学教师要研究儿童的身心发展规律，了解儿童的年龄特征，尊重关爱儿童，对儿童学习上、生活上的需求及时给予支持与帮助，加强与他们的沟通交流，对儿童多一点理解与宽容，让新入学儿童感到在一个安全、友爱、尊重、信任的环境中生活、学习。

6. 与儿童家长多沟通交流，给予新入学的儿童及其家长以指导

小学可通过编写《幼小衔接家长指导手册》，指导家长逐渐掌握科学育儿规律，纠正一些家长重视智力开发、忽视非智力因素培养的教育观念，克服教育的盲从心理。小学还应该及时向片区内即将读小学的家庭发放《新生入学手册》，涵盖入学指导、教材教法、学习环境、作业形式与评价等有关小学生活的全方位内容，使家长与幼儿了解学校情况和小学生活。小学教师也可以通过微信群、微信公众号等新媒体，及时向家长传递新入学儿童的适应情况、教学辅导等内容，强化家长与教师之间的沟通交流，让家长及时了解儿童的衔接信息，对幼小衔接给予协助与支持。

（三）家庭的幼小衔接策略

家长是与儿童关系最密切的人，也是儿童的榜样，会对儿童产生潜移默化的影响。因此，家长也应成为幼小衔接工作的重要力量。

1. 转变教育观念，树立正确教育思想

基于学识背景、人生经历、成长环境的不同，家长对教育的参与度、认同度存在

较大差异，体现出的教育成效自然不同。目前许多家长也意识到儿童社交能力的培养、良好学习习惯的养成比提前认识几个字、会背几首诗重要得多。但在激烈的竞争下，不少家长还是抱有不能输在起跑线上的教育理念，希望幼儿园多教儿童一些知识，因此，让儿童辗转在各个辅导班学习各种特长。家长应不断更新自己的教育理念，学习科学的幼小衔接教育思想，以正确的教育思想帮助儿童做好上小学的准备，顺利适应小学生活。

2. 引导儿童正确认识幼小生活环境的差异

家长在日常生活中应注意自己的言行对儿童的影响，避免不当言语造成儿童对小学学习的认知偏差，如告诉儿童"现在什么都不会，上了小学怎么办""小学老师很厉害"等，这类话语会让懵懂的儿童在潜意识里抗拒上小学，并对小学充满畏惧感。家长应引导儿童正确认识幼小生活环境的差异，帮助儿童做好上小学的心理准备。

3. 加强儿童非智力因素的培养

家长是孩子成长中的第一任老师，无论是儿童生活自理能力的锻炼、学习习惯的养成、自信心的建立，还是人际交往能力的培养，都与家长的教育观念、教养态度和教育日常言行有着直接的关系。家长应充分认识到自己的教育作用，端正教育思想，帮助儿童做好入学前的身体准备、心理准备、物质准备、生活习惯和学习习惯准备；帮助儿童建立合理的作息规律，养成良好的饮食习惯；带领儿童一起购置学习用品，体验上小学的喜悦；帮助儿童养成良好的阅读习惯，通过经常性的亲子阅读，让儿童在聆听美妙故事的过程中养成热爱读书的习惯；帮助儿童养成良好的读写坐姿、课前预习等习惯；培养儿童的人际交往能力、解决问题能力；培养儿童的规则意识和任务意识；对儿童进行安全意识教育，增强其自我保护能力。

4. 加强与幼儿园、小学的沟通合作

家长要经常接受幼儿园和小学的家庭指导，更新自己的教育理念，提高育儿水平，主动参与到幼小衔接工作中，做好幼儿园与小学之间沟通协调的工作。

幼小衔接是幼儿园、小学和家长都非常关心的问题，做好幼小衔接工作需要幼儿园和小学的改革，需要家长的支持和家长观念的改变，需要幼儿园、小学和家庭三方的共同努力。

历年真题

【10.3】论述题：论述如何做好幼小衔接工作。

【10.4】活动设计题：大班下学期，李老师发现幼儿普遍对小学的学习生活不够了解，一些幼儿对上小学有些担心。于是，教师准备开展"我要上小学"主题活动，希望通过各种形式的活动，增进幼儿对小学生活的了解，帮助幼儿进一步做好进入小学的心理准备。请根据李老师班级的情况，设计"我要上小学"主题活动。

要求：

（1）写出主题活动的总目标。

（2）围绕主题设计三个子活动，写出其中一个子活动的具体方案，包括活动名称、目标、准备和主要环节。

（3）写出另外两个子活动的名称、目标。

重点提示

幼小衔接工作内容涉及儿童身心发展的各个方面，主要包括身体适应、心理适应、社会适应和学习适应，教师和家长应根据儿童发展的个体性，加强儿童各方面的培养与帮助。应遵循双向性、长期性、全面性原则，针对目前幼小衔接教育中存在的"小学化"、断层化、表面化、单向化及家长衔接教育理念偏差化等问题，幼儿园、小学、家庭三方应共同努力，分别通过有效的幼小衔接策略，共同帮助儿童实现从幼儿园教育到小学教育的过渡，开启丰富有趣的小学生活。

本章结构

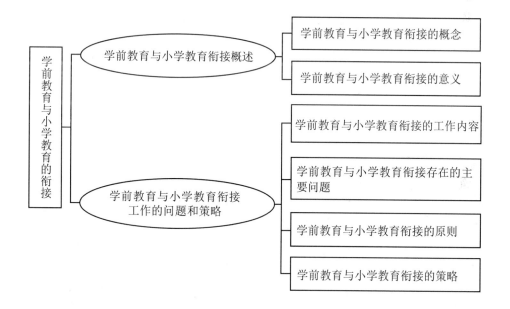

第十一章

幼儿园教育评价

学习目标

- 了解幼儿园教育评价的含义与功能。
- 掌握幼儿园教育评价的基本内容，并能运用有关知识分析幼儿发展评价和教师发展评价的实际问题。
- 了解幼儿园教育评价的设计与信息收集，并能运用有关知识尝试设计并实施幼儿园教育评价。

学习重点

- 幼儿园教育评价的功能，尤其是掌握鉴定判断、导向和改进这三大基本功能。
- 学前儿童发展评价的基本内容，着重掌握幼儿发展评价所包含的三大方面内容及运用。
- 幼儿园教育评价指标体系的建设。

知识要点与学习方法

本章主要对幼儿园教育评价进行概述，帮助学生了解幼儿园教育评价的概念，清楚地认识幼儿园教育评价的功能和作用，并掌握幼儿园教育评价主要针对的内容，以及评价实践所涉及的指标体系。学生学习时应理论联系实践，从整体上把握幼儿园教育评价的基本要素及实践操作要素，形成知行一体的思维框架。

【案例导入】

自2010年，我国提出"大力发展学前教育"以来，学前教育事业取得了突飞猛进跨越式发展。截至2022年，全国共有幼儿园28.92万所，在园幼儿4627.55万人，学前教育毛入园率89.7%。[①] 与2009年相比，幼儿园数量增长了109.26%，在园人数增长74.11%，毛入学率提高了38.8个百分点。在如此发展规模下，如何监测和评价我国学前教育的质量，在推动外延式规模总量扩充的同时，实现内涵式质量水平提升，确保全面普及和质量建设的全面达成，正成为今后一个时期迫切的时代诉求。

当前，我国学前教育事业如我国当前主要矛盾的转型一般，正从数量迅速膨胀的普及期转向质量至上的巩固期。如何从"幼有所育"转变到符合当下民众生活所需的"幼有优育"是这一阶段的重要任务。那么，什么样的学前教育才是符合大众认知、理解和需求的学前教育？如何才能衡量和判断一所幼儿园办园水平的高低？这并非是简单的"好"与"不好"所能回答的，也不是从单纯的技术与方法层面能探讨出结论的。在当前第四代评价理论强调"多元""价值""以人为本、以学为中心"的背景

---

① 教育部发展规划司.2022年全国教育事业发展基本情况[EB/OL].(2023-03-23)[2023-04-18].http://www.moe.gov.cn/fbh/live/2023/55167/sfcl/202303/t20230323_1052203.html.

第十一章 幼儿园教育评价

下,需要从社会文化心理层面、从学前教育评价的价值基础模式建构思维方式等方面进行重构。只有在了解了各种评价理念、方法、指标、模式及背后的范式假设的前提下,才能根据我国实际状况选择适宜的评价路径。

第一节 幼儿园教育评价概述

一、幼儿园教育评价的概念及含义

《纲要》第四部分"教育评价"第一条和第三条分别指出"教育评价是幼儿园教育工作的重要组成部分,是了解教育的适宜性、有效性,调整和改进工作,促进每一个幼儿发展,提高教育质量的必要手段""评价的过程,是教师运用专业知识审视教育实践,发现、分析、研究、解决问题的过程,也是其自我成长的重要途径"[1]。理清教育评价概念的本质对于我们理解幼儿园教育评价的概念有积极的意义。

(一)教育评价的概念界定

"教育评价"是一个极其复杂且多义的概念,它的内涵随着时代发展在不断扩大、丰富,因此,对教育评价概念的理解也是一个不断深化的过程。

从教育评价发展的历史来看,自19世纪末20世纪初以来就开始了以选择、认证为评价目的,将教育评价等同于教育测量和测验的测验时期;20世纪30年代转向超越单纯的选择、认证目的,倾向价值判断,并开始关注到课程与教学的评价时期;再到20世纪80年代转向关注获得判断依据的过程,关注进行判断之后的反思和改进过程,关注考评过程、关注课程与教学交互作用的考评时期。与之相应,教育评价概念中的"评价"一词,也已由泰勒所提出的"以价值判断作为核心"[2]"以教育目标的达成作为导向"[3],强调管理和质量监控的评价(Evaluate/Evaluation),演化出关注学习者学习和发展的考评(Assess/Assessment)[4]。

下面从词义上来看两个概念的关系。evaluate 是由 value(价值)这一词根加上前缀 e-(引出/出)变化而来,意为计算或确定价值或数量。assessment 的词根是拉丁动词 assidere,意即作为评价者的教师"坐在考生旁边"[5],是指通过建立师生之间密切的联系,通过师生和生生之间的互动来获取、分享和解释信息,相互促进共同提高的过程。evaluate 在1998年版的《新版牛津词典》中的解释为 form an idea of the amount number, or

---

[1] 教育部基础教育司.《幼儿园教育指导纲要(试行)》解读[M].南京:江苏凤凰教育出版社,2002:37.
[2] 阿瑟·S.雷伯.心理学词典[M].李伯黍,等译.上海:上海译文出版社,1996:290.
[3] TYLER R W. General statement on evaluation [J]. The Journal of Educational Research, 1942, 35(7):492-501.
[4] 高凌飚.考评概念浅析[J].天津师范大学学报(基础教育版),2014,15(1):1-7.
[5] LEWY A. Postmodernism in the field of achievement testing-Science Direct [J]. Studies in Educational Evaluation, 1996, 22(3):223-224.

value of，即"得出关于……的数或量或价值的认识"①。assess 的解释是 evaluate or estimate the nature, ability, or quality of，即"对……的性质、能力和质量做出评定或估计"。可见 evaluate 关注的是数、量和价值，assess 关注的是性质、能力和质量；evaluation（评价）指向人以外的事物或事件，如课程、项目、干预因素、教学方法等，assessment（考评）指向学生学习过程中的表现和进步，指向的是学生，是人。

在教育评价理论的发展过程中，"考评"这一概念早期被理解为一种为评价进行收集证据的过程。但随着社会对人才需求和办学模式的变化，考评的内涵不断充实，发展为包含对学习的考评、为学习的考评以及融入学习的考评三个方面，最终成为一个既与评价有一定的交叉而又不同于评价的独立概念。②

尽管教育评价概念发生了很大的变化，但在实践中，由于新的考评方法面临着难以协调效度和信度关系的问题，评价的工具和方法仍旧变化不大。潜在的原因是那些不适应多种需要的测验理论、不按照具体教育用途而设计的测验编制技术还在延续。③ 要履行这种广义概念的教育评价就需要发展支持多种考评方法的体系，而在我国更是缺乏实质性的建设工作，因此，对于教育评价概念的实践更多的是停留在"评价"的阶段。基于此，从操作性定义来界定教育评价，即是围绕一定目标，根据一定的标准和特定的程序，对受教育者的发展变化及影响其变化的各个方面进行检测，找出反映其质量或水平的资料或数据，从而做出合理的价值判断。

（二）幼儿园教育评价的含义

幼儿园教育评价作为教育评价的下位概念，可以依据教育评价的定义来进行界定。因此，幼儿园教育评价的含义可以界定为：围绕幼儿园教育目标，根据一定的标准和特定的程序，在对幼儿园教育活动和保育活动各方面进行检测的基础上进行的价值判断。这一界定明确了以下三个基本观点。

第一，幼儿园教育评价要围绕幼儿教育目标展开。

从教育评价理论来看，目标决定了评价的方向以及基本准则，评价的过程即衡量目标是否实现的过程。依据《纲要》，幼儿园教育评价必须要从促进幼儿发展、提高教育质量出发。《幼儿园工作规程》第三条规定，幼儿园的教育任务是："贯彻国家的教育方针，按照保育与教育相结合的原则，遵循幼儿身心发展特点和规律，实施德、智、体、美等方面全面发展的教育，促进幼儿身心和谐发展。"通常，幼儿园教育评价的目的有两类，一类是区别对象优良程度，对评价对象进行等级鉴定；另一类则是针对评价对象在原有基础上的改良，强调评价对象的发展性。传统的评价以前者居多，当前则是倾向于在原有基础上的改良，旨在推进学前教育机构与幼儿的身心和谐发展。

第二，幼儿园教育评价针对的是幼儿园教育活动和保育活动的各个方面。

教育领域的活动都可以是教育评价的对象。具体到幼儿园教育评价来说，其对象是幼儿园内部教育活动与保育活动。它所涉及的评价领域有：① 儿童发展评价，包括

---

① The New Oxford Dictionary of English [M]. Oxford England: Oxford University Press, 1998: 636.
② 高凌飚. 考评概念浅析 [J]. 天津师范大学学报（基础教育版），2014，15（1）：1-7.
③ 王萍，高凌飚. "教育评价"概念变化溯源 [J]. 华南师范大学学报（社会科学版），2009（4）：39-43.

儿童情感与社会化、认知与语言、健康与动作技能等方面的评价；② 幼儿园教育活动评价，包括课内课外教育教学活动方案、活动过程及成果等方面的评价；③ 幼儿园教师评价；④ 幼儿园环境评价，包括幼儿园环境、家园结合等方面的评价；⑤ 幼儿园保育活动评价，包括儿童生长发育状况、保育制度的制定和实施、保育设施、保育人员的配置和分工等方面的评价。①

第三，幼儿园教育评价是在检测基础上所做的价值判断。

幼儿园教育评价的本质是价值判断，是一种建立在对幼儿园教育和保育活动信息收集的基础上所做的价值判断。决定这一价值判断的根本，并不在于评价的客体——幼儿园教育和保育活动本身，而在于这一客体满足评价主体的需要程度。因此，评价主体的需要不同，所做的价值判断也会存在偏差，具体则表现为评价取向的不同。如果关注的是幼儿的发展，那么则是一种以幼儿发展为取向的价值判断；如果关注的是学前教育机构的发展，那么则是一种以社会需要为取向的价值判断。

> **重点提示**
>
> 幼儿园教育评价是教育评价的下位概念，在概念学习的过程中要在掌握教育评价概念的基础上来进行把握。在我国当前，教育评价的概念仍停留在"评价"的阶段。因此，对幼儿园教育评价的理解，仍是一种关注教育目标（幼儿身心全面发展），针对幼儿园教育和保育活动方方面面的信息所展开的一种价值判断。

二、幼儿园教育评价的功能

幼儿园教育评价的功能，是指幼儿园教育评价所发挥的功效和作用。这一功效和作用贯穿于整个教育评价活动过程，并对教育评价活动及幼儿园教育活动与保育活动产生影响，具有重大的现实意义。

关于教育评价的功能，不同研究者的提法并不相同。一般来说，幼儿园教育评价的功能主要有鉴定判断、导向和改进三大功能，此外也具有激励、调控和展示等功能。

（一）鉴定判断功能

价值判断是教育评价的本质功能，这一功能主要体现为以事实为基础，认定判断对象所达到的水平和质量。这就决定了教育评价具有鉴定优劣、区分等级、排列名次、评选先进、资格审查等鉴定功能。幼儿园教育评价的鉴定判断功能，是指通过对所收集到的幼儿园教育和保育活动信息资料的整理分析，对是否满足幼儿身心发展和社会发展需要做出价值判断。在我国，为确保办园目标的实现，政府通常会对幼儿园的办学条件、保教活动、师资条件、幼儿发展等做出合格与否的鉴定判断性结论。例

---

① 胡惠闵，郭良菁. 幼儿园教育评价［M］. 上海：华东师范大学出版社，2009：18.

如，2009年，福建省组织各地教育部门和督导室开展无证民办幼儿园的清理和整顿工作，取缔了1357所无法整改的民办幼儿园。① 取缔原因就在于，经教育行政部门综合审核评价，发现这些幼儿园未经审批、不具备国家规定的办园条件，并存在有安全隐患、保教质量低下等问题，被鉴定为不合格。

（二）导向功能

在教育评价的实践中，对任何被评价对象所做的价值判断，都是根据具体的评价标准进行的，都有一定的评价目标。对被评价对象来说，评价起着"指挥棒"的作用，引导评价对象朝着理想的目标前进。不同的目标会产生不同的评价结果。幼儿园教育评价的导向功能，既是指对幼儿园教育活动和保育活动的评价过程，也是促进幼儿园保教活动的各个环节努力实现教育方针政策、教育理想等的过程。在实践中，正是我们所常见到的：教育行政部门公布评什么，幼儿园就会抓什么；不评什么，幼儿园就不抓或少抓什么。

（三）改进功能

改进是教育评价的主要功能之一，也是开展幼儿园教育评价的主要目的之一。教育评价之父泰勒曾说："评价的目的不在于证明，而在于改进。"② 在一定标准和目标导向的基础上，被评价对象依据评价才能够了解自身与评价目标的差距，了解自我与他人间的差距，这样无形间会产生一种对被评价对象的推动作用，以改进和完善其行为。幼儿园教育评价的改进功能，即是指在对幼儿园教育和保育活动信息收集和分析的基础上，对幼儿园保教活动进行客观的评价，并反馈所诊断的问题，这样可以为幼儿园的进一步改进提供方向和支持。例如，我们通常所说的"以评促建"，就是在发挥评价判断作用的基础上强调评价的改进作用，以教育评价来促进幼儿园的教育质量和办园效益。

历年真题

【11.1】在教学过程中，王老师随时观察和评价幼儿的行为表现，并以此为依据调整指导策略，该老师采用的评价方式是（　　）。

A. 诊断性评价　　　　　　　　B. 标准化评价
C. 终结性评价　　　　　　　　D. 形成性评价

（四）激励功能

在改进功能的背景下，教育评价同样能够激发和维持评价对象的内在动力，调动被评价者的内部潜力，提高其工作的积极性和创造性。评价的过程，可以看作是一种

---

① 龙超凡. 福建将学前教育纳入"双高普九"和"对县督导"："督"出高入园率，"导"来入园易［N］. 中国教育报，2012-8-12（01）.
② 瞿葆奎. 教育学文集·教育评价［M］. 北京：人民教育出版社，1989：263.

让被评价者发挥其自身优势的过程,本身已经具有了一种内在的自我激励作用——可以增强被评价者(无论是儿童、教师,抑或是幼儿园群体)的自信和成就动机,而评价者在评价过程中和结束后所给出的恰当、积极反馈,将使评价的激励作用得到更大的发挥。

历年真题

【11.2】手工制作后,孩子们都开心地把作品拿在手里。小明兴高采烈地奔向老师,举起手里的作品向老师炫耀,可是老师瞟了一眼说:"看你做的是什么呀,难看死了。"老师的做法(   )。

A. 正确,从小培养幼儿的认真态度
B. 不正确,挫伤了幼儿的创造热情
C. 正确,从小对幼儿进行挫折教育
D. 不正确,扼杀了幼儿的竞争欲望

【11.3】中二班要举行画展,孩子们纷纷带来了个人作品。赵老师从中挑选"好的作品",并将"不好的作品"丢在了废纸篓里。赵老师的做法(   )。

A. 不正确,伤害了部分孩子的自尊
B. 不正确,打击了全体孩子的积极性
C. 正确,能激励孩子们创造好的作品
D. 正确,能提升班级画展的整体水平

(五)调控功能

调控功能是指教育评价对评价对象的教育教学或学习活动等具有的调节功效和能力。这一功能主要体现在两个方面:一方面,评价者对被评价者的教学、学习活动或进程等进行调节,如对教师的教学、学校的质量监控等;另一方面,则是被评价者通过评价了解自己的优缺点,明确努力方向及改进措施,以实现自我调节。因此,应倡导被评价者主动参与评价活动,进行自我评价与反思。这不仅有利于教师的专业发展,同时也有利于课程的改善和教育质量的提高。

(六)展示功能

教育评价的展示功能是指更多地把评价活动和评价过程看作是为被评价者提供的一个自我表现的"平台",鼓励被评价者充分展示自己的努力和成就。① 评价者可借此来了解和发现每一位被评价者的优势领域和潜能。例如,与传统标准化的智力测验相比,加德纳及其同事创建的"光谱教室",让儿童在与有趣、丰富而具有多种挑战性材料的复杂互动中,充分"展示他们各自特别拥有的智慧",即是教育评价展示功能的良好体现。

---

① 冯晓霞. 多元智能理论与幼儿园教育评价改革:发展性教育评价的理念[J]. 学前教育研究, 2003(9):5-7.

重点提示

幼儿园教育评价功能与教育评价的功能相一致,除了具有鉴定判断、导向和改进三大基本功能外,还具有激励、调控和展示等功能。这些功能通过对幼儿园教育和保育活动的各方面进行评价来实现。此部分内容与现实联系紧密,经常会通过幼儿园教育和保育活动案例进行考核,注意对各功能含义的理解和掌握。

第二节　幼儿园教育评价的内容

教育评价事关教育发展方向,有什么样的评价指挥棒,就有什么样的办学导向。幼儿园教育评价的内容主要是指从哪些方面对评价对象进行评价,涉及幼儿园内部教育活动与保育活动的各个方面。为改革学校评价,推进落实立德树人根本任务,2020 年,中共中央、国务院印发《深化新时代教育评价改革总体方案》明确提出:"完善幼儿园评价。重点评价幼儿园科学保教、规范办园、安全卫生、队伍建设、克服小学化倾向等情况。国家制定幼儿园保教质量评估指南,各省(自治区、直辖市)完善幼儿园质量评估标准,将各类幼儿园纳入质量评估范畴,定期向社会公布评估结果。"本节重点围绕幼儿发展和幼儿园教师发展这两个主要方面对幼儿园教育评价的内容展开论述。

一、幼儿发展评价

《幼儿园工作规程》第三条指出,"幼儿园的任务是:贯彻国家的教育方针,按照保育与教育相结合的原则,遵循幼儿身心发展特点和规律,实施德、智、体、美等方面全面发展的教育,促进幼儿身心和谐发展。"这直接表明了,幼儿园教育和保育活动的目的在于幼儿的身心和谐发展,幼儿园的一切工作都为幼儿的发展而服务。基于此,对幼儿发展的评价是幼儿园教育评价中一个极其重要的内容,也是幼儿园日常工作的基本内容之一。

(一) 幼儿发展评价的内涵

幼儿发展评价是指依据幼儿教育目标以及与此相适应的幼儿发展目标,运用教育评价的理论和方法,对幼儿身体、认知、品德与社会性等方面的发展进行价值判断的过程。它是了解幼儿的发展状况、对幼儿实施有效教育、提高幼儿园教育质量的重要手段。因此,幼儿发展评价是幼儿园教育评价的重要组成部分。

具体来说,幼儿发展评价的内涵主要体现在以下三个方面。

1. 关注幼儿多维目标的发展

幼儿的发展是多方面的,幼儿发展评价的内容也应与幼儿教育目标相对应,是多方面、多样化的。我国幼儿发展评价的内容,由最初在 20 世纪 80 年代仅强调智力测验以及身体发展评价,到现在重视对幼儿的全面发展评价。也就是说,不仅要重视幼儿的智力和身体发育,更要关注他们的身体运动、知识技能、社会情感等方面;既要关注幼儿当前的发展现状,更要关注他们未来的发展潜能;既要关注全体幼儿在某一阶段、领域或活动中的发展情况,更要关注他们的个体差异,也包括家庭、社会背景等方面的差异。这样,才能对其做出更加完整、全面的评价。

2. 对幼儿发展在真实情境下做出价值判断

幼儿发展评价应面向真实世界、真实生活。也就是说,应该从真实的生活而非设定的情境中、从直接互动而非纸笔试卷中去收集信息,并且综合采用观察记录、谈话、交流、作品分析等多种途径来获取整个教育过程的信息,从而通过关注幼儿在日常情境中的真实行为表现,在这种"看得见"的事实基础上对幼儿的发展做出价值判断。

历年真题

【11.4】教育过程中,教师评价幼儿的适宜做法是(　　)。
A. 用统一标准评价幼儿
B. 据一次测评结果评价幼儿
C. 用标准化测评工具评价幼儿
D. 据日常观察所获得的信息评价幼儿

【11.5】教师根据幼儿的图画来评价幼儿发展的方法属于(　　)。
A. 观察法　　　　　　　　　　B. 作品分析法
C. 档案袋评价法　　　　　　　D. 实验法

3. 以更好地促进幼儿发展为目的

使幼儿得到成长与发展是幼儿园一切教育教学活动的出发点和归宿。幼儿发展评价作为幼儿园教育评价中的重要组成部分,其目的与幼儿园教育评价相一致,都是为了更好地促进幼儿的发展。因此,对幼儿的评价应注重评价的科学性,杜绝随意性评价。应将评价指向儿童的未来,不仅仅局限于过去和现在。

(二)幼儿发展评价的内容

幼儿发展评价的内容主要包括身体与运动、认知与语言、社会性与情感这三大方面,涵盖了幼儿学习所包括的健康、语言、社会、科学、艺术这五大学习领域。

1. 身体与运动

身体与运动是儿童健康成长的基础,只有在幼儿健康的情况下才有其他发展的可能,尤其是对于年幼儿童,动作的发展往往是认知发展的前提。学前阶段是儿童身体与动作发展非常迅速的时期,年龄越小发展越迅速。对幼儿身体与运动评价的内容主要包括对儿童的大肌肉动作、小肌肉动作、自我保健和生活能力发展的评价。具体评价的内容指标,涉及的学习领域和基本目标见表11.1。

表 11.1　幼儿身体与运动评价内容与目标

学习领域	一级评价指标	二级评价指标	指标内容说明	基本目标
健康	身体生长	生长发育形态	身高、体重、胸围、头围、坐高、上臂围、皮褶厚度	具有健康的体态
		生理功能	脉搏、血压、握力、肺活量、呼吸差	
		疾病或缺陷	有无贫血、佝偻病、龋齿、斜视、弱视、脊柱弯曲等常见缺陷	
	生活保健	自我保健	作息、饮食、卫生习惯	具有良好的生活与卫生习惯
		生活能力	穿脱衣物、鞋袜、整理物品；躲避危险；自我保护	具有基本的生活自理能力；具备基本的安全知识和自我保护能力
	动作发展	大肌肉动作	走；跑：自然跑、障碍跑、最后冲刺；跳：跳远、从高处跳；跨栏；单脚站立；拍球：单手拍、左右手交替拍	具有一定的平衡能力，动作协调、灵敏，具有一定的力量和耐力
		小肌肉动作	描线、剪、折纸、串珠子	手的动作灵活协调
艺术	创造性运动	运动节奏	和着乐器节拍同步动作，根据固定或变化的音乐同步动作	具有初步的艺术表现与创造能力
		艺术表现	根据音乐做出不同的动作，用动作表现自我感受	

注：对于学前儿童发展评价的目标来源于《指南》，具体 3—6 岁不同年龄阶段儿童的目标建议参见《指南》。

（1）幼儿身体生长

幼儿身体生长主要是指儿童身体生理机能方面的发展状况。学前阶段是儿童身体发育和机能发展极为迅速的时期，也是形成安全感和乐观态度的重要阶段。衡量幼儿身体生长的指标常包括以下几个方面：① 生长发育形态指标，用以评价儿童生长发育的水平和速度；② 生理功能指标，用以评价儿童身体各系统器官的生理功能；③ 疾病或缺陷指标，衡量儿童是否存在影响其发展的常见器质性疾病或缺陷。

（2）幼儿生活保健

幼儿生活保健主要是指儿童生活与卫生习惯方面的发展状况。学前阶段帮助儿童养成良好的生活习惯，有利于儿童提高自我保护能力，形成终身受益的文明生活方式。衡量幼儿生活保健的指标常包括以下几个方面：① 自我保健指标，用以评价儿童的生活习惯是否规律良好；② 生活能力指标，用以评价儿童基本的生活自理能力。

（3）幼儿动作发展

幼儿动作发展主要是指儿童的运动技能发展，具体涉及大肌肉动作和小肌肉动作两个方面。

① 大肌肉动作是大肌肉群所组成的随意动作，常伴有强有力的大肌肉的收缩，全身运动神经的活动以及肌肉活动的能量消耗。在学前期，儿童常见的大肌肉动作有走、跑、跳、拍球、投、平衡、钻爬、攀登、滚等。常用各种形式的走，以及跳房子、踢毽子、踩高跷等锻炼儿童的身体平衡和协调能力；采用跑、跳、钻爬、攀登、投掷、拍球、跳竹竿、滚铁环等发展儿童的协调性和灵活性。

② 小肌肉动作也称精细动作，是由小肌肉群组成的随意动作。在学前期，儿童的小肌肉动作主要是胳膊、手、手指等手部动作，包括指尖动作、手指屈伸及眼手协调等。常利用各种自然环境、废旧材料和常见物品，让幼儿进行画、剪、折、粘等美工和制作活动；以及通过让幼儿生活自理或参与家务劳动，发展其精细动作。

历年真题

【11.6】绘画活动中，小班幼儿欢欢总是把色彩涂到轮廓线外面。下午，李老师当着欢欢的面对家长说："欢欢画画很不认真，总是画错。"李老师的做法（　　）。
A. 错误，忽视了幼儿动作发展　　　　B. 错误，不能讽刺挖苦幼儿
C. 正确，提高了幼儿绘画能力　　　　D. 正确，应该严格要求幼儿

【11.7】下列最能体现幼儿平衡能力发展的活动是（　　）。
A. 跳远　　　　B. 跑步　　　　C. 投掷　　　　D. 踩高跷

(4) 幼儿创造性运动

幼儿创造性运动主要是指儿童在运动中的创造性表现。衡量幼儿创造性运动的指标常包括以下两个方面：① 运动节奏指标，用以评价儿童的律动、节奏敏感性；② 艺术表现指标，用以评价儿童动作的表现和创造力。

2. 认知与语言

认知是人的认识过程的一种产物，是指人们获得知识或加工信息的过程，是人最基本的心理过程，包括感觉、知觉、记忆、思维、想象和语言等。儿童的认知发展有其自身的规律，是随着年龄的增长、分阶段地逐步发展起来的。

根据皮亚杰的认知发展阶段理论，学前儿童处于认知发展的第二阶段——前运算阶段（2—7岁）。这一阶段的儿童各种感觉运动行为模式开始内化成为表象或形象思维，特别是由于语言的出现和发展，促使儿童日益频繁地用表象符号（语言、图画、动作等）来代替或重现外界事物，出现了表象思维（具体形象思维），但还不能进行运算思维。在认知和思维上表现出典型的具体性、不可逆性以及自我中心性的特征。因此，儿童只能站在自我经验的中心，只有参照他自己才能理解别的事物，而认识不到还有他人或外界事物的存在，也认识不到自己的思维过程。故这一阶段又称为自我中心思维阶段。这一前运算阶段又分为两个阶段：一是在2—4岁的前概念或象征思维阶段，儿童开始具备凭借语言符号、象征游戏、延迟模仿等示意手段表征外在客体的能力；二是在4—7岁的直觉思维阶段，儿童开始从前概念思维向运算思维阶段过渡，但仍受直觉自动调节的限制，停留在半象征性的思维状态之中。

正因为此阶段幼儿的思维特点是以具体形象思维为主,作为其交流和思维工具的语言也同样伴随着这一特征。因此,对这一阶段认知和语言的评价更多地关涉儿童的直接感知、亲身体验和实际操作,不涉及技能的掌握。具体对幼儿认知和语言评价的内容主要包括对儿童的感知能力、思维能力、探究能力、语言发展的评价。具体评价的内容指标,关涉的学习领域和基本目标见表 11.2。

表 11.2 幼儿认知与语言评价内容与目标

学习领域	一级评价指标	二级评价指标	指标内容说明	基本目标
科学	感知能力	时间知觉	使用时间单位,认识早晨、晚上、今天、明天、星期等时间概念,认识钟表或日历的功用,了解季节的周期性和顺序	感知形状与空间关系
		空间知觉	能感知和在生活中辨别常见的几何形状,如圆形、三角形、长方形等;能感知上下、左右、前后等基本的空间位置和运动方向;当物体在空中的位置改变后仍能理解其意义	
	思维能力	数概念与运算能力	理解数的实际意义,掌握数的组成、顺序,会借助物体计数,有运算规则意识,会合理估算	初步感知生活中数学的有用和有趣;感知和理解数、量及数量关系
		比较与分类	比较事物的异同,根据标准进行分类	
		推理能力	根据图形的表面特征或相互关系进行推理,提出假设类型的问题	
科学/艺术	探究能力	观察力	运用不同感官观察物体,如动植物或自然现象;会注意事物一个以上特征及产生的变化;会模仿动作或声音	亲近自然,喜欢探究;具有初步的探究能力;在探究中认识周围的事物和现象;喜欢自然界与生活中美的事物;具有初步的艺术表现与创造能力
		好奇心	喜欢提问,尝试不同的体验方式	
		想象力	根据图形、音乐或动作进行联想,并借助表达感受和想象	
		动手能力	拆卸,拼装,利用材料进行实验、操作或科学探究,调查	

续表

学习领域	一级评价指标	二级评价指标	指标内容说明	基本目标
语言/艺术	语言发展	描述	复述、讲述或编故事或事件，包括主题、情节或角色要素	具有初步的阅读理解能力；具有书面表达的愿望和初步技能；喜欢欣赏多种多样的艺术形式和作品
		表达	能讲述自己的经验，用语言表达自己的情感，喜欢用涂涂画画表达一定想法	
		对话	针对问题进行回答，围绕一个话题与人交流	愿意讲话并能清楚地表达；具有文明的语言习惯
		倾听	安静倾听他人讲话，理解讲述者的意思并做出反应，听不懂时能主动提问	喜欢听故事、看图书；认真听并能听懂常用语言

（1）感知能力

感知觉是人脑对当前作用于感觉器官的客观事物的反映，是认识活动的开端，在幼儿的认识过程中占据重要地位。感知觉是感觉和知觉的总称，感觉反映物体的个别属性，知觉则是把物体各个属性有机地结合为一个整体，二者并无泾渭分明的界限。蒙台梭利把3—7岁称为"感觉敏感期"，她认为儿童主要是通过基本感觉从周围的环境中获得经验。儿童时期的感知觉主要有视知觉、听知觉、触知觉等。在儿童认识世界的过程中，这些感知觉不断从环境中分化出有效刺激，儿童通过具体操作，必定发生不同的时间和空间事件，从而从物体中获得越来越多的信息、事件和环境的时空序列。

衡量儿童感知能力的指标常包括对时间的知觉和空间的知觉，分别反映了儿童看、听、摸等诸多感知能力的发展。① 时间知觉指标：用以评价儿童对客观现象延续性、顺序性和速度的认知。对于时间的认知，需要通过媒介来实现，如自然界的周期性、机体的生物钟、数字表现的时间标识等。② 空间知觉指标：用以评价儿童对物体距离、形状、大小、方位、深度等空间位置的认知。其发展过程最初是关于大小的认知，其后是前后、上下、远近、左右等方向和主体之间距离的认知；对于事物的形状则是由易到难，依次为圆形→正方形→三角形→长方形→半圆形→梯形→菱形→平行四边形。

（2）思维能力

思维能力是认知的主要部分，是智力的核心。思维能力的强弱反映着儿童智力发展水平的高低。儿童思维发展的一般趋势是"直觉行动思维→具体形象（表象）思维→抽象逻辑思维"这样三个阶段。直觉行动思维始于12个月的幼儿，在2—3岁最为明显，其特征是在行动中思维，借助动作进行思考。2—3岁之后，幼儿则开始具体形象思维，其特征是运用事物的形象、表象以及表象的联想所进行的思维，是学前期的典型思维方式。到了5—6岁，儿童的思维开始从具体形象思维向抽象逻辑思维过渡，开始出现比较、归类、排序、分析、概括、判断、推理等思维，从而开始实现对事物本质特征和联系的认识，但这也只是抽象逻辑思维的萌芽。

因此，衡量幼儿思维能力的指标常包括以下三个方面：① 数概念与运算能力指标，用以评价儿童对数的顺序性、规律性和数量关系的认知；② 比较与分类指标，用以评价儿童对事物特征异同的分析；③ 推理能力指标，用以评价儿童对事物表面关系的假设推理。

历年真题

【11.8】 一般情况下，哪个年龄段的幼儿能结合情景理解一些表示因果、假设等关系的相对复杂的句子？（　　）

A. 托班　　　　　　　　　　　　B. 小班
C. 中班　　　　　　　　　　　　D. 大班

【11.9】 在科学活动中，教师观察到某个幼儿能用数字、图表来记录和整理自己观察到的现象。该幼儿最可能的年龄是（　　）。

A. 6岁左右　　　　　　　　　　B. 5岁左右
C. 4岁左右　　　　　　　　　　D. 3岁左右

（3）探究能力

皮亚杰说过，儿童就是科学家。儿童天生具有强烈的好奇心，具有发现问题、尝试动手解决问题的能力。培养儿童的探究能力重点在于激发其探究的兴趣，保护他们的好奇心，充分利用自然和实际生活中的机会，引导其通过观察、比较、实验等动手操作来学习发现问题、分析问题和解决问题；帮助儿童不断积累经验，并运用于新的学习活动，形成受益终身的学习态度和能力。值得注意的是，儿童对事物的感受和理解不同于成人，他们表达自己认知的方式也有别于成人。成人应对儿童的发现及表达给予充分的理解和尊重，不能用自己的标准去评判儿童，更不能为追求结果的"完美"而对儿童进行千篇一律的训练，以免扼杀其想象力与创造力。

因此，衡量学前儿童探究能力的指标常包括四个方面：① 观察力指标，用以评价儿童对事物特征及变化的认知；② 好奇心指标，用以评价儿童的好奇程度；③ 想象力指标，用以评价儿童对事物的联想及创造能力；④ 动手能力指标，用以评价儿童进行探究的行动力，包括制订计划、收集信息、归纳总结、分享交流等。

历年真题

【11.10】材料分析题：

图 11.1 打针

图 11.2 聚餐

图 11.3 吃饭

问题：
(1) 上述三幅画各反映出幼儿绘画的哪种表现形式？
(2) 怎样理解幼儿的绘画？
(3) 评价幼儿画时应注意什么问题？

(4) 语言发展

语言是由词汇按一定的语法构成的复杂的符号系统，是人类特有的表达交流工具。在儿童心理发展中，语言与其他领域的发展总是紧密联系在一起的。尤其是语言具有概括作用和调节作用，对儿童的思维、逻辑、推理的发展尤为重要。因此，语言在儿童的认知中扮演着重要角色，常常作为儿童智力发展的一项重要的指标。同时，儿童的语言也和儿童社会领域的发展紧密相连，儿童不仅需要用语言来交流、阅读、倾听等，也需要用语言来描述和表达自己的想法、观点、情感。

学前期是儿童语言不断丰富的时期，儿童的语言发展相当迅速。学前期是儿童熟练掌握口头语言的关键时期，也是从外部语言逐步向内部语言过渡并初步掌握书面语言的时期。因此，对儿童语言的评价中也应包含儿童早期书面表达的倾向与初步能力。

衡量儿童语言发展能力的指标常包括四个方面：① 描述指标，用以评价儿童对事物形象化阐述的能力；② 表达指标，用以评价儿童对自己的观点、思想或情感的表达能力；③ 对话指标，用以评价儿童与人交流的语言能力；④ 倾听指标，用以评价儿童凭借感官接受语言信息，达到认知理解的能力。

3. 社会性与情感

儿童的社会性发展主要是指在个体成长发展的过程中表现出来的观念、情感、态度和行为等随着年龄而发生的变化。它"一方面是个体掌握社会经验的过程，另一方面是个体对社会关系系统的积极再现过程"[①]。简单地说，儿童的社会性发展可以理解为儿童自出生开始，从一个生物人转变为一个社会人的过程。

儿童社会性发展所包含的内容非常广泛，比如对自我与他人的认知、对规则的认知、与他人的互动、适应性行为、情感体验等。就社会性本身所具有的特征，如包容性、文化差异性也非常大。再加之这些所涉及的评价内容也不好量化、不好搜集证据，因此，对于幼儿社会性的评价并不容易。但是，教育就其本身的特质来说，就是

---

① 陈帼眉. 学前儿童发展与教育评价手册[M]. 北京：北京师范大学出版社，1994：535.

一种社会生活经验与劳动经验的传递过程。学前期又是个体社会化的起步阶段和关键时期。对于幼儿的社会化与情感的评价是无法回避的问题。具体评价的内容指标、关涉的学习领域和基本目标见表11.3。

表11.3 幼儿社会性与情感评价内容与目标

学习领域	一级评价指标	二级评价指标	指标内容说明	基本目标
健康	自我认知	自我认识	了解自己的身份,了解家庭和幼儿园的大致情况;了解自己的民族和国家	具有初步的归属感
		自我体验	欣赏自己做的事情;知道自己的优点和长处;喜欢带头做事情;敢于坚持自己的意见,发表自己的观点	具有自尊、自信、自主的表现
		自我控制	能认真负责地完成自己所接受的任务,做了错事敢于承认,不说谎,对被禁止的事情能够控制住自己不去做	遵守基本的行为规范
	情绪情感	情绪状态	安定愉快,不乱发脾气,能努力缓解过激情绪,随活动需要转换情绪和注意	情绪安定愉快
		集体感和自豪感	喜欢参加幼儿园活动,主动为集体做事情,关心集体	具有初步的归属感
社会	人际交往	交往态度	愿意与小朋友、长辈等他人交流、游戏,并感受到与他人交往的快乐,愿意与他人分享;对群体生活有兴趣	愿意与人交往;能与同伴友好相处;喜欢并适应群体生活;具有一定的适应能力
		交往行为	能与同伴一起分工合作,遇到困难一起克服,对大家都喜欢的东西能轮流分享;活动时愿意接受同伴的意见和建议,不能接受时会说明理由	遵守基本的行为规范
	社会适应	规则意识	有轮流和等待意识;理解规则的意义,能与同伴协商制定游戏和活动规则	关心尊重他人
		接纳多元	关心家人,察觉同伴的情绪与需要并给予关心和帮助,关心弱势群体	

(1) 自我认知

自我认知（自我意识）是一种复杂的心理现象，主要由自我认识、自我体验和自我控制三种心理成分构成。这三种心理成分相互联系、相互制约，统一于个体的自我意识之中。自我认识是指对作为客体"我"的认识，表现为自我感觉、自我观察、自我分析和自我批评等认识形式。3岁以后的儿童开始对自己的社会角色有了认识，包括自己的家庭、幼儿园等。自我体验表现为自爱、自尊、自卑、责任感、义务感和优越感等自我感受，自我控制表现为自立、自主、自制、自强、自卫、自律等意志行为。因此，衡量幼儿自我认知发展的指标常包括：① 自我认识指标，② 自我体验指标，③ 自我控制指标。

(2) 情绪情感

情绪情感，是人对事物的态度，是人的需要得到满足与否的反映，具有特殊的主观体验，显著的身体、生理变化和外部表情行为。儿童的情绪情感的发展是社会性发展的重要组成部分，从早期的情绪反映到与人交往过程中逐渐形成的社会性情感，体现了儿童社会性发展的水平。衡量幼儿情绪情感发展的指标主要包括：① 情绪状态指标，用以评价儿童的情绪表达和调控；② 集体感和自豪感指标，用以评价儿童的社会性情感。

(3) 人际交往

人际交往是一种人与人相互交往的过程，并在交往的过程中建立起直接的心理联系。儿童天生喜欢与人交往，但由于在学前阶段，儿童的特征是以自我为中心，在与他人交往的过程中不容易考虑他人。因此，学会如何与他人交往是其社会性发展的重要方面。具体的评价指标主要包括：① 交往态度指标，用以评价儿童在与人交往时的倾向性；② 交往行为指标，用以评价儿童在与人交往时的举动。

历年真题

【11.11】在角色游戏中，教师观察幼儿的行为表现，能否主动协商处理玩伴关系，主要考察的是（　　）。

A. 幼儿的情绪表达能力　　　　　　B. 幼儿的社会交往能力
C. 幼儿的规则意识　　　　　　　　D. 幼儿的思维发展水平

(4) 社会适应

社会适应是指个体逐渐地接受现有社会的道德规范与行为准则，并在社会规范允许的范围内做出反应的过程。人类对社会的适应可以通过语言、风俗、法律及社会制度等加以控制，使自己与社会相适应。① 在学前阶段，儿童对社会的适应，主要表现在对社会规则（游戏规则）的认同、遵守，以及对他人及其他观点的接纳与尊重等。因此，衡量幼儿发展社会适应的指标主要包括：① 规则意识指标，② 接纳多元指标。

---

① 卢乐山，林崇德，王德胜. 中国学前教育百科全书·心理发展卷[M]. 沈阳：沈阳出版社，1995：245.

> **重点提示**
>
> 学前儿童发展评价是幼儿园教育评价中一个极其重要的内容。需要掌握学前儿童发展评价所涉及的身体与运动、认知与语言、社会性与情感这三大方面内容,以及学前儿童学习所包括的健康、语言、社会、科学、艺术这五大学习领域。此部分与儿童发展的表现联系紧密,常结合现实考核学生的掌握情况。建议结合《指南》学习,掌握不同年龄阶段儿童发展的具体特征,并会进行恰当的评价。

二、幼儿园教师发展评价

幼儿园教师是开展并履行幼儿园教育工作职责的专业人员。幼儿园教师队伍的合格与否、质量的高低是直接影响幼儿园发展的关键。《幼儿园教师专业标准(试行)》提出,应从专业理念与师德、专业知识以及专业能力这三个方面来培养、准入、培训、考核幼儿园教师。具体对"专业理念与师德"的评价,包括:职业理解与认识、对幼儿的态度与行为、幼儿保育和教育的态度与行为、个人修养与行为这四个方面;对"专业知识"的评价,包括:幼儿发展知识、幼儿保育和教育知识、通识性知识这三个方面;对"专业能力"的评价,包括:环境的创设与利用、一日生活的组织与保育、游戏活动的支持与引导、教育活动的计划与实施、激励与评价、沟通与合作、反思与发展这七个方面。

与幼儿发展评价相一致,对幼儿园教师评价的最终目的也是为了通过提高教师素质来更好地促进儿童的发展。不恰当的教师评价,往往会给教师带来巨大的心理压力,从而产生一定的负面影响。因此,对教师的评价应规避教育评价的鉴定和选拔功能,不能将简单的"好"与"不好"作为对教师评价的标签,应发挥评价的改进、调控和激励功能,以更好地促进教师的专业发展。

(一) 幼儿园教师发展评价的内涵

为了更好地通过评价过程来促进教师的专业发展,以实现教育质量的提升和共同进步。20 世纪 80 年代,发展性教师评价模式应运而生,对教师的评价开始由以往固定评价者的奖惩性教师评价转变为关注教师自主发展、民主确定评价者的发展性教师评价。

发展性教师评价是指:通过制定明确合理的评价内容和评价标准,对教师的现状与发展作出判断或诊断,从而有效促进教师发展的活动过程。发展性教师评价体现了教师在评价中的主体地位,强调教师发展的个体差异。作为一种新型的教师评价模式,发展性教师评价的基本特征主要有:① 管理者注重教师未来发展;② 强调教师评价的真实性和准确性;③ 注重教师的个人价值、伦理价值和专业价值;④ 实施同事之间的教师评价;⑤ 给评价者和评价对象配对,促进评价对象的未来发展;⑥ 发挥全体教师的积极性;⑦ 提高全体教师的参与意识和积极性;⑧ 建立多方面的交流渠道;⑨ 制订评价者和评价对象都认可的评价计划,由评价双方共同承担实施发展目标的职责。[①]

---

① 王斌华. 发展性教师评价制度[M]. 上海:华东师范大学出版社,1998:117.

(二) 幼儿园教师发展评价的内容

确定幼儿园教师发展评价的内容,应综合考量国家的有关法律法规、基础教育改革与发展的要求、幼儿园教师专业特点与特殊性,关注幼儿园教师的工作过程与专业发展。基于此,有学者提出幼儿园教师发展评价应该包括常规性、专业性和发展性三个层次的内容。① 具体幼儿园教师发展评价内容见表 11.4。

表 11.4 幼儿园教师发展评价内容

一级指标	二级指标
常规性评价	服从安排:接受相应的职责要求
	遵章守纪:遵守各项规章制度
	工作负荷:承担合理的工作量
专业性评价	活动的设计与实施:了解教学及儿童发展知识,教学活动设计与实施能力
	游戏的指导与帮助:游戏前环境创设,游戏过程的观察与支持
	幼儿发展的观察与研究:解读幼儿在活动中的表现与行为
	教育环境的规划与创设:吸引幼儿参与的环境创设
	家园联系的建立与开展:重视与家长沟通配合,并提供支持和帮助
发展性评价	发展规划:具有自主发展意识、发展规划
	学习反思:关心教育信息、专业学习习惯及问题意识
	交流合作:参加各类教育教研活动

1. 常规性评价

常规性评价内容主要指向教师职业共同性、普遍性的行为,是维护群体正常秩序、保证组织有序运行必须遵循的基本要求。因此,从教师职业的性质出发,衡量幼儿园教师常规性层次的指标主要有:服从安排、遵章守纪和工作负荷三个方面。

① 服从安排指标:用以评价教师是否服从组织的安排,并接受相应的职责要求。

② 遵章守纪指标:用以评价教师是否遵守幼儿园制定的各项规章制度。

③ 工作负荷指标:用以评价教师是否承担相应的工作量、是否达到幼儿园规定的工作量要求。

2. 专业性评价

专业性着重反映幼儿园教师职业的本质特征,它是区别幼儿园教师与中小学教师或其他职业的评价内容,也是幼儿园教师评价的重点。

关于幼儿园教师专业性的主要表现,应根据《纲要》以及其他政策法规和有关幼儿园教师的研究成果来判定。我国幼儿园教师在专业性层次上的评价内容可以概括为:活动的设计与实施、游戏的指导与帮助、幼儿发展的观察与研究、教育环境的规划与创设、家园联系的建立与开展等五个方面。

---

① 胡惠闵,郭良菁.幼儿园教育评价[M].上海:华东师范大学出版社,2009:113-115.

① 活动的设计与实施指标：主要包括评价教师是否了解教学以及幼儿发展的知识；是否掌握适宜幼儿发展的相关课程内容，以及具体课程内容领域的专业标准；是否是在本班幼儿实际基础上制订教育计划和确定教育活动目标；是否在活动设计与活动过程中关注幼儿的生活经验；是否按幼儿园一日生活作息时间组织各类活动；是否为幼儿提供多种学习材料，引导幼儿与学习材料产生积极的作用，为幼儿提供充分运用感官进行实践活动的机会；是否注重激发幼儿参与活动的兴趣，以及主动参与活动的热情等。

② 游戏的指导与帮助指标：主要包括评价教师对创设游戏环境的情况，如预先经验的准备、保证幼儿的游戏时间、提供空间和材料等；观察游戏过程的情况，如确定观察目的、选择观察要点等；支持游戏进展的情况，如提供材料、提供语言支持等。

③ 幼儿发展的观察与研究指标：主要包括评价教师是否能够解读幼儿在活动中的行为与表现；是否运用合适的教学方法和策略开展教学及评估工作；是否在活动中随机捕捉幼儿通过动作、表情或语言等传达的信息并能对其作出判断与反应；是否有计划地观察幼儿，了解幼儿个体发展的状况以及个体差异，了解幼儿个体发展的独特性；是否及时回应幼儿的需要；是否根据观察结果对教育活动设计与实施及时进行相应的调整。

④ 教育环境的规划与创设指标：主要包括评价教师能否根据保教目标创设安全的、富有儿童情趣的教育环境，是否引导幼儿参与环境创设，是否利用自然社会及幼儿园环境对幼儿进行教育。

⑤ 家园联系的建立与开展指标：主要包括评价教师是否重视家长在教育中的作用，是否了解与家长配合的方法，是否有与家长沟通和联系的能力；是否为家庭教育提供必要的支持和帮助，是否定期家访、召开家长会和进行家长开放日活动等。

3. 发展性评价

教师专业发展要求教师通过各种专业途径和方法促使自身在专业知识、专业技能和专业情感等方面不断完善。根据教师专业发展的基本思想，幼儿园教师评价在发展性层次上的评价内容主要包括发展规划、学习反思、交流合作这三个方面。

① 发展规划指标：主要包括评价教师是否具有自主发展意识；是否了解自身发展的长处与问题；是否有对自身专业发展的设想，并有相应的手段或措施等内容。

② 学习反思指标：这是教师专业发展的核心，主要包括评价教师是否关心幼儿教育的专业信息；是否有专业学习的习惯；是否具有发现问题、分析问题、解决问题的意识与能力；是否了解教育实践研究的一般方法等。

③ 交流合作指标：主要包括评价教师是否参加了各类教育研究活动，是否具有交流分享的意识，是否乐意接受同事的合理化建议等。

历年真题

【11.12】焦老师积极参与各种教师培训活动，返园后主动与同事们交流学习的心得体会，并将其运用于保教实践。关于焦老师的做法，下列说法不正确的是（　　）。

A. 体现了终身学习的自觉性　　B. 有利于师生的共同发展

C. 推动了幼儿园的园本教研　　D. 有利于增进家园合作

重点提示

教师专业发展是近年来的关注点,尤其是在我国提出要提升教育质量的背景下。对幼儿园教师的评价也强调要合理地运用教育评价的功能,规避简单的奖惩性评价,发挥改进、调控、激励等功能来促进教师的发展,从而更好地促进幼儿的身心发展。对幼儿园教师发展评价的掌握,需要结合现实理解发展规划、学习反思、交流合作这三项指标。考试中常以辨析、选择的形式来考核对此知识点的掌握。

第三节 幼儿园教育评价的建设

幼儿园教育评价的实践,离不开对评价方案的整体设计。评价方案的整体设计是一种将评价理论落实到对评价实践有序指导的过程,主要包括如何建设幼儿园教育评价指标体系、如何有效采集信息等内容。

一、幼儿园教育评价指标体系建设

(一) 指标及其设计要求

从评价学的观点来看,指标是一种具体的、可量化的、行为化的评价准则,是根据可测和可观察的要求而确定的评价内容。① 它规定评价活动评价什么或不评价什么,是评价方案的核心部分。②

评价指标体系,是指由相互联系的指标按照评价对象本身的逻辑结构编制的有机整体。评价指标体系的确定是进行综合评价的基础,因此,构建幼儿园教育评价指标体系是建立科学、合理的幼儿园教育评价体系的基础,对于科学评价幼儿园质量、正确指导幼儿园教育发展具有重要意义。

评价指标的设计通常有以下要求:

(1) 完整地反映目标的本质要求

目标是指标设计的基础,指标是目标的具体化和行为化,要能够完整地反映目标的本质属性。通常而言,一项指标只能反映目标的一个方面,评价指标既不能与目标脱节,也不能遗漏目标的某一属性。因此,在设计指标时,第一,要确保目标的本质属性都得以完全地被指标反映,这样才能形成一个完整的指标体系;第二,上下级指标之间应是一种抽象与具体的关系,不能出现交叉偏离或冲突矛盾。

(2) 同一层指标之间相互独立

在指标体系中,同一层次的各项指标必须相互独立,互不重叠、交叉,不能存在因果关系,更不能由一项指标引出另一项指标。指标的重复性会导致指标的权重被无

---

① 陈玉琨. 教育评价学[M]. 北京: 人民教育出版社, 1999: 34.
② 陈玉琨. 中国高等教育评价论[M]. 广州: 广东高等教育出版社, 1993: 89.

形加大，从而导致评价结果的偏差。

（3）应反映评价对象的共同属性

指标通常被用于衡量不同评价对象的特质，对象间的特质差异性可能悬殊，因此，指标必须反映评价对象的共同属性。

（4）简明可行、符合实际

指标是实施评价过程中的工具，必须具有可操作性，因此，指标一定是简明扼要的、可测的。同时，指标也必须是与现实情况相符的，"如果一项指标，所有的评价对象都无法达到，那么这项指标就缺乏实际意义；相反，如果一项指标，所有的评价对象都已经达到，那么，这项指标同样也缺乏实际意义"①。

（二）权重的确定

所谓指标的权重，是指反映指标在指标体系中的重要性程度的数量。② 简单来说，就是权衡指标体系中各项指标的作用轻重大小，并对其进行赋值。一般来说，在指标体系当中，权重既可以表示指标在整个指标体系中的地位，也可以显示出与其他指标的关系。权重可以用小数（0—1.0）、整数、百分数等不同的形式来表示，指标的价值越大，权重也就越大。确定权重常用的方法有定量统计法、专家评定法、对偶比较法、层次分析法、结构方程模型等。

（三）幼儿园教育评价指标体系的构建流程

研究者构建幼儿园教育评价指标体系的流程，是指从运用多种方式查阅文献资料、整理分析资料、拟建框架到整个质量体系构建完成的过程。已有的研究者在构建幼儿园教育评价指标体系时的一个基本流程如图11.4所示。

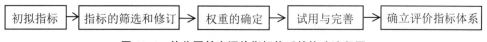

图11.4 幼儿园教育评价指标体系的构建流程图

第一，初拟指标阶段：研究者主要运用文献分析法，或者是采用文献分析法和实地考察（调查）法相结合的方式初拟指标。第二，指标的筛选和修订阶段：研究者普遍采用质性的专家评判法（特尔斐法）和量化的问卷调查法来进一步收集相关人员及专家意见，据此筛选、修订初拟的指标以形成第二个版本的指标。第三，权重的确定阶段：整合确定指标，计算权重，以形成综合价值判断。权重确定的方法有许多，不同研究者采用的方法差异性较大，但近年来随着对国外研究经验的吸收，权重确定的方法也开始走向科学化，如矩阵计算软件分析法（也有部分研究者会将筛选修订指标阶段与确定权重阶段合并为一个过程）。第四，试用与完善阶段：主要对已建立的评价指标体系通过实地调查检验。第五，确立评价指标体系阶段：通过统计检验对调查获得的数据再进一步筛选，并修订指标，以最终形成评价指标

---

① 陈帼眉. 学前儿童发展与教育评价手册[M]. 北京：北京师范大学出版社，1994：73.
② 吴钢. 现代教育评价教程[M]. 北京：北京大学出版社，2008：96-106.

体系。

由以上流程可以看到,幼儿园教育评价指标体系构建的方法众多,但是在构建评价指标体系的过程中,不是单一地使用一种研究方法,而是需要融合多种研究方法来构建,并且每一种研究方法各有其特征和适宜的使用范围。

> **重点提示**
>
> 幼儿园教育评价指标体系建设直接关系到幼儿园教育评价是否科学、合理、有效,是幼儿园教育评价实践的关键。掌握幼儿园教育评价指标及指标体系构建的流程,既有助于对幼儿园教育评价实践的指导,也有利于形成对幼儿园教育评价指标体系正确的理解。

二、幼儿园教育评价信息数据库建设

评价者在评价结束收集到全面、准确、有效的评价信息后,面临的将是如何处理评价信息的问题,包括对信息的分析、整合、判断、整理、核查等,可以说评价信息的处理是幼儿园教育评价工作的重要环节之一。信息的数据化是当前教育现代化发展的重要标志,教育评价数据库的建立是当前基础教育信息数据库建设过程中的任务之一。

21世纪以来,信息技术已渗透到社会的各个领域。基础教育信息化是提升教育均衡发展、实现教育现代化、提高国民信息素养的基石,是教育信息化的重中之重。我国《国家中长期教育改革和发展规划纲要(2010—2020年)》明确提出:到2020年我国"基本建成较完备的国家级和省级教育基础信息库以及教育质量、学生流动、资源配置和毕业生就业状况等监测分析系统",以此"积累基础资料,掌握总体状况,加强动态监测,提高管理效率。整合各级各类教育管理资源,搭建国家教育管理公共服务平台,为宏观决策提供科学依据,为公众提供公共教育信息,不断提高教育管理的现代化水平"。为落实《国家中长期教育改革和发展规划纲要(2010—2020年)》精神,教育部也于2012年3月印发了《教育信息化十年发展规划(2011—2020年)》,提出了"缩小基础教育数字鸿沟,促进优质教育资源共享"的具体任务,要建立有机衔接的国家级和省级教育管理基础数据库和信息系统。

近年来,我国先后出台了《教育信息化2.0行动计划》《中国教育现代化2035》《"十四五"国家信息化规划》,以加速教育信息化建设。2022年3月28日,国家智慧教育公共服务平台正式上线,平台面向52.9万所学校、1844万教师、2.91亿学生和广大社会学习者,汇聚中小学资源4.4万条、职业教育专业教学资源库1295个、高等教育优质慕课2.7万门,提供优质政务服务26项。上线一年内,国家智慧教育门户经过7次迭代升级,访客量超过11亿人次,用户覆盖世界200多个国家和地区。到目前为止,试点范围已经覆盖全国31个省(自治区、直辖市)和新疆生产建设兵团,基本形成了世界第一大教育资源数字化中心和服务平台。

2022年,党的二十大首次将"推进教育数字化"写进党代会报告,在"办好人民满意的教育"中提出"推进教育数字化，建设全民终身学习的学习型社会、学习型大国"，标志着推进教育数字化已经成为全党全国普遍共识和重要战略性目标。2023年，《中国智慧教育蓝皮书（2022）》指出，中国数字化教育环境初步形成，各层次各类型学校基本实现互联网接入。但从当前各地智慧教育公共服务平台内容板块来看，仅有上海地区在基础教育阶段包含学前教育部分，且仅有生活、运动、学习和游戏四个部分的不同班龄活动资源案例。其他地区的接入数据均不含学前教育领域。因此，学前教育领域的信息数据库建设在我国仍处于刚起步阶段，亟待大力推进。

我国教育基础信息数据库的建设正处在初级阶段。虽然取得了一定成效，但是与现代化教育的需求之间还存在较大差距。因此，整个信息库的规划和设计仍然是我国教育基础信息数据库建设的关键。从国外的经验来看，信息数据库的体系建立，首先，需要建立一个专门的组织机构来开展教育基础信息数据库的整体运作；其次，需要建立教育基础信息数据库的技术支持机构；最后，还需要制定科学的教育统计标准和审查制度。

从我国当前的建设情况来看，我国在国家级和省级教育基础信息数据库的建设上都进行着积极的探索，但截至目前还未建成国家级教育基础信息数据库。制约我国教育基础信息数据库建设的主要瓶颈如下：第一，缺乏有关教育数据收集的制度条例或法律法规以保证数据收集的畅通性和原始性，没有一套健全、科学而严谨的审查制度确保所生产信息的质量。第二，国家库和地方库的统计技术标准与数据类型没有统一的规范，这使得数据的整合和综合利用率偏低，出现重复建设的局面。造成搜集的数据出现一定程度的资源浪费。第三，我国在信息库顶层设计规划方面所做的准备还不够充足，至今还没有一个权威的顶层设计规划来指导教育基础信息数据库的建设，也没有一个专家团队集中地针对这一主题进行深入研究。这造成了数据库信息的不完整，在我国教育基础信息数据库的各类型的研究中均没有涵盖教育体系的各个层级。作为一个良好有效的数据库，其数据统计范围应涵盖整个教育体系的各个层级，包括学前教育、中小学教育、高等教育、职业教育、特殊教育以及成人教育等，涉及的内容也应包括学生、教师以及学校的基本情况信息等。

重点提示

信息的数据化是当前教育现代化发展的重要标志，教育评价数据库的建立是当前基础教育信息数据库建设过程中的任务之一。应在国家基础教育信息数据库中建立完备的、涵盖整个教育体系的教育评价数据库，并进行持续性、周期性的数据统计及信息发布，以更好地促进我国教育管理的信息化和科学化。

第十一章　幼儿园教育评价

本章结构

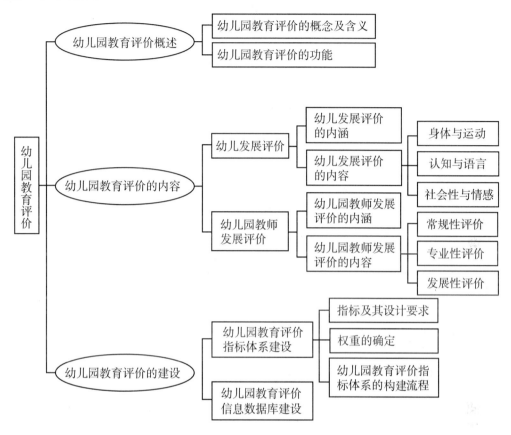

教师教育"课证融合"系列教材

书　名	作者	定价
教育学基础（中学）（第二版）	傅建明　舒　婷	65.00
教育学基础（小学）（第二版）	汪　波	78.00
学前教育学（第二版）	董吉贺	58.00
心理学（中学）（第二版）	罗兴根　彭海林	55.00
心理学（小学）（第二版）	范丹红	55.00
学前儿童发展心理学（第二版）	王俏华	55.00
中学语文课程与教学论	周小蓬　周　颖	52.00
初中数学课程标准与教学案例诊断	程晓亮　郑　晨	29.00
高中数学课程标准与教学案例诊断	程晓亮　郑　晨	35.00
中学政治学科教学论新编	陈美兰	53.00
中学政治学科教学案例研究	陈美兰	45.00
国家教师资格考试历年真题及参考答案解析（中学卷）	陈建华　舒　婷	38.00
国家教师资格考试全真模拟与预测试题及参考答案解析（中学卷）	陈建华	38.00
国家教师资格考试历年真题及参考答案解析（小学卷）	陈建华	48.00
国家教师资格考试全真模拟与预测试题及参考答案解析（小学卷）	陈建华	38.00
国家教师资格考试历年真题及参考答案解析（学前教育卷）	陈建华	38.00
国家教师资格考试全真模拟与预测试题及参考答案解析（学前教育卷）	陈建华	38.00

国家教师资格考试指导系列图书

书　　名	作者	书号	定价
幼儿园笔试			
综合素质（幼儿园）（第二版）	傅建明	978-7-301-32698-5	45.00
保教知识与能力（幼儿园）（第二版）	王俏华	978-7-301-31069-4	42.00
《综合素质（幼儿园）》练习册	虞伟庚	978-7-301-24795-2	30.00
《保教知识与能力（幼儿园）》练习册	王俏华　傅建明	978-7-301-28107-9	34.00
小学笔试			
综合素质（小学）（第二版）	傅建明	978-7-301-31785-3	45.00
教育教学知识与能力（小学（第二版））	谢先国	978-7-301-31616-0	48.00
《综合素质（小学）》练习册	王俏华	978-7-301-24793-8	30.00
《教育教学知识与能力（小学）》练习册	陈焕章	978-7-301-24796-9	36.00
中学笔试			
综合素质（中学）（第二版）	谢先国	978-7-301-32649-7	38.00
教育知识与能力（中学）（第二版）	洪　明　张锦坤	978-7-301-31073-1	58.00
《综合素质（中学）》练习册	傅建明	978-7-301-24794-5	34.00
《教育知识与能力（中学）》练习册	洪　明　张锦坤	978-7-301-24797-6	30.00
语文学科知识与教学能力（初级中学）	谢先国	978-7-301-26748-6	45.00
《语文学科知识与教学能力（初级中学）》练习册	谢先国	978-7-301-26811-7	38.00
语文学科知识与教学能力（高级中学）	柯汉琳　周小蓬	978-7-301-28305-9	48.00
数学学科知识与教学能力（高级中学）	张景斌	978-7-301-28191-8	48.00
英语学科知识与教学能力（高级中学）	孙森　林立　刘洁	978-7-301-26837-7	47.00
历史学科知识与教学能力（初级中学）	余柏青	978-7-301-26472-0	42.00
《历史学科知识与教学能力（初级中学）》练习册	余柏青	978-7-301-28558-9	45.00
信息技术学科知识与教学能力（初级中学）	乔爱玲	978-7-301-31074-8	45.00
《信息技术学科知识与教学能力（初级中学）》练习册	乔爱玲	978-7-301-31075-5	39.00
信息技术学科知识与教学能力（高级中学）	乔爱玲	978-7-301-30958-2	49.00
《信息技术学科知识与教学能力（高级中学）》练习册	乔爱玲	978-7-301-31038-0	33.00
面试教材			
中小学教师资格考试面试通关教程	叶亚玲	978-7-301-26547-5	38.00